ŒUVRES
COMPLÈTES
DE
J. J. ROUSSEAU

AVEC LES NOTES DE TOUS LES COMMENTATEURS.

NOUVELLE ÉDITION
ORNÉE DE QUARANTE-DEUX VIGNETTES,
GRAVÉES PAR NOS PLUS HABILES ARTISTES,

D'APRÈS LES DESSINS DE DEVÉRIA.

DIALOGUES.
TOME I.

A PARIS,
CHEZ DALIBON, LIBRAIRE
DE S. A. R. MONSEIGNEUR LE DUC DE NEMOURS,
RUE SAINT-ANDRÉ-DES-ARCS, N° 41.

M DCCC XXVI.

ŒUVRES

COMPLÈTES

DE

J. J. ROUSSEAU.

TOME XVIII.

PARIS. — IMPRIMERIE DE G. DOYEN,
RUE SAINT-JACQUES N. 38.

AVANT-PROPOS.

Le mérite des écrits de Jean-Jacques Rousseau a été cent fois agité et remis en problème; presque toujours accueillis avec enthousiasme par le public, ils ont rencontré en même temps des détracteurs obstinés; et l'esprit de parti a sans cesse présidé au jugement qui en a été porté. Un demi-siècle s'est écoulé, et la réputation de Jean-Jacques Rousseau est encore, comme le cadavre de Patrocle, disputée entre deux partis animés l'un contre l'autre. Un tel combat suffiroit pour perpétuer la gloire de ce nom. Des hommes se sont illustrés pour l'avoir défendu; d'autres n'ont eu de célébrité que pour s'être attachés sans relâche à l'attaquer. Dans ce conflit, si longuement prolongé, la renommée de Jean-Jacques Rousseau n'a pas sans doute conservé tout l'éclat dont elle a brillé; ce n'est plus cet enthousiasme national, cette admiration égale à celle qu'inspirent les héros et les bienfaiteurs de l'humanité; ce n'est plus ce triomphe qui lui fut décerné seize ans après qu'il fut descendu dans la tombe : un jugement plus froid et plus mesuré a affoibli ces vives manifestations; mais il y a quelque chose d'absurde et de ridicule dans les efforts de ceux qui travaillent à ternir entièremect la gloire de Jean-Jacques Rousseau. Un assez long espace de temps s'est écoulé pour qu'on puisse regarder le jugement de la postérité comme prononcé. Si parmi les écrivains illustres du dix-huitième siècle il en est un qui ait eu une influence particulière, et qui ne se soit pas asservi à suivre le mouvement commun, c'est sans doute Jean-Jacques qui a obtenu cet honneur. Formé dans le malheur et dans la solitude, nourri de longues méditations et de chagrins secrets, il est, à ce qu'il semble, de tous les écrivains contemporains celui qui porte le plus un caractère distinctif et natif : tandis que les autres recevoient toutes les influences de la société, participoient aux mœurs et aux opinions répandues dans le public, s'efforçoient de lui plaire en se conformant à son esprit, Jean-Jacques ressentoit tous ses effets d'une autre manière; leur action s'exerçoit sur lui comme un poids qui l'oppressoit sans l'entraîner. Son talent, au milieu de telles circonstances, en contracte quelque chose de plus individuel, et conséquemment de plus profond et de plus persuasif; aussi sa gloire a-t-elle été plus grande et plus flatteuse : les autres sont parvenus à plaire, Rousseau a excité l'enthousiasme; et ce qui honore à la fois l'écrivain et ses admirateurs, c'est qu'un tel succès est dû, en partie, à des opinions plus nobles, à un langage rempli de plus de force, d'enthousiasme et d'émotion. La philosophie dans la bouche de Rousseau retrouva les armes dont on vouloit alors la dépouiller, l'éloquence et le sentiment.

On éprouve un sentiment bien doux à voir un moraliste dépouillé de cette tristesse, de cette dureté, de ce mépris de l'homme, qui suit presque toujours l'étude qu'on en fait. L'homme est condamné à un double et contradictoire supplice; lui qui est si vain vis-à-vis des autres porte en soi et pour son tourment un sentiment profond d'humilité que nourrissent la réflexion et l'examen de soi-même; il ne sait pas se révolter quand on le calomnie; et lorsqu'on lui présente avec quelque force des opinions qui dégradent sa nature, il les adopte avec une sorte d'empressement, car elles sont conformes à des impressions qu'il a mille fois éprouvées. Jean-Jacques n'avoit point cette ferme persuasion, ce besoin pressant de la religion qui inspira le génie des philosophes chrétiens ; mais son ame, qui ne pouvoit se passer de sentiments nobles et élevés, ne s'attachoit pas à flétrir ceux que l'homme peut éprouver indépendamment d'une croyance positive : au contraire, il les a développés avec une sorte de prédilection ; il a espéré du cœur humain, et sa morale tend à lui donner de la dignité. Le caractère des hommes qui se livroient aux lettres et aux sciences avoit bien changé. Jadis répandus en petit nombre dans l'Europe entière, écrivant dans une langue inconnne au vulgaire, vivant dans un temps où n'existoit pas ce qu'on a appelé depuis la société et la conversation, ils étoient renfermés dans la science ; le monde et les autres hommes ne les touchoient guère et leur étoient peu connus. De là venoit cet amour sans bornes pour la science qu'on cultivoit cette complaisance franche et entière dans les connoissances qu'on avoit acquises, ce dédain pour le suffrage du monde, cette bonne foi qui s'exposoit au ridicule, sans s'en apercevoir, enfin tout ce qui composoit cette pédanterie farouche des premiers érudits. Peu à peu les travaux de ces hommes laborieux portèrent fruit ; l'instruction commença à se répandre ; il se forma un public. Alors ce fut à lui, et non plus à leur propre satisfaction, que les écrivains dédièrent leurs ouvrages ; ce fut à lui qu'ils voulurent plaire ; ils attachèrent plus d'intérêt à leurs succès, moins à leurs compositions : non qu'ils ne s'efforçassent de bien faire, mais ils vouloient réussir. D'ailleurs, sans qu'ils y prissent garde, communiquant avec les autres hommes, ils en ressentoient l'influence, et il se formoit une sorte d'harmonie entre les idées qui circuloient autour d'eux et celles que leur génie enfantoit. Ce public, qui étoit devenu leur juge, se composa d'abord des hommes à qui leur situation permettoit le loisir : dans les temps peu civilisés, cette classe est peu nombreuse. Ce fut d'abord pour les princes et les courtisans que la littérature commença à descendre des hauteurs de l'érudition : les écrivains, cherchant à plaire à des hommes élevés au-dessus d'eux, n'étoient point humiliés de cette infériorité de position ; les applaudissements des princes les flattoient et les honoroient; ils recherchoient de tels succès avec déférence et respect. Lorsque ensuite, par l'effet de la civilisation, la classe oisive fut devenue plus nombreuse; lorsqu'un public plus étendu eut recherché comme un besoin les jouissances intellectuelles et littéraires, et qu'en même temps la cour eut perdu une partie de sa considération, les hommes de lettres conquirent une position plus indépendante; le sort de leurs ouvrages et de leur personne ne fut plus attaché à la faveur du pouvoir. Dès-lors ils commencèrent à s'apercevoir qu'ils occupoient dans l'état une place inférieure; leur orgueil s'en offensa, et leurs opinions furent par-là modifiées. Quel est l'homme qui, se trouvant dans une position indépendante, et cependant inférieure, n'a pas souvent éprouvé en lui-même un sentiment de révolte contre cette inégalité dont la nécessité ne semble plus indiquée par l'ordre des choses?

Dans toutes les classes de l'état croissoit avec la civilisation l'esprit d'égalité, résultant du changement dans la manière de vivre, de la communication entre les hommes, et du progrès de leurs réflexions; la différence des rangs devenoit de plus en plus pesante, parce qu'elle n'avoit plus de fondements réels, et qu'elle sembloit porter à faux. La politique ne pouvoit plus se fonder sur les traditions historiques, sur les antiques lois, sur les mœurs des nations; les considérations ne fournissoient point de base pour une science précise et universelle. La société fut regardée comme un assemblage d'individus réunis pour la défense mutuelle de leurs intérêts ; toute la théorie devoit reposer sur ce premier fait, et alors on pouvoit cheminer facilement dans la route de l'abstraction. On arrivoit ainsi à croire qu'une même police, un même régime, étoient les meilleurs de tous, à de légères modifications près. D'abord on avoit appelé constitution d'un peuple l'ensemble de ses mœurs, de ses lois, de son caractère, de toutes ses circonstances intérieures et extérieures ; de même que la constitution d'un individu se compose de toutes les circonstances qui le font vivre. Dans la nouvelle politique, la constitution fut une règle textuelle déduite de la théorie générale pour être tout à coup imposée à une nation. La manière dont ce mot s'est trouvé insensiblement détourné de cette acception primitive montre mieux qu'un long détail quelle fut la marche du raisonnement dans la politique. Une science nouvelle naquit alors sous le nom d'économie politique; on rechercha quelle étoit la source de la richesse des citoyens et des nations, et comment la vie d'un peuple et sa plus ou moins grande prospérité dépendent des relations pécuniaires et commerciales des individus et du pays entier. La théorie de cette circulation de la fortune publique et particulière fut ingénieusement et clairement établie; elle obtint un succès extraordinaire : l'Europe presque entière accueillit avec une sorte d'enthousiasme les systèmes de bonheur public des économistes. Les souverains honoroient hautement ces nouveaux législateurs ; on partageoit leurs espérances ; on croyoit que ces amis des hommes alloient subjuguer, par l'évidence de la raison, et les rois et les peuples, et forcer, par un calcul lumineux de leurs intérêts, les uns à être toujours justes, les autres à être toujours soumis. Mais pour arriver à cette certitude mathématique, ils avoient négligé bien des éléments qu'il qu'il eût été nécessaire de considérer. Depuis on a profité de leurs travaux, en suppléant à ces omissions; la théorie a cessé d'être mathématique; elle n'est plus une suite d'axiomes d'où dérivent des conclusions incontestables : en devenant moins précise et moins certaine, elle a été plus applicable et plus utile; ce n'est plus une loi qui gouverne despotiquement l'administration publique, ce sont des conseils qui la guident.

Il y a deux manières d'envisager la métaphysique : l'une s'occupe du centre de l'homme, des facultés et des opérations de son ame, de la destination qu'elle peut avoir, de son essence, de la nature de son action : la difficulté de cette science, c'est de rattacher l'âme aux opérations du corps, et de trouver à la fois la limite et la transition entre l'action morale et l'action physique; l'autre métaphysique suit une marche complètement opposée; elle part des objets extérieurs, cherche leur action mécanique sur l'homme, examine les sensations, leurs résultats immédiats, et chemine le plus avant qu'elle peut dans cette route, s'efforçant à arriver du dehors jusqu'au point central qui constitue le *moi* humain. Autrefois, négligeant d'examiner tout ce mécanisme des sens, tous ces rapports directs du corps avec les objets, les philosophes ne s'occupoient que de ce qui se passe au dedans de l'homme, la science de l'homme, telle qu'elle a été la noble étude de Descartes, de Pascal, de Malebranche, de Leibnitz : ils dédaignoient toute la partie de la pensée qui a rapport au sens extérieur. Ils apercevoient bien cette question particulière de métaphysique qu'on appela depuis la formation des idées; mais suivant eux, elle touchoit trop peu au fond des choses pour mériter leur attention. Plus tard on traita de vaines subtilités, on flétrit du titre de rêveries scolastiques les

AVANT-PROPOS.

travaux de ces grands esprits; on se jeta dans la science des sensations, espérant qu'elle seroit plus à la portée de l'intelligence humaine; on s'occupa de plus en plus des rapports mécaniques de l'homme avec les objets, et de l'influence de son organisation physique. Le dix-huitième siècle voulut faire de cette manière d'envisager l'homme un de ses principaux titres de gloire. Locke avoit déjà marché dans cette direction, et s'étoit occupé de développer les mêmes questions. La philosophie des encyclopédistes s'empara des idées de Locke, et les poussa aux dernières conséquences. Ce système est professé implicitement dans le Discours préliminaire de l'Encyclopédie; mais ce n'est point là cependant qu'il faut le chercher quand on veut le bien connoître; il n'y est pas développé complètement et avec clarté : Condillac, qui commença à écrire un peu avant cette époque, est le chef de l'école; c'est dans ses ouvrages, et dans quelques pages de l'Émile, que cette métaphysique exerce toutes les séductions de sa méthode et de sa lucidité. Peu d'écrivains ont obtenu et mérité plus de succès que Condillac; il a mis la science de la pensée à la portée de tous les esprits. Cette nouvelle métaphysique ne tarda pas à faire sentir son influence sur toutes les théories; il y eut bientôt une nouvelle manière d'examiner chaque branche des connoissances humaines, d'en établir les principes, d'en enchaîner les raisonnements. Ce fut une révolution d'autant plus importante que les idées et les opinions qu'elle a répandues sont, pour ainsi dire, devenues classiques en France. Les sciences exactes et naturelles s'accommodèrent fort bien de la métaphysique des sensations; peut-être est-ce à leur esprit qu'elle doit la naissance : du moins est-il vrai qu'elles reçurent à ce moment une impulsion qui détermina de rapides progrès; ces sciences cherchent à découvrir ce qu'est la nature en elle-même, indépendamment de l'effet qu'elle produit sur chacun des hommes. Ce fut ainsi que, ne voulant plus, pour établir la morale, partir du sentiment de justice et de sympathie qui vit dans l'ame de tous les hommes, et qui y combat plus ou moins d'autres dispositions, on chercha à la fonder sur un fait commun à toute la nature animale, le besoin de la conservation et du bien-être; d'où dérive l'amour de son propre intérêt.

Mais le penchant le plus naturel à l'homme n'est pas de travailler sa pensée pour la rendre semblable à celle de tous les autres hommes; il est, au contraire, sans cesse occupé à trouver les moyens de faire partager aux autres sa propre impression telle qu'il l'a reçue, sans l'abstraire d'aucune circonstance. Un sentiment de sympathie lui fait un besoin d'exciter en autrui la sensation qu'il éprouve : la vérité de sentiment et de persuasion fait partie de l'homme lui-même, et le modifie dans tout l'ensemble de sa pensée. Chacune des directions où s'exerce l'esprit de l'homme vient se rattacher à une disposition de l'ame qui lui correspond : tant il est vrai que l'ame a des dispositions nécessaires qui appartiennent à sa propre nature, qui sont indépendantes des circonstances extérieures, qui se retrouvent dans tous les états de civilisation, dans toutes les variétés de l'organisation physique, et qui font le caractère distinctif de l'homme, tout autant que sa forme corporelle. Ces dispositions sont plus ou moins développées, plus ou moins capables de s'exprimer; les sens apportent plus ou moins de matière à l'activité de leur flamme : ainsi partout vous trouverez dans l'homme le sentiment de l'infini, vous le verrez désirant au-delà de ses besoins, demandant encore quand ils sont satisfaits; cherchant toujours au-delà de tout; supposant une vie après la sienne; respectant et ensevelissant les morts, parce qu'il ne peut les imaginer finis pour toujours; inquiet du cours de la nature, ne pouvant la croire immuable, lui soupçonnant un commencement, et redoutant sa destruction : telle est, dans la nature de l'homme, la disposition qui le rend religieux : quelque sauvage que vous le supposiez, vous apercevrez toujours dans son cœur une fibre destinée à ce genre de sentiments. C'est donc ce penchant de l'ame qui est le principe de la religion. C'est ce que Jean-Jacques a parfaitement développé dans la Profession de foi du vicaire savoyard. Une chose qui n'a pas été assez remarquée, c'est que Rousseau, dans Émile, a fondé toute la morale sur la considération de l'intérêt personnel, d'une façon peut-être encore plus spéciale qu'Helvétius. Il est singulier qu'ayant, pour arriver à ce résultat, employé la métaphysique du dix-huitième siècle, il ait, dans la Profession de foi, usé avec la plus noble éloquence de la philosophie cartésienne, qui seule en effet pouvoit le conduire directement aux croyances religieuses. On est aussi surpris de le voir remonter d'abord, par un essor sublime, jusqu'à la connoissance de Dieu, et puis partir de là pour rejeter les religions positives et les cultes; mais une telle marche est conforme à toute la philosophie de Rousseau : l'idée de la Divinité, un sentiment vague de reconnoissance et de respect pour elle, en un mot ce qu'on a appelé la religion naturelle, tout cela est du domaine de l'imagination; on peut être sans cesse agité par ces nobles pensées sans que les actions s'en ressentent; mais un culte est l'application positive de ces sentiments; c'est par cet intermédiaire qu'ils deviennent utiles; c'est par-là seulement qu'ils prennent corps, acquièrent de la réalité, et s'emparent de quelque influence sur la conduite : en examinant Rousseau on voit qu'il y a de l'analogie entre une religion sans culte et une vertu sans pratique.

C'est assurément un phénomène bien singulier qu'un

homme qui entreprend de conquérir l'estime et même l'admiration de la postérité en lui faisant connoître les détails d'une vie qui n'a rien de grand, qui n'offre aucune action élevée, et qui, au contraire, est remplie de détails ignobles et de fautes impardonnables ; mais il y a quelque chose de plus surprenant encore, c'est le succès d'une pareille entreprise, c'est d'avoir persuadé qu'il étoit vertueux, en racontant comme il ne l'étoit pas. C'est bien là ce qui prouve combien est puissante sur le cœur de l'homme la peinture d'une impression vive et réelle, quelle sympathie elle excite en lui, et comme elle établit entre celui qui parle et celui qui écoute des rapports si intimes, que l'un éprouve bientôt ce que l'autre a éprouvé ; aussi est-il vrai de dire que nul n'a mieux su que Rousseau révéler l'intérieur de son ame. Qui ne s'est pas senti ému et charmé en lisant la peinture animée de ces vagues rêveries ; de ces espérances sans cesse trompées et sans cesse renaissantes ; de ces jouissances de l'imagination ; de ces romans de vertu et de bonheur, toujours démentis et renouvelés toujours ; de ces tempêtes qui se passent au plus profond du cœur, enfin de toute l'illusion d'une ame rêveuse et solitaire ? Après nous avoir ainsi placés par la magie de la vérité dans toute sa situation, Rousseau nous fait partager chacune de ses pensées, et, pour ainsi dire, de ses actions ; nous tombons tous avec lui dans ses erreurs par une pente irrésistible ; nous prenons son sot orgueil, nous ne voyons qu'outrage et injustice, nous devenons les ennemis de tous les hommes, et nous le préférons à eux.

Mais en réfléchissant mieux nous pourrons apercevoir que cet homme, qui a su nous entraîner avec lui, a constamment mené une vie pleine d'égoïsme, qu'il a tout ramené à lui-même, que les jouissances qu'il a recher-

AVANT-PROPOS.

chées ont toujours eu quelque chose de satisfait et de non partagé; qu'il n'a jamais sacrifié son intérêt qu'à son orgueil; que souvent il a été envieux de ce qu'il n'a pas obtenu, quoiqu'il ait souvent renoncé à l'obtenir; que ses affections même ont eu un caractère d'égoïsme; qu'il a aimé pour sa propre satisfaction et non pour celle des autres. Enfin on se repent de s'être ainsi calomnié en ne se croyant pas meilleur qu'un tel homme; on conçoit bien toutes ses fautes, mais on ne les pardonne plus, et on ne confond plus des explications avec des excuses. De toutes les passions du cœur humain, la haine est celle qui s'éteint, qui se calme même le plus difficilement dans l'ame où elle est entrée une fois avec toutes ses fureurs; elle ne peut plus revenir à l'équité, parce qu'elle a perdu tous les moyens de voir la vérité; elle marche audacieusement et en paix avec sa conscience dans les voies de l'iniquité et de l'homicide; elle est livrée aux spectres, et c'est pour cela qu'elle devient une furie : comme elle ne voit plus les choses sous leur véritable forme, ni les hommes sous leurs véritables traits, plus l'innocence qu'elle proscrit prendra d'éclat, et plus ses yeux seront blessés; les tortures qu'elle voudroit faire souffrir, elle les éprouve, et les prend pour les preuves des crimes qu'elle forge et qu'elle impute : elle a beau voir que chaque attaque est pour elle une confusion, elle attaque encore sans prévoir qu'elle va être écrasée d'une confusion plus ignominieuse.

Dans Jean-Jacques dominoit ce tempérament atrabilaire qui tourmente ceux qui l'ont, et d'où sont sorties dans tous les siècles les tempêtes qui ont bouleversé le monde moral. Les esprits de ce genre ne peuvent laisser le genre humain en paix que lorsqu'ils sont mis de bonne heure dans les chaînes d'une religion menaçante, ou dans les chaînes d'une logique très-exacte et très-sévère;

il faut qu'ils soient des fous ou des scélérats, des saints ou de grands philosophes. Dans les siècles religieux il leur arrive souvent, après avoir commis quelque crime, dont ils sont eux-mêmes épouvantés, d'aller pour toute leur vie se mettre à genoux dans des déserts ou dans des cavernes, où leur imagination profonde et tremblante creuse incessamment les abîmes de l'enfer. Les cloîtres, en ensevelissant beaucoup d'hommes de ce genre, ont rendu à cet égard de grands services au monde. Dans les siècles où il y a une philosophie, ils s'y dévouent comme à une religion : ils portent très-loin l'attention et le raisonnement; mais le raisonnement est trop souvent altéré par eux dans ses sources mêmes, dans les sensations; et c'est pour cela que dans les objets où leurs sensations ne sont pas corrompues ils ont du génie; que dans tous les autres ils délirent méthodiquement et sans retour.

Dans les dernières années de sa vie, Jean-Jacques ne pouvoit plus parler que de la campagne; il étouffoit, il avoit besoin de fuir les hommes pour respirer. A Ermenonville la présence de la nature ne put calmer son ame. Quant à ceux de ses ennemis qui vouloient le juger sur leurs haines, et non pas sur ses torts, plus il leur faisoit sentir qu'il n'avoit pas de torts, plus ils sentoient qu'ils avoient des haines. Ce n'est pas pour eux qu'il a dû écrire ses Dialogues. Tandis que les uns cherchoient à l'effrayer par leur colère, d'autres avoient l'air de le rassurer en le menaçant de leur indulgence : et comment auroient-ils pu faire croire qu'en le conservant uniquement pour ses talents, ses talents auroient pu être conservés, auroient pu encore être utiles? Quel ascendant victorieux auroit eu la vérité dans la bouche ou sous la plume d'un homme qui eût véritablement perverti l'esprit public dans des écrits dangereux? Qu'auroit-il prouvé par les hommages qu'il auroit rendus à la vertu, sinon qu'on peut l'honorer par ses expressions, et la trahir par ses sentiments? Qui sait combien de doutes répandus sur la sincérité de ce peintre éloquent de la vertu, de Sénèque, sur l'accord de sa morale et de ses mœurs, de ses principes et de sa vie, ont répandu de doutes sur la réalité de la vertu elle-même? En dégradant un philosophe, l'infâme Suilius et ses infâmes échos ont beaucoup dégradé la philosophie elle-même, et c'étoit là peut-être leur but principal et leur plus chère espérance.

Rousseau avoit quarante ans quand il commença à espérer que des idées qui ne l'avoient guère occupé jusque-là que comme beau idéal pouvoient se réaliser sur la terre; il espéra que des rêveries délicieuses pourroient devenir des pensées utiles, et qu'après avoir fait son bonheur, elles pourroient entrer dans le concours de toutes les vues qui devoient préparer le bonheur du genre humain; mais il savoit et n'avoit point oublié, au milieu de ses espérances enivrantes, combien les vérités importantes et étendues sont difficiles à découvrir, combien les vérités découvertes sont difficiles à démontrer, combien les vérités démontrées par une analyse rigoureuse sont difficiles à présenter aux hommes avec cette clarté qui les dispense d'une longue attention, et avec ce charme qui les récompense d'une attention passagère; il comprit parfaitement combien la mission qu'il croyoit avoir reçue de la nature étoit difficile à remplir, combien elle exigeoit de temps et d'indépendance entière. Il est beau de proclamer les principes qui peuvent seuls mettre les hommes en sûreté, et le genre humain en paix; mais pour en être protégé il ne suffit pas de les proclamer, il faut les respecter; il ne suffit pas de les respecter envers ses amis pour soi-même, il faut les respecter contre soi-même et envers ses ennemis.

Les vrais principes sont les articles d'un traité de paix dicté par la raison aux passions et aux erreurs qu'elle ne peut détruire. Être bienfaisant et juste envers ce qu'on aime et ce dont on est aimé n'est pas une vertu; les tigres même et les loups le sont. La véritable vertu, la seule vertu sociale, est cette force éclairée qui ne se précipite ni du côté de l'amour, ni du côté de la haine, mais qui, marchant toujours les balances du raisonnement et de la justice à la main, arrête les passions par la prévoyance, résiste aux affections personnelles par la vue et par le sentiment de l'ordre général, et ne s'avance jamais qu'en posant des barrières ou des fanaux partout où elle aperçoit des précipices.

Le temps où l'on pouvoit tromper les gouvernements sur les intentions de Jean-Jacques est passé; la vérité commence à percer de toutes parts; il existe des hommes capables de la discerner à travers tous les nuages dont elle a été enveloppée, capables de la présenter avec les traits précis et éclatants qui assurent son triomphe, en lui donnant son évidence. Il n'existe pas sur la terre de puissance capable d'anéantir ou d'obscurcir les vérités que Rousseau a consignées dans ses pages immortelles : puisqu'elles sont écrites, elles sont impérissables; toutes se tiennent, et elles tiennent à tout ce qui a été. Le sceau qu'il leur a imprimé sera plus ineffaçable que celui de toutes les chancelleries. Ce que tous appeloient sa folie est devenu la sagesse de tous; il ne s'est pas trompé, puisqu'ils ont reconnu leurs erreurs; il est justifié, puisqu'ils se sont pardonnés. Il est un tribunal, mais c'est le seul devant lequel ils doivent tous paroître, c'est celui de la postérité. L'esprit de parti, qui n'est pas l'esprit des siècles, cherchera encore à faire arriver ses dépositions erronées ou fallacieuses à ce tribunal; mais elles périront dans ces routes du temps que la vérité seule traverse dans toute leur étendue; elles ne seront point entendues ou elles n'influeront point sur les jugements que la postérité prononce et qu'elle grave sur les tombes qui ont enseveli dès long-temps tous les partis; et puisque son nom est attaché à des opinions et à des événements qui seront l'entretien et la leçon des siècles, la postérité laissera arriver jusqu'à elle l'homme qui a passé au milieu de tous les partis, qui n'a jamais embrassé que celui de la raison et de l'espèce humaine froissées entre les partis de tous les genres; qui, en blessant toutes les passions qu'il vouloit éclairer et désarmer, les a presque toujours contraintes à l'aveu de la pureté de ses intentions, que tous les fanatismes ont accusé d'être foible parce qu'il a eu la force de résister également aux emportements de tous les fanatismes, et que rien ne doit paroître foible, comme la raison, à des esprits enivrés par toutes les passions; qui enfin, depuis qu'il se lança dans la carrière épineuse des lettres, entièrement dévoué à elles, toujours prêt à sceller la raison de son sang, et jamais du sang des autres, n'a jamais formé qu'un vœu, le vœu de voir la société assise sur les bases de la nature. Il y a deux routes à prendre pour tout grand changement politique dans un état : ou on change l'opinion, qui change ensuite les pouvoirs et les institutions, ou on ébranle ou renverse les institutions et les pouvoirs, et l'opinion change ensuite : la première route est longue, et on la parcourt avec lenteur; la seconde est moins une route qu'un précipice qu'il faut franchir; cela n'exige qu'un saut et qu'un instant. La démocratie naissante chez un grand peuple qui a vécu des siècles sous des rois a des vices qui paroissent des vertus jusqu'à ce qu'on soit universellement épouvanté de leurs excès. Et avant d'arriver à ce comble des fureurs et des horreurs qui corrige d'une manière si terrible ceux qui restent, ce n'est qu'en faisant entrer la démocratie avec des ménagements profonds sous le régime sévère d'un gouvernement puissant; qu'on l'empêche d'être éternellement une démagogie forte, atroce et destructive. C'est une chose inévitable, quand les passions conduisent les évènements, que les évènements, à leur tour, irritent et enflamment les passions. Ce sont de grands drames, en quelque sorte, qui se jouent sur la terre, et dans lesquels les évènements enfantés par les passions, et les passions développées par les évènements, accélèrent et précipitent leur marche vers les catastrophes; où les principaux acteurs périssent, où l'action s'arrête sur la scène inondée de sang, jusqu'à ce que d'autres personnages soient entraînés par d'autres passions à d'autres drames, et par d'autres drames à des dénouements également funestes.

Les Rêveries du promeneur solitaire sont le dernier ouvrage de Jean-Jacques Rousseau; il dit lui-même, dans la première, qu'elles peuvent être regardées comme un appendice à ses Confessions, mais qu'il ne leur en donne plus le titre, ne sentant plus rien à dire qui puisse le mériter. Des dix Rêveries qui composent cet ouvrage, neuf seulement sont entières; la dixième, qui fut écrite le 12 avril 1778, peu de mois avant la mort de Jean-Jacques, n'est point achevée : il n'est question dans ce que Rousseau en a écrit que de madame de Warens. Plus près du tombeau, Jean-Jacques est plus calme dans les Rêveries que dans les Dialogues. Sa pensée a moins d'amertume, et son style est plus facile. La conspiration de ses ennemis n'a point envahi, comme dans les Dialogues, toutes ses facultés; son imagination se reporte avec moins de peine vers le passé; son esprit, moins aigri, a plus de facilité, plus d'abandon; il s'arrête plus longtemps sur de douces idées; il revoit la nature avec un

AVANT-PROPOS.

nouveau ravissement; sa pensée a moins d'égoïsme que dans les Dialogues, où, toujours aux prises avec les ennemis que se forge son imagination, avec son amour-propre et sa misanthropie, il s'épuise en vaines conjectures, et, tournant sans cesse autour du même cercle, persécute le lecteur de ses soupçons et de ses malheurs.

ROUSSEAU

JUGE

DE JEAN-JACQUES.

DIALOGUES.

Barbarus hic ego sum, quia non intelligor illis.
Ovid., Trist., v. eleg. 10, v. 37.

DU SUJET ET DE LA FORME
DE CET ÉCRIT.

J'ai souvent dit que si l'on m'eût donné d'un autre homme les idées qu'on a données de moi à mes contemporains, je ne me serois pas conduit avec lui comme il font avec moi. Cette assertion a laissé tout le monde fort indifférent sur ce point; je n'ai vu chez personne la moindre curiosité de savoir en quoi ma conduite eût différé de celle des autres, et quelles eussent été mes raisons. J'ai conclu de là que le public, parfaitement sûr de l'impossibilité d'en user plus justement ni plus honnêtement qu'il ne fait à mon égard, l'étoit par conséquent que, dans ma supposition, j'aurois eu tort de ne pas l'imiter. J'ai cru même apercevoir dans sa confiance une hauteur dédaigneuse qui ne pouvoit venir que d'une grande opinion de la vertu de ses guides et de la sienne dans cette affaire. Tout cela, couvert pour moi d'un mystère impénétrable, ne pouvant s'accorder avec mes raisons, m'a engagé à les dire, pour les soumettre aux réponses de quiconque auroit la charité de me détromper; car mon erreur, si elle existe, n'est pas ici sans conséquence: elle me force à mal penser de tous ceux qui m'entourent, et, comme rien n'est plus éloigné de ma volonté que d'être injuste et ingrat envers eux, ceux qui me désabuseroient, en me ramenant à de meilleurs jugemens, substitueroient dans mon cœur la gratitude à l'indignation, et me rendroient sensible et reconnoissant en me montrant mon devoir à l'être. Ce n'est pas là cependant le seul motif qui m'ait mis la plume à la main : un autre encore, plus fort et non moins légitime, se fera sentir dans cet écrit. Mais je proteste qu'il n'entre plus dans ces motifs l'espoir ni presque le désir d'obtenir enfin de ceux qui m'ont jugé la justice qu'ils me refusent, et qu'ils sont bien déterminés à me refuser toujours.

En voulant exécuter cette entreprise, je me suis vu dans un bien singulier embarras : ce n'étoit pas de trouver des raisons en faveur de mon sentiment, c'étoit d'en imaginer de contraires ; c'étoit d'établir sur quelque apparence d'équité des procédés où je n'en apercevois aucune. Voyant cependant tout Paris, toute la France, toute l'Europe, se conduire à mon égard avec la plus grande confiance sur des maximes si nouvelles, si peu concevables pour moi, je ne pouvois supposer que cet accord unanime n'eût aucun fondement raisonnable, ou du moins apparent, et que toute une génération s'accordât à vouloir éteindre à plaisir toutes les lumières naturelles, violer toutes les lois de la justice, toutes les règles du bon sens, sans objet, sans profit, sans prétexte, uniquement pour satisfaire une fantaisie dont je ne pouvois pas même apercevoir le but et l'occasion. Le silence profond, universel, non moins inconcevable que le mystère qu'il couvre, mystère que depuis quinze ans on me cache avec un soin que je m'abstiens de qualifier, et avec un succès qui tient du prodige ; ce silence effrayant et terrible ne m'a pas laissé saisir la moindre idée qui pût m'éclairer sur ces étranges dispositions. Livré pour toute lumière à mes conjectures, je n'en ai su former aucune qui pût expliquer ce qui m'arrive, de manière à pouvoir croire avoir démêlé la vérité. Quand de forts indices m'ont fait penser quelquefois avoir découvert avec le fond de l'intrigue son objet et ses auteurs, les absurdités sans nombre que j'ai vues naître de ces suppositions m'ont bientôt contraint de les abandonner, et toutes celles que mon imagination s'est tourmentée à leur substituer n'ont pas mieux soutenu le moindre examen.

Cependant, pour ne pas combattre une chimère, pour ne pas outrager toute une génération, il fallait bien supposer des raisons dans le parti approuvé et suivi par tout le monde. Je n'ai rien épargné pour en chercher, pour en imaginer de propres à séduire la multitude ; et, si je n'ai rien trouvé qui dût avoir produit cet effet, le ciel m'est témoin que ce n'est faute ni de volonté ni d'effort, et que j'ai rassemblé soigneusement toutes les idées que mon entendement m'a pu fournir pour cela. Tous mes soins n'aboutissant à rien qui pût me satisfaire, j'ai pris le seul parti qui me restoit à prendre pour m'expliquer : c'étoit, ne pouvant raisonner sur des motifs particuliers qui m'étoient inconnus et incompréhensibles, de raisonner sur une hypothèse générale qui pût tous les rassembler : c'étoit, entre toutes les suppositions possibles, de choisir la pire pour moi, la meilleure pour mes adversaires ; et, dans cette position, ajustée, autant qu'il m'étoit possible, aux manœuvres dont je me suis vu l'objet, aux allures que j'ai entrevues, aux propos mystérieux que j'ai pu saisir çà et là, d'examiner quelle conduite de leur part eût été la plus raisonnable et la plus juste. Épuiser tout ce qui se pouvoit dire en leur faveur étoit le seul moyen que j'eusse de trouver ce qu'ils disent en effet, et c'est ce que j'ai tâché de faire, en mettant de leur côté tout ce que j'y ai pu mettre de motifs plausibles et d'arguments spécieux, et cumulant contre moi toutes les charges imaginables. Malgré tout cela, j'ai souvent rougi, je l'avoue, des raisons que j'étois forcé de leur prêter. Si j'en avois trouvé de meilleures, je les aurois employées de tout mon cœur et de toute ma force, et cela avec d'autant moins de peine, qu'il me paroît certain qu'aucune n'auroit pu tenir contre mes réponses, parce que celles-ci dérivent immédiatement des premiers principes de la justice, des premiers éléments du bon sens; et qu'elles sont applicables à tous les cas possibles d'une situation pareille à celle où je suis.

La forme du dialogue m'ayant paru la plus propre à discuter le pour et le contre, je l'ai choisie pour cette raison. J'ai pris la liberté de reprendre dans ces entretiens mon nom de famille, que le public a jugé à propos de m'ôter, et je me suis désigné en tiers, à son exemple, par celui de baptême, auquel il lui a plu de me réduire. En prenant un François pour mon autre interlocuteur, je n'ai rien fait que d'honnête et d'obligeant pour le nom qu'il porte, puisque je me suis abstenu de le rendre complice d'une conduite que je désapprouve, et je n'aurois rien fait d'injuste en lui donnant ici le personnage que toute sa nation s'empresse de faire à mon égard. J'ai même eu l'attention de le ramener à des sentiments plus raisonnables que je n'en ai trouvé dans aucun de ses compatriotes; et celui que j'ai mis en scène est tel qu'il seroit aussi heureux pour moi qu'honorable à son pays qu'il s'y en trouvât beaucoup qui l'imitassent. Que si quelquefois je l'engage à des raisonnements absurdes, je proteste derechef, en sincérité de cœur, que c'est toujours malgré moi ; et je crois pouvoir défier toute la France d'en trouver de plus solides pour autoriser les singulières pratiques dont je suis l'objet, et dont elle paroît se glorifier si fort.

Ce que j'avois à dire étoit si clair, et j'en étois si pénétré, que je ne puis assez m'étonner des longueurs, des redites, du verbiage et du désordre de cet écrit. Ce qui l'eût rendu vif et véhément sous la plume d'un autre est précisément ce qui l'a rendu tiède et languissant sous la mienne. C'étoit de moi qu'il s'agissoit, et je n'ai plus trouvé pour mon propre intérêt ce zèle et cette vigueur de courage qui ne peut exalter une ame généreuse que pour la cause d'autrui. Le rôle humiliant de ma propre défense est trop au-dessous de moi, trop peu digne des sentiments qui m'animent, pour que j'aime à m'en charger: ce n'est pas non plus, on le sentira bientôt, celui que j'ai voulu remplir ici; mais je ne pouvois examiner la conduite du public à mon égard sans me contempler moi-même dans la position du monde la plus déplorable et la plus cruelle. Il falloit m'occuper d'idées tristes et déchirantes, de souvenirs amers et révoltants, de sentiments les moins faits pour mon cœur; et c'est en cet état de douleur et de détresse qu'il a fallu me remettre chaque fois que quelque nouvel outrage, forçant ma répugnance, m'a fait faire un nouvel effort pour reprendre cet écrit si souvent abandonné. Ne pouvant souffrir la continuité d'une occupation si douloureuse, je ne m'y suis livré que durant des moments très-courts, écrivant chaque idée quand elle me venoit, et m'en tenant là; écrivant dix fois la même quand elle m'est venue dix fois, sans me rappeler jamais ce que j'avois précédemment écrit, et ne m'en apercevant qu'à la lecture du tout, trop tard pour pouvoir rien corriger, comme je le dirai tout-à-l'heure. La colère anime quelquefois le talent, mais le dégoût et le serrement de cœur l'étouffent; et l'on sentira mieux, après m'avoir lu, que c'étoient là les dispositions constantes où j'ai dû me trouver durant ce pénible travail.

Une autre difficulté me l'a rendu fatigant : c'étoit, forcé de parler de moi sans cesse, d'en parler avec justice et vérité, sans louange et sans dépression. Cela n'est pas difficile à un homme à qui le public rend l'honneur qui lui est dû : il est par-là dispensé d'en prendre soin lui-même. Il peut également et se taire sans s'avilir, et s'attribuer avec franchise les qualités que tout le monde reconnoît en lui. Mais celui qui se sent digne d'honneur et d'estime, et que le public défigure et diffame à plaisir, de quel ton se rendra-t-il seul la justice qui lui est due? Doit-il se parler de lui même avec des éloges mérités, mais généralement démentis? Doit-il se vanter des qualités qu'il sent en lui, mais que tout le monde refuse d'y voir? Il y auroit moins d'orgueil que de bassesse à prostituer ainsi la vérité. Se louer alors, même avec la plus rigoureuse justice, ce seroit plutôt se dégrader que s'honorer; et ce seroit bien mal connoître les hommes que de croire les ramener d'une erreur dans laquelle ils se complaisent par de telles protestations. Un silence fier et dédaigneux est en pareil cas plus à sa place, et eût été bien plus de mon goût, mais il n'auroit pas rempli mon objet; et, pour le remplir, il falloit nécessairement que je disse de quel œil, si j'étois un autre, je verrois un homme tel que je suis. J'ai tâché de m'acquitter équitablement et impartialement d'un si difficile devoir, sans insulter à l'incroyable aveuglement du public, sans me vanter fièrement des vertus qu'il me refuse, sans m'accuser non plus des vices que je n'ai pas, et dont il lui plaît de me charger, mais en expliquant simplement ce que j'aurois déduit d'une constitution semblable à la mienne, étudiée avec soin dans un autre homme. Que si l'on trouve dans mes descriptions de la retenue et de la modération, qu'on n'aille pas m'en faire un mérite. Je déclare qu'il ne m'a manqué qu'un peu plus de modestie pour parler de moi beaucoup plus honorablement.

Voyant l'excessive longueur de ces Dialogues, j'ai tenté plusieurs fois de les élaguer, d'en ôter les fréquentes répétitions, d'y mettre un peu d'ordre et de suite; jamais je n'ai pu soutenir ce nouveau tourment: le vif sentiment de mes malheurs, ranimé par cette lecture, étouffe toute l'attention qu'elle exige. Il m'est impossible de rien retenir, de rapprocher deux phrases, et de comparer deux idées. Tandis que je force mes yeux à suivre les lignes, mon cœur serré gémit et soupire. Après de fréquents et vains efforts, je renonce à ce travail, dont je me sens incapable; et, faute de pouvoir faire mieux, je me borne à transcrire ces informes essais, que je suis hors d'état de corriger. Si, tels qu'ils sont, l'entreprise en étoit encore à faire, je ne la ferois pas, quand tous les biens de l'univers y seroient attachés; je suis même forcé d'abandonner des multitudes d'idées meilleures et mieux rendues que ce qui tient ici leur place, et que j'avois jetées sur des papiers détachés dans l'espoir de les encadrer aisément; mais l'abattement m'a gagné au point de me rendre même impossible ce léger travail. Après tout j'ai dit à peu près ce que j'avois à dire : il est noyé dans un chaos de désordre et de redites, mais il y est; les bons esprits sauront l'y trouver. Quant à ceux qui ne veulent qu'une lecture agréable et rapide, ceux qui n'ont cherché, qui n'ont trouvé que cela dans mes *Confessions*, ceux qui ne peuvent souffrir un peu de fatigue, soutenir une attention suivie pour l'intérêt de la justice et de la vérité, ils feront bien de s'épargner l'ennui de cette lecture; ce n'est pas à eux que j'ai voulu parler; et, loin de chercher à leur plaire, j'éviterai du moins cette dernière indignité, que le tableau des misères de ma vie soit pour personne un objet d'amusement.

Que deviendra cet écrit? quel usage en pourrai-je faire? Je l'ignore, et cette incertitude a beaucoup augmenté le découragement qui ne m'a point quitté en y travaillant. Ceux qui disposent de moi en ont eu connoissance aussitôt qu'il a été commencé, et je ne vois dans ma situation aucun moyen possible d'empêcher qu'il ne tombe entre leurs mains tôt ou tard. Ainsi, selon le cours naturel des choses, toute la peine que j'ai prise est à pure perte. Je ne sais quel parti le ciel me suggérera, mais j'espérerai jusqu'à la fin qu'il n'abandonnera point la cause juste. Dans quelques mains qu'il fasse tomber ces feuilles, si parmi ceux qui les liront peut-être il est encore un cœur d'homme, cela me suffit, et je ne mépriserai jamais assez l'espèce humaine pour ne trouver dans cette idée aucun sujet de confiance et d'espoir.

ROUSSEAU
JUGE
DE JEAN-JACQUES.

PREMIER DIALOGUE.

Du système de conduite envers Jean-Jacques, adopté par l'administration, avec l'approbation du public.

ROUSSEAU.

Quelles incroyables choses je viens d'apprendre! Je n'en reviens pas : non, je n'en reviendrai jamais. Juste ciel! quel abominable homme! qu'il m'a fait de mal! que je le vais détester!

UN FRANÇOIS.

Et notez bien que c'est ce même homme dont les pompeuses productions vous ont si charmé, si ravi, par les beaux préceptes de vertu qu'il y étale avec tant de faste.

ROUSSEAU.

Dites, de force. Soyons justes, même avec les méchants. Le faste n'excite tout au plus qu'une admiration froide et stérile, et sûrement ne me charmera jamais. Des écrits qui élèvent l'ame et enflamment le cœur méritent un autre mot.

LE FRANÇOIS.

Faste ou force, qu'importe le mot si l'idée est

toujours la même, si ce sublime jargon tiré par l'hypocrisie d'une tête exaltée n'en est pas moins dicté par une ame de boue?

ROUSSEAU.

Ce choix du mot me paroît moins indifférent qu'à vous. Il change pour moi beaucoup les idées; et, s'il n'y avoit que du faste et du jargon dans les écrits de l'auteur que vous m'avez peint, il m'inspireroit moins d'horreur. Tel homme pervers s'endurcit à la sécheresse des sermons et des prônes, qui rentreroit peut-être en lui-même et deviendroit honnête homme si l'on savoit chercher et ranimer dans son cœur ces sentiments de droiture et d'humanité que la nature y mit en réserve et que les passions étouffent. Mais celui qui peut contempler de sang-froid la vertu dans toute sa beauté, celui qui sait la peindre avec ses charmes les plus touchants sans en être ému, sans se sentir épris d'aucun amour pour elle, un tel être, s'il peut exister, est un méchant sans ressource; c'est un cadavre moral.

LE FRANÇOIS.

Comment! s'il peut exister? Sur l'effet qu'ont produit en vous les écrits de ce misérable, qu'entendez-vous par ce doute, après les entretiens que nous venons d'avoir? Expliquez-vous.

ROUSSEAU.

Je m'expliquerai : mais ce sera prendre le soin le plus inutile ou le plus superflu; car tout ce que je vous dirai ne sauroit être entendu que par ceux à qui l'on n'a pas besoin de le dire.

Figurez-vous donc un monde idéal semblable au nôtre, et néanmoins tout différent. La nature y est la même que sur notre terre, mais l'économie en est plus sensible, l'ordre en est plus marqué, le spectacle plus admirable, les formes sont plus élégantes, les couleurs plus vives, les odeurs plus suaves, tous les objets plus intéressants. Toute la nature y est si belle, que sa contemplation, enflammant les ames d'amour pour un si touchant tableau, leur inspire, avec le désir de concourir à ce beau système, la crainte d'en troubler l'harmonie; et de là naît une exquise sensibilité qui donne à ceux qui en sont doués des jouissances immédiates, inconnues aux cœurs que les mêmes contemplations n'ont point avivés.

Les passions y sont, comme ici, le mobile de toute action, mais plus vives, plus ardentes, ou seulement plus simples et plus pures; elles prennent par cela seul un caractère tout différent. Tous les premiers mouvements de la nature sont bons et droits. Ils tendent le plus directement qu'il est possible à notre conservation et à notre bonheur; mais bientôt, manquant de force pour suivre à travers tant de résistance leur première direction, ils se laissent défléchir par mille obstacles, qui, les détournant du vrai but, leur font prendre des routes obliques où l'homme oublie sa première destination. L'erreur du jugement, la force des préjugés, aident beaucoup à nous faire prendre ainsi le change ; mais cet effet vient principalement de la foiblesse de l'ame, qui, suivant mollement l'impulsion de la nature, se détourne au choc d'un obstacle, comme une boule prend l'angle de réflexion; au lieu que celle qui suit plus vigoureusement sa course ne se détourne point, mais, comme un boulet de canon, force l'obstacle, ou s'amortit et tombe à sa rencontre.

Les habitants du monde idéal dont je parle ont le bonheur d'être maintenus par la nature, à laquelle ils sont plus attachés, dans cet heureux point de vue où elle nous a placés tous, et par cela seul leur ame garde toujours son caractère originel. Les passions primitives, qui toutes tendent directement à notre bonheur, ne nous occupent que des objets qui s'y rapportent, et, n'ayant que l'amour de soi pour principe, sont toutes aimantes et douces par leur essence : mais quand, détournées de leur objet par des obstacles, elles s'occupent plus de l'obstacle pour l'écarter que de l'objet pour l'atteindre, alors elles changent de nature, et deviennent irascibles et haineuses ; et voilà comment l'amour de soi, qui est un sentiment bon et absolu, devient amour-propre ; c'est-à-dire un sentiment relatif par lequel on se compare, qui demande des préférences, dont la jouissance est purement négative, et qui ne cherche plus à se satisfaire par notre propre bien, mais seulement par le mal d'autrui.

Dans la société humaine, sitôt que la foule des passions et des préjugés qu'elle engendre a fait prendre le change à l'homme, et que les obtacles qu'elle entasse l'ont détourné du vrai but de notre vie, tout ce que peut faire le sage, battu du choc continuel des passions d'autrui et des siennes, et, parmi tant de directions qui l'égarent, ne pouvant plus démêler celle qui le conduiroit bien, c'est de se tirer de la foule autant qu'il lui est possible, et de se tenir sans impatience à la place où le hasard l'a posé, bien sûr qu'en n'agissant point il évite au moins de courir à sa perte et d'aller chercher de nouvelles erreurs. Comme il ne voit dans l'agitation des hommes que la folie qu'il veut éviter, il plaint leur aveuglement encore plus qu'il ne hait leur malice; il ne se tourmente point à leur rendre mal pour mal, outrage pour outrage; et si quelquefois il cherche à repousser les atteintes de ses ennemis, c'est sans chercher à les leur rendre, sans se passionner contre eux, sans sortir ni de sa place ni du calme où il veut rester.

Nos habitants, suivant des vues plus profondes, arrivent presque au même but par la route contraire, et c'est leur ardeur même qui les tient dans l'inaction. L'état céleste auquel ils aspirent et qui fait leur premier besoin par la force avec laquelle il s'offre à leurs cœurs, leur fait rassembler et tendre sans cesse toutes les puissances de leur ame pour y parvenir. Les obstacles qui les retiennent ne sauroient les occuper au point de le leur faire oublier un moment; et de là ce mortel dégoût pour tout le reste, et cette inaction totale quand ils désespèrent d'atteindre au seul objet de tous leurs vœux.

Cette différence ne vient pas seulement du genre des passions, mais aussi de leur force; car les passions fortes ne se laissent pas dévoyer comme les autres. Deux amants, l'un très-épris, l'autre assez tiède, souffriront néanmoins un rival avec la même impatience, l'un à cause de son amour, l'autre à cause de son amour-propre. Mais il peut très-bien arriver que la haine du second, devenue sa passion principale, survive à son amour et même s'accroisse après qu'il est éteint, au lieu que le premier, qui ne hait qu'à cause qu'il aime, cesse de haïr son rival sitôt qu'il ne le craint plus. Or si les ames foibles et tièdes sont plus sujettes aux passions haineuses qui ne sont que des passions secondaires et défléchies, et si les ames grandes et fortes, se tenant dans leur première direction, conservent mieux les passions douces et primitives qui naissent directement de l'amour de soi, vous voyez comment, d'une plus grande énergie dans les facultés et d'un premier rapport mieux senti, dérivent dans les habitants de cet autre monde des passions bien différentes de celles qui déchirent ici bas les malheureux humains. Peut-être n'est-on pas dans ces contrées plus vertueux qu'on ne l'est autour de nous, mais on y sait mieux aimer la vertu. Les vrais penchants de la nature étant tous bons, en s'y livrant ils sont bons eux-mêmes; mais la vertu parmi nous oblige souvent à combattre et vaincre la nature, et rarement sont-ils capables de pareils efforts. La longue inhabitude de résister peut même amollir leurs ames au point de faire le mal par foiblesse, par crainte, par nécessité. Ils ne sont exempts ni de fautes ni de vices; le crime même ne leur est pas étranger, puisqu'il est des situations déplorables où la plus haute vertu suffit à peine pour s'en défendre, et qui forcent au mal l'homme foible, malgré son cœur : mais l'expresse volonté de nuire, la haine envenimée, l'envie, la noirceur, la trahison, la fourberie, y sont inconnues; trop souvent on y voit des coupables, jamais on n'y vit un méchant. Enfin s'ils ne sont pas plus vertueux qu'on ne l'est ici, du moins, par cela seul qu'ils savent mieux s'aimer eux-mêmes, ils sont moins malveillants pour autrui.

Ils sont aussi moins actifs, ou, pour mieux dire, moins remuants. Leurs efforts pour atteindre à l'objet qu'ils contemplent consistent en des élans vigoureux; mais sitôt qu'ils en sentent l'impuissance, ils s'arrêtent, sans chercher à leur portée des équivalents à cet objet unique, lequel seul peut les tenter.

Comme ils ne cherchent pas leur bonheur dans l'apparence, mais dans le sentiment intime, en quelque rang que les ait placés la fortune, ils s'agitent peu pour en sortir; ils ne cherchent guère à s'élever, et descendroient sans répugnance à des relations plus de leur goût, sachant bien que l'état le plus heureux n'est pas le plus honoré de la foule, mais celui qui rend le cœur plus content. Les préjugés ont sur eux très-peu de prise, l'opinion ne les mène point; et, quand ils en sentent l'effet, ce n'est pas eux qu'elle subjugue, mais ceux qui influent sur leur sort.

Quoique sensuels et voluptueux, ils font peu de cas de l'opulence, et ne font rien pour y parvenir, connoissant trop bien l'art de jouir pour ignorer que ce n'est pas à prix d'argent que le vrai plaisir s'achète; et, quant au bien que peut faire un riche, sachant aussi que ce n'est pas lui qui le fait, mais sa richesse; qu'elle le feroit sans lui mieux encore, répartie entre plus de mains, ou plutôt anéantie par ce partage, et que tout ce bien qu'il croit faire par elle équivaut rarement au mal réel qu'il faut faire pour l'acquérir. D'ailleurs, aimant encore plus leur liberté que leurs aises, ils craindroient de les acheter par la fortune, ne fût-ce qu'à cause de la dépendance et des embarras attachés au soin de la conserver. Le cortége inséparable de l'opulence leur seroit cent fois plus à charge que les biens qu'elle procure ne leur seroient doux. Le tourment de la possession empoisonneroit pour eux tout le plaisir de la jouissance.

Ainsi bornés de toutes parts par la nature et par la raison, ils s'arrêtent, et passent la vie à en jouir en faisant chaque jour ce qui leur paroît bon pour eux et bien pour autrui, sans égard à l'estimation des hommes et aux caprices de l'opinion.

LE FRANÇOIS.

Je cherche inutilement dans ma tête ce qu'il peut y avoir de commun entre les êtres fantastiques que vous décrivez et le monstre dont nous parlions tout-à-l'heure.

ROUSSEAU.

Rien, sans doute; je le crois ainsi : mais permettez que j'achève.

Des êtres singulièrement constitués doivent nécessairement s'exprimer autrement que les hommes ordinaires. Il est impossible qu'avec des ames si différemment modifiées ils ne portent pas dans l'expression de leurs sentiments et de leurs idées l'empreinte de ces modifications. Si cette empreinte échappe à ceux qui n'ont aucune notion de cette manière d'être, elle ne peut échapper à ceux qui la connoissent et qui en sont affectés eux-mêmes. C'est un signe caractéristique auquel les initiés se reconnoissent entre eux; et ce qui donne un grand prix à ce signe, si peu connu et encore moins employé, est qu'il ne peut se contrefaire, que jamais il n'agit qu'au niveau de sa source, et que, quand il ne part pas du cœur de ceux qui l'imitent, il n'arrive pas non plus aux cœurs faits pour le distinguer; mais sitôt qu'il y parvient, on ne sauroit s'y méprendre : il est vrai dès qu'il est senti. C'est dans toute la conduite de la vie, plutôt que dans quelques actions éparses, qu'il se manifeste le plus sûrement. Mais dans des situations vives où l'ame s'exalte involontairement, l'initié distingue bientôt son frère de celui qui, sans l'être, veut seulement en prendre l'accent: et cette distinction se fait sentir également dans les écrits. Les habitants du monde enchanté font généralement peu de livres, et ne s'arrangent point pour en faire ; ce n'est jamais un métier pour eux. Quand ils en font, il faut qu'ils y soient forcés par un stimulant plus fort que l'intérêt et même que la gloire. Ce stimulant, difficile à contenir, impossible à contrefaire, se fait sentir dans tout ce qu'il produit. Quelque heureuse découverte à publier, quelque belle et grande vérité à répandre, quelque erreur générale et pernicieuse à combattre, enfin quelque point d'utilité publique à établir; voilà les seuls motifs qui puissent leur mettre la plume à la main : encore faut-il que les idées en soient assez neuves, assez belles, assez frappantes, pour mettre leur zèle en effervescence et le forcer à s'exhaler. Il n'y a point pour

PREMIER DIALOGUE.

cela chez eux de temps ni d'âge propre. Comme écrire n'est point pour eux un métier, ils commenceront ou cesseront de bonne heure ou tard, selon que le stimulant les poussera. Quand chacun aura dit ce qu'il avoit à dire, il restera tranquille comme auparavant, sans s'aller fourrant dans le tripot littéraire, sans sentir cette ridicule démangeaison de rabâcher et barbouiller éternellement du papier, qu'on dit être attachée au métier d'auteur; et tel, né peut-être avec du génie, ne s'en doutera pas lui-même et mourra sans être connu de personne, si nul objet ne vient animer son zèle au point de le contraindre à se montrer.

LE FRANÇOIS.

Mon cher M. Rousseau, vous m'avez bien l'air d'être un des habitants de ce monde-là.

ROUSSEAU.

J'en reconnois un du moins, sans le moindre doute, dans l'auteur d'*Émile* et d'*Héloïse*.

LE FRANÇOIS.

J'ai vu venir cette conclusion; mais pour vous passer toutes ces fictions peu claires, il faudroit premièrement pouvoir vous accorder avec vous-même : mais après avoir paru convaincu des abominations de cet homme, vous voilà maintenant le plaçant dans les astres parce qu'il a fait des romans. Pour moi je n'entends rien à ces énigmes. De grâce, dites-moi donc une fois votre vrai sentiment sur son compte.

PREMIER DIALOGUE.

ROUSSEAU.

Je vous l'ai dit sans mystère, et je vous le répéterai sans détour. La force de vos preuves ne me laisse pas douter un moment des crimes qu'elles attestent, et là-dessus je pense exactement comme vous ; mais vous unissez des choses que je sépare. L'auteur des livres et celui des crimes vous paroît la même personne ; je me crois fondé à en faire deux. Voilà, monsieur, le mot de l'énigme.

LE FRANÇOIS.

Comment cela, je vous prie? Voici qui me paroît tout nouveau.

ROUSSEAU.

A tort, selon moi ; car ne m'avez-vous par dit qu'il n'est pas l'auteur du *Devin du village?*

LE FRANÇOIS.

Il est vrai, et c'est un fait dont personne ne doute plus : mais quant à ses autres ouvrages, je n'ai point encore ouï les lui disputer.

ROUSSEAU.

Le second dépouillement me paroît pourtant une conséquence assez prochaine de l'autre. Mais, pour mieux juger de leur liaison, il faudroit connoître la preuve qu'on a qu'il n'est pas l'auteur du *Devin.*

LE FRANÇOIS.

La preuve! Il y en a cent, toutes péremptoires.

ROUSSEAU.

C'est beaucoup. Je me contente d'une ; mais je

la veux, et pour cause, indépendante du témoignage d'autrui.

LE FRANÇOIS.

Ah! très-volontiers. Sans vous parler donc des pillages bien attestés dont on a prouvé d'abord que cette pièce étoit composée, sans même insister sur le doute s'il sait faire des vers, et par conséquent s'il a pu faire ceux du *Devin du village*, je me tiens à une chose plus positive et plus sûre, c'est qu'il ne sait pas la musique ; d'où l'on peut, à mon avis, conclure avec certitude qu'il n'a pas fait celle de cet opéra.

ROUSSEAU.

Il ne sait pas la musique ! Voilà encore une de ces découvertes auxquelles je ne me serois pas attendu.

LE FRANÇOIS.

N'en croyez là-dessus ni moi ni personne, mais vérifiez par vous-même.

ROUSSEAU.

Si j'avois à surmonter l'horreur d'approcher du personnage que vous venez de peindre, ce ne seroit assurément pas pour vérifier s'il sait la musique ; la question n'est pas assez intéressante lorsqu'il s'agit d'un pareil scélérat.

LE FRANÇOIS.

Il faut qu'elle ait paru moins indifférente à nos messieurs qu'à vous ; car les peines incroyables qu'ils ont prises et prennent encore tous les jours

pour établir de mieux en mieux dans le publ
cette preuve, passent encore ce qu'ils ont fait pou
mettre en évidence celle de ses crimes.

ROUSSEAU.

Cela me paroît assez bizarre; car quand on a
bien prouvé le plus, d'ordinaire on ne s'agite p
si fort pour prouver le moins.

LE FRANÇOIS.

Oh! vis-à-vis d'un tel homme, on ne doit n
gliger ni le plus ni le moins. A l'horreur du vic
se joint l'amour de la vérité, pour détruire dar
toutes ses branches une réputation usurpée :
ceux qui se sont empressés de montrer en lui u
monstre exécrable, ne doivent pas moins s'empre
ser aujourd'hui d'y montrer un petit pillard sa
talent.

ROUSSEAU.

Il faut avouer que la destinée de cet homme
des singularités bien frappantes : sa vie est cou
pée en deux parties qui semblent appartenir à deu
individus différents, dont l'époque qui les sépare
c'est-à-dire le temps où il a publié des livres
marquent la mort de l'un et la naissance de l'autre

Le premier, homme paisible et doux, fut bie
voulu de tous ceux qui le connurent, et ses am
lui restèrent toujours. Peu propre aux grande
sociétés par son humeur timide et son nature
tranquille, il aima la retraite, non pour y vivr
seul, mais pour y joindre les douceurs de l'étud

aux charmes de l'intimité. Il consacra sa jeunesse
à la culture des belles connoissances et des talents
agréables, et quand il se vit forcé de faire usage
de cet acquis pour subsister, ce fut avec si peu
d'ostentation et de prétention, que les personnes
auprès desquelles il vivoit le plus n'imaginoient
pas même qu'il eût assez d'esprit pour faire des
livres. Son cœur, fait pour s'attacher, se donnoit
sans réserve; complaisant pour ses amis jusqu'à la
foiblesse, il se laissoit subjuguer par eux au point
de ne pouvoir plus secouer ce joug impunément.
Le second, homme dur, farouche et noir, se fait
abhorrer de tout le monde, qu'il fuit, et, dans son
affreuse misanthropie, ne se plaît qu'à marquer sa
haine pour le genre humain. Le premier, seul,
sans études et sans maître, vainquit toutes les
difficultés à force de zèle, et consacra ses loisirs
non à l'oisiveté, encore moins à des travaux nuisibles, mais à remplir sa tête d'idées charmantes,
son cœur de sentiments délicieux, et à former des
projets, chimériques peut-être à force d'être utiles,
mais dont l'exécution, si elle eût été possible, eût
fait le bonheur du genre humain. Le second, tout
occupé de ses odieuses trames, n'a rien su donner
de son temps et de son esprit à d'agréables occupation, encore moins à des vues utiles. Plongé dans
les plus brutales débauches, il a passé sa vie dans
les tavernes et les mauvais lieux, chargé de tous
les vices qu'on y porte ou qu'on y contracte, n'ayant

nourri que les goûts crapuleux et bas qui en sont inséparables; il fait ridiculement contraster ses inclinations rampantes avec les altières productions qu'il a l'audace de s'attribuer. En vain a-t-il paru feuilleter des livres et s'occuper de recherches philosophiques, il n'a rien saisi, rien conçu, que ses horribles systèmes; et, après de prétendus essais qui n'avoient pour but que d'en imposer au genre humain, il a fini, comme il avoit commencé, par ne rien savoir que mal faire.

Enfin, sans vouloir suivre cette opposition dans toutes ses branches, et pour m'arrêter à celle qui m'y a conduit, le premier, d'une timidité qui alloit jusqu'à la bêtise, osoit à peine montrer à ses amis les productions de ses loisirs; le second, d'une impudence encore plus bête, s'approprioit fièrement et publiquement les productions d'autrui sur les choses qu'il entendoit le moins. Le premier aima passionnément la musique, en fit son occupation favorite, et avec assez de succès pour y faire des découvertes, trouver les défauts, indiquer les corrections: il passa une grande partie de sa vie parmi les artistes et les amateurs, tantôt composant de la musique dans tous les genres en diverses occasions, tantôt écrivant sur cet art, proposant des vues nouvelles, donnant des leçons de composition, constatant par des épreuves l'avantage des méthodes qu'il proposoit, et toujours se montrant instruit dans toutes les parties de l'art plus que la plupart de ses contemporains, dont plusieurs étoient à la vérité plus versés que lui dans quelque partie, mais dont aucun n'en avoit si bien saisi l'ensemble et suivi la liaison. Le second, inepte au point de s'être occupé de musique pendant quarante ans sans pouvoir l'apprendre, s'est réduit à l'occupation d'en copier faute d'en savoir faire ; encore lui-même ne se trouve-t-il pas assez savant pour le métier qu'il a choisi : ce qui ne l'empêche pas de se donner avec la plus stupide effronterie pour l'auteur de choses qu'il ne peut exécuter. Vous m'avouerez que voilà des contradictions difficiles à concilier.

LE FRANÇOIS.

Moins que vous ne croyez ; et, si vos autres énigmes ne m'étoient pas plus obscures que celle-là, vous me tiendriez moins en haleine.

ROUSSEAU.

Vous m'éclaircirez donc celle-ci quand il vous plaira ; car, pour moi, je déclare que je n'y comprends rien.

LE FRANÇOIS.

De tout mon cœur, et très-facilement ; mais commencez vous-mêmes par m'éclaircir votre question.

ROUSSEAU.

Il n'y a plus de question sur le fait que vous venez d'exposer. A cet égard nous sommes parfaitement d'accord, et j'adopte pleinement votre conséquence, mais je la porte plus loin. Vous dites qu'un homme qui ne sait faire ni musique ni vers n'a pas fait le *Devin du village*, et cela est incontestable : moi j'ajoute que celui qui se donne faussement pour l'auteur de cet opéra n'est pas même l'auteur des autres écrits qui portent son nom, et cela n'est guère moins évident; car s'il n'a pas fait les paroles du *Devin* puisqu'il ne sait pas faire des vers, il n'a pas fait non plus l'*Allée de Sylvie*, qui difficilement en effet peut être l'ouvrage d'un scélérat; et s'il n'en a pas fait la musique puisqu'il ne sait pas la musique, il n'a pas fait non plus la *Lettre sur la musique françoise*, encore moins le *Dictionnaire de musique*, qui ne peut être que l'ouvrage d'un homme versé dans cet art et sachant la composition.

LE FRANÇOIS.

Je ne suis pas là-dessus de votre sentiment non plus que le public, et nous avons pour surcroît celui d'un grand musicien étranger venu depuis peu dans ce pays.

ROUSSEAU.

Et je vous prie, le connoissez-vous bien ce grand musicien étranger? Savez-vous par qui et pourquoi il a été appelé en France, quels motifs l'ont porté tout d'un coup à ne faire que de la musique françoise, et à venir s'établir à Paris?

LE FRANÇOIS.

Je soupçonne quelque chose de tout cela; mais

il n'en est pas moins vrai que Jean-Jacques étant plus que personne son admirateur, donne lui-même du poids à son suffrage.

ROUSSEAU.

Admirateur de son talent, d'accord, je le suis aussi ; mais quant à son suffrage, il faudroit premièrement être au fait de bien des choses avant de savoir quelle autorité l'on doit lui donner.

LE FRANÇOIS.

Je veux bien, puisqu'il vous est suspect, ne m'en pas étayer ici, ni même de celui d'aucun musicien ; mais je n'en dirai pas moins de moi-même que pour composer de la musique il faut la savoir sans doute ; mais qu'on peut bavarder tant qu'on veut sur cet art sans y rien entendre, et que tel qui se mêle d'écrire fort doctement sur la musique seroit bien embarrassé de faire une bonne basse sous un menuet, et même de le noter.

ROUSSEAU.

Je me doute bien aussi de cela. Mais votre intention est-elle d'appliquer cette idée au *Dictionnaire* et à son auteur ?

LE FRANÇOIS.

Je conviens que j'y pensois.

ROUSSEAU.

Vous y pensiez ! Cela étant, permettez-moi, de grâce, encore une question. Avez-vous lu ce livre ?

LE FRANÇOIS.

Je serois bien fâché d'en avoir lu jamais une

seule ligne, non plus que d'aucun de ceux qui portent cet odieux nom.

ROUSSEAU.

En ce cas, je suis moins surpris que nous pensions, vous et moi, si différemment sur les points qui s'y rapportent. Ici, par exemple, vous ne confondriez pas ce livre avec ceux dont vous parlez, et qui, ne roulant que sur des principes généraux, ne contiennent que des idées vagues ou des notions élémentaires tirées peut-être d'autres écrits, et qu'ont tous ceux qui savent un peu de musique, au lieu que le *Dictionnaire* entre dans le détail des règles pour en montrer la raison, l'application, l'exception, et tout ce qui doit guider le compositeur dans leur emploi. L'auteur s'attache même à éclaircir de certaines parties qui jusqu'alors étoient restées confuses dans la tête des musiciens, et presque inintelligibles dans leurs écrits. L'article *Enharmonique*, par exemple, explique ce genre avec une si grande clarté, qu'on est étonné de l'obscurité avec laquelle en avoient parlé tous ceux qui jusqu'alors avoient écrit sur cette matière. On ne me persuadera jamais que cet article, ceux d'*Expression, Fugue, Harmonie, Licence, Mode, Modulation, Préparation, Récitatif, Trio*[1], et grand nombre d'autres répandus dans

---

[1] Tous les articles de musique que j'avois promis pour *l'Encyclopédie* furent faits dès l'année 1749, et remis par M. Diderot, l'année suivante, à M. d'Alembert, comme entrant dans la partie

ce *Dictionnaire*, et qui sûrement ne sont pillés de personne, soient l'ouvrage d'un ignorant en musique qui parle de ce qu'il n'entend point, ni qu'un livre dans lequel on peut apprendre la composition soit l'ouvrage de quelqu'un qui ne la savoit pas.

Il est vrai que plusieurs autres articles également importants sont restés seulement indiqués pour ne pas laisser le vocabulaire imparfait, comme il en avertit dans sa préface; mais seroit-il raisonnable de le juger sur les articles qu'il n'a pas eu le temps de faire plutôt que sur ceux où il a mis la dernière main et qui demandoient assurément autant de savoir que les autres? L'auteur convient, il avertit même de ce qui manque à son livre, et il dit la raison de ce défaut. Mais tel qu'il est, il seroit cent fois plus croyable encore qu'un homme qui ne sait pas la musique eût fait le *Devin* que le *Dictionnaire* : car combien ne voit-on pas, surtout en Suisse et en Allemagne, de gens qui, ne sachant pas une note de musique, et guidés uniquement par leur oreille et leur goût, ne laissent

---

Mathématiques, dont il étoit chargé. Quelque temps après parurent ses *Éléments de Musique*, qu'il n'eut pas beaucoup de peine à faire. En 1768 parut mon *Dictionnaire*, et quelque temps après une nouvelle édition de ses *Éléments* avec des augmentations. Dans l'intervalle avoit aussi paru un *Dictionnaire des Beaux-Arts*, où je reconnus plusieurs des articles que j'avois faits pour l'*Encyclopédie*. M. d'Alembert avoit des bontés si tendres pour mon *Dictionnaire* encore manuscrit, qu'il offrit obligeamment au sieur Guy d'en revoir les épreuves, faveur que, sur l'avis que celui-ci m'en donna, je le priai de ne pas accepter.

pas de composer des choses très-agréables et même très-régulières, quoiqu'ils n'aient nulle connoissance des règles et qu'ils ne puissent déposer leurs compositions que dans leur mémoire! Mais il est absurde de penser qu'un homme puisse enseigner et même éclaircir dans un livre une science qu'il n'entend point, et bien plus encore dans un art dont la seule langue exige une étude de plusieurs années avant qu'on puisse l'entendre et la parler. Je conclus donc qu'un homme qui n'a pu faire le *Devin du village*, parce qu'il ne savoit pas la musique, n'a pu faire à plus forte raison le *Dictionnaire*, qui demandoit beaucoup plus de savoir.

LE FRANÇOIS.

Ne connoissant ni l'un ni l'autre ouvrage, je ne puis par moi-même juger de votre raisonnement. Je sais seulement qu'il y a une différence extrême à cet égard dans l'estimation du public, que le *Dictionnaire* passe pour un ramassis de phrases sonores et inintelligibles, qu'on en cite un article *Génie* que tout le monde prône et qui ne dit rien sur la musique. Quant à votre article *Enharmonique* et aux autres qui, selon vous, traitent pertinemment de l'art, je n'en ai jamais ouï parler à personne, si ce n'est à quelques musiciens ou amateurs étrangers qui paroissoient en faire cas avant qu'on les eût mieux instruits; mais les nôtres disent et ont toujours dit ne rien entendre au jargon de ce livre.

Pour le *Devin*, vous avez vu les transports d'admiration excités par la dernière reprise ; l'enthousiasme du public poussé jusqu'au délire fait foi de la sublimité de cet ouvrage. C'étoit le divin Jean-Jacques ; c'étoit le moderne Orphée ; cet opéra étoit le chef-d'œuvre de l'art et de l'esprit humain, et jamais cet enthousiasme ne fut si vif que lorsqu'on sut que le divin Jean-Jacques ne savoit pas la musique. Or, quoi que vous en puissiez dire, de ce qu'un homme qui ne sait pas la musique n'a pu faire un prodige de l'art universellement admiré, il ne s'ensuit pas, selon moi, qu'il n'a pu faire un livre peu lu, peu entendu, et encore moins estimé.

ROUSSEAU.

Dans les choses dont je peux juger par moi-même, je ne prendrai jamais pour règle de mes jugements ceux du public, et surtout quand il s'engoue, comme il a fait tout d'un coup pour le *Devin du village*, après l'avoir entendu pendant vingt ans avec un plaisir plus modéré. Cet engouement subit, quelle qu'en ait été la cause au moment où le soi-disant auteur étoit l'objet de la dérision publique, n'a rien eu d'assez naturel pour faire autorité sur les gens sensés. Je vous ai dit ce que je pensois du *Dictionnaire*, et cela non pas sur l'opinion publique, ni sur ce célèbre article *Génie*, qui, n'ayant nulle application particulière à l'art, n'est là que pour la plaisanterie, mais après avoir lu attentivement l'ouvrage entier, dont la plupart des articles feront faire de meilleure musique quand les artistes en sauront profiter.

Quant au *Devin*, quoique je sois bien sûr que personne ne sent mieux que moi les véritables beautés de cet ouvrage, je suis fort éloigné de voir ces beautés où le public engoué les place. Ce ne sont point de celles que l'étude et le savoir produisent, mais de celles qu'inspirent le goût et la sensibilité; et l'on prouveroit beaucoup mieux qu'un savant compositeur n'a point fait cette pièce, si la partie du beau chant et de l'invention lui manque, qu'on ne prouveroit qu'un ignorant ne l'a pu faire parce qu'il n'a pas cet acquis qui supplée au génie et ne fait rien qu'à force de travail. Il n'y a rien dans le *Devin du village* qui passe, quant à la partie scientifique, les principes élémentaires de la composition; et non seulement il n'y a point d'écolier de trois mois qui, dans ce sens, ne fût en état d'en faire autant, mais on peut bien douter qu'un savant compositeur pût se résoudre à être aussi simple. Il est vrai que l'auteur de cet ouvrage y a suivi un principe caché qui se fait sentir sans qu'on le remarque, et qui donne à ses chants un effet qu'on ne sent dans aucune autre musique françoise. Mais ce principe, ignoré de tous nos compositeurs, dédaigné de ceux qui en ont entendu parler, posé seulement par l'auteur de la *Lettre sur la musique françoise*, qui en a fait ensuite un article du *Dictionnaire*, et suivi seulement par

l'auteur du *Devin*, est une grande preuve de plus
que ces deux auteurs sont le même. Mais tout cela
montre l'invention d'un amateur qui a réfléchi sur
l'art, plutôt que la routine d'un professeur qui le
possède supérieurement. Ce qui peut faire honneur
au musicien dans cette pièce est le récitatif; il est
bien modulé, bien ponctué, bien accentué, autant
que du récitatif françois peut l'être. Le tour en est
neuf, du moins il l'étoit alors à un tel point qu'on
ne voulut point hasarder ce récitatif à la cour,
quoique adapté à la langue plus qu'aucun autre.
J'ai peine à concevoir comment du récitatif peut
être pillé, à moins qu'on ne pille aussi les paroles;
et, quand il n'y auroit que cela de la main de l'auteur de la pièce, j'aimerois mieux, quant à moi,
avoir fait le récitatif sans les airs que les airs sans
récitatif; mais je sens trop bien la même main dans
le tout pour pouvoir le partager à différents auteurs.
Ce qui rend même cet opéra prisable pour les gens
de goût, c'est le parfait accord des paroles et de la
musique, c'est l'étroite liaison des parties qui le
composent, c'est l'ensemble exact du tout qui en
fait l'ouvrage le plus un que je connoisse en ce
genre. Le musicien a partout pensé, senti, parlé
comme le poète; l'expression de l'un répond toujours si fidèlement à celle de l'autre, qu'on voit
qu'ils sont toujours animés du même esprit; et l'on
me dit que cet accord si juste et si rare résulte
d'un tas de pillages fortuitement rassemblés!

Monsieur, il y auroit cent fois plus d'art à composer un pareil tout de morceaux épars et décousus qu'à le créer soi-même d'un bout à l'autre.

LE FRANÇOIS.

Votre objection ne m'est pas nouvelle; elle paroît même si solide à beaucoup de gens, que, revenus des vols partiels, quoique tous si bien prouvés, ils sont maintenant persuadés que la pièce entière, paroles et musique, est d'une autre main, et que le charlatan a eu l'adresse de s'en emparer et l'impudence de se l'attribuer. Cela paroît même si bien établi, que l'on n'en doute plus guère; car enfin il faut bien nécessairement recourir à quelque explication semblable; il faut bien que cet ouvrage, qu'il est incontestablement hors d'état d'avoir fait, ait été fait par quelqu'un. On prétend même en avoir découvert le véritable auteur.

ROUSSEAU.

J'entends : après avoir d'abord découvert et très-bien prouvé les vols partiels dont le *Devin du village* étoit composé, on prouve aujourd'hui non moins victorieusement qu'il n'y a point eu de vols partiels; que cette pièce, toute de la même main, a été volée en entier par celui qui se l'attribue. Soit donc, car l'une et l'autre de ces vérités contradictoires est égale pour mon objet. Mais enfin quel est-il donc, ce véritable auteur? Est-il François, Suisse, Italien, Chinois?

PREMIER DIALOGUE.

LE FRANÇOIS.

C'est ce que j'ignore; car on ne peut guère attribuer cet ouvrage à Pergolèse, comme un *Salve Regina*.....

ROUSSEAU.

Oui, j'en connois un de cet auteur, et qui même a été gravé.....

LE FRANÇOIS.

Ce n'est pas celui-là. Le *Salve* dont vous parlez, Pergolèse l'a fait de son vivant, et celui dont je parle en est un autre qu'il a fait vingt ans après sa mort, et que Jean-Jacques s'approprioit en disant l'avoir fait pour mademoiselle Fel, comme beaucoup d'autres motets que le même Jean-Jacques dit ou dira de même avoir faits depuis lors, et qui, par autant de miracles de M. d'Alembert, sont et seront toujours tous de Pergolèse, dont il évoque l'ombre quand il lui plaît.

ROUSSEAU.

Voilà qui est vraiment admirable! Oh! je me doutois depuis long-temps que ce M. d'Alembert devoit être un saint à miracles, et je parierois bien qu'il ne s'en tient pas à ceux-là. Mais, comme vous dites, il lui sera néanmoins difficile, tout saint qu'il est, d'avoir aussi fait faire le *Devin du village* à Pergolèse, et il ne faudroit pas multipler les auteurs sans nécessité.

LE FRANÇOIS.

Pourquoi non? Qu'un pillard prenne à droite

et à gauche, rien au monde n'est plus naturel.

ROUSSEAU.

D'accord ; mais dans toutes ces musiques ainsi pillées on sent les coutures et les pièces de rapport, et il me semble que celle qui porte le nom de Jean-Jacques n'a pas cet air-là. On n'y trouve même aucune physionomie nationale : ce n'est pas plus de la musique italienne que de la musique françoise. Elle a le ton de la chose, et rien de plus.

LE FRANÇOIS.

Tout le monde convient de cela. Comment l'auteur du *Devin* a-t-il pris dans cette pièce un accent alors si neuf qu'il n'ait employé que là ? et si c'est son unique ouvrage, comment en a-t-il tranquillement cédé la gloire à un autre, sans tenter de la revendiquer, ou du moins de la partager par un second opéra semblable ? On m'a promis de m'expliquer clairement tout cela ; car j'avoue de bonne foi y avoir trouvé jusqu'ici quelque obscurité.

ROUSSEAU.

Bon ! vous voilà bien embarrassé ! Le pillard aura fait accointance avec l'auteur ; il se sera fait confier sa pièce, on la lui aura volée, et puis il l'aura empoisonné. Cela est tout simple.

LE FRANÇOIS.

Vraiment, vous avez là de jolies idées !

ROUSSEAU.

Ah ! ne me faites pas honneur de votre bien !

Ces idées vous appartiennent; elles sont l'effet naturel de tout ce que vous m'avez appris. Au reste, et quoi qu'il en soit du véritable auteur de la pièce, il me suffit que celui qui s'est dit l'être soit, par son ignorance et son incapacité, hors d'état de l'avoir faite, pour que j'en conclue, à plus forte raison, qu'il n'a fait ni le *Dictionnaire* qu'il s'attribue aussi, ni la *Lettre sur la musique françoise*, ni aucun des autres livres qui portent son nom, et dans lesquels il est impossible de ne pas sentir qu'ils partent tous de la même main. D'ailleurs, concevez-vous qu'un homme doué d'assez de talents pour faire de pareils ouvrages aille, au fort même de son effervescence, piller et s'attribuer ceux d'autrui dans un genre qui non seulement n'est pas le sien, mais auquel il n'entend absolument rien; qu'un homme qui, selon vous, eut assez de courage, d'orgueil, de fierté, de force, pour résister à la démangeaison d'écrire, si naturelle aux jeunes gens qui se sentent quelque talent, pour laisser mûrir vingt ans sa tête dans le silence, afin de donner plus de profondeur et de poids à ses productions long-temps méditées; que ce même homme, l'ame toute remplie de ses grandes et sublimes vues, aille en interrompre le développement, pour chercher, par des manœuvres aussi lâches que puériles, une réputation usurpée et très-inférieure à celle qu'il peut obtenir légitimement? Ce sont des gens pourvus de bien petits talents par eux-mêmes qui se parent ainsi de ceux d'autrui ; et quiconque avec une tête active et pensante a senti le délire et l'attrait du travail d'esprit ne va pas servilement sur la trace d'un autre pour se parer ainsi des productions étrangères par préférence à celles qu'il peut tirer de son propre fonds. Allez, monsieur, celui qui a pu être assez vil et assez sot pour s'attribuer le *Devin du village* sans l'avoir fait, et même sans savoir la musique, n'a jamais fait une ligne du *Discours sur l'inégalité,* ni de l'*Émile,* ni du *Contrat social.* Tant d'audace et de vigueur d'un côté, tant d'ineptie et de lâcheté de l'autre, ne s'associeront jamais dans la même ame.

Voilà une preuve qui parle à tout homme sensé. Que d'autres qui ne sont pas moins fortes ne parlent qu'à moi, j'en suis fâché pour mon espèce ; elles devroient parler à toute ame sensible et douée de l'instinct moral. Vous me dites que tous ces écrits qui m'échauffent, me touchent, m'attendrissent, me donnent la volonté sincère d'être meilleur, sont uniquement des productions d'une tête exaltée conduite par un cœur hypocrite et fourbe. La figure de mes êtres surlunaires vous aura déjà fait entendre que je n'étois pas là-dessus de votre avis. Ce qui me confirme encore dans le mien est le nombre et l'étendue de ces mêmes écrits, où je sens toujours et partout la même véhémence d'un cœur échauffé des mêmes sentiments. Quoi ! ce fléau du genre humain, cet ennemi de toute droiture, de toute justice, de toute bonté, s'est captivé dix à douze ans dans le cours de quinze volumes à parler toujours le plus doux, le plus pur, le plus énergique langage de la vertu, à plaindre les misères humaines, à en montrer la source dans les erreurs, dans les préjugés des hommes, à leur tracer la route du vrai bonheur, à leur apprendre à rentrer dans leur propre cœur pour y retrouver le germe des vertus sociales qu'ils étouffent sous un faux simulacre dans le progrès mal entendu des sociétés, à consulter toujours leur conscience pour redresser les erreurs de la raison, et à écouter dans le silence des passions cette voix intérieure que tous nos philosophes ont tant à cœur d'étouffer, et qu'ils traitent de chimère parce qu'elle ne leur dit plus rien : il s'est fait siffler d'eux et de tout son siècle pour avoir toujours soutenu que l'homme étoit bon quoique les hommes fussent méchants, que ses vertus lui venoient de lui-même, que ses vices lui venoient d'ailleurs : il a consacré son plus grand et meilleur ouvrage à montrer comment s'introduisent dans notre ame les passions nuisibles, à montrer que la bonne éducation doit être purement négative, qu'elle doit consister non à guérir les vices du cœur humain, puisqu'il n'y en a point naturellement, mais à les empêcher de naître, et à tenir exactement fermées les portes par lesquelles ils s'introduisent : enfin, il a établi tout cela avec une clarté si lumineuse, avec un charme si touchant, avec une vérité si persuasive, qu'une ame non dépravée ne peut résister à l'attrait de ses images et à la force de ses raisons; et vous voulez que cette longue suite d'écrits où respirent toujours les mêmes maximes, où le même langage se soutient toujours avec la même chaleur, soit l'ouvrage d'un fourbe qui parle toujours, non seulement contre sa pensée, mais aussi contre son intérêt, puisque, mettant tout son bonheur à remplir le monde de malheurs et de crimes, il devoit conséquemment chercher à multiplier les scélérats pour se donner des aides et des complices dans l'exécution de ses horribles projets ; au lieu qu'il n'a travaillé réellement qu'à se susciter des obstacles et des adversaires dans tous les prosélytes que ses livres feroient à la vertu.

Autres raisons non moins fortes dans mon esprit. Cet auteur putatif, reconnu, par toutes les preuves que vous m'avez fournies, le plus crapuleux, le plus vil débauché qui puisse exister, a passé sa vie avec les traînées des rues dans les plus infâmes réduits, il est hébété de débauche, il est pourri de vérole; et vous voulez qu'il ait écrit ces inimitables lettres pleines de cet amour si brûlant et si pur qui ne germa jamais que dans des cœurs aussi chastes que tendres? Ignorez-vous que rien n'est moins tendre qu'un débauché, que l'amour n'est pas plus connu des libertins que des femmes de mauvaise vie, que la crapule endurcit le cœur, rend ceux qui s'y livrent impudents, grossiers, brutaux, cruels ; que leur sang appauvri, dépouillé de cet esprit de vie qui du cœur porte au cerveau ces charmantes images d'où naît l'ivresse de l'amour, ne leur donne par l'habitude que les âcres picotements du besoin, sans y joindre ces douces impressions qui rendent la sensualité aussi tendre que vive ? Qu'on me montre une lettre d'amour d'une main inconnue, je suis assuré de connoître à sa lecture si celui qui l'écrit a des mœurs. Ce n'est qu'aux yeux de ceux qui en ont que les femmes peuvent briller de ces charmes touchants et chastes qui seuls font le délire des cœurs vraiment amoureux. Les débauchés ne voient en elles que des instruments de plaisir qui leur sont aussi méprisables que nécessaires, comme ces vases dont on se sert tous les jours pour les plus indispensables besoins. J'aurois défié tous les coureurs de filles de Paris d'écrire jamais une seule des lettres de l'*Héloïse* ; et le livre entier, ce livre dont la lecture me jette dans les plus angéliques extases, seroit l'ouvrage d'un vil débauché ! Comptez, monsieur, qu'il n'en est rien ; ce n'est pas avec de l'esprit et du jargon que ces choses-là se trouvent. Vous voulez qu'un hypocrite adroit, qui ne marche à ses fins qu'à force de ruse et d'astuce, aille étourdiment se livrer à l'impétuosité de l'indignation contre tous les états, contre tous les partis sans exception, et dire également les plus dures vérités aux uns et aux autres? Papistes, huguenots, grands, petits, hommes, femmes, robins, soldats, moines, prêtres, dévots, médecins, philosophes, *Tros Rutulusve fuat,* tout est peint, tout est démasqué sans jamais un mot d'aigreur ni de personnalité contre qui que ce soit, mais sans ménagement pour aucun parti. Vous voulez qu'il ait toujours suivi sa fougue au point d'avoir tout soulevé contre lui, tout réuni pour l'accabler dans sa disgrâce; et tout cela sans se ménager ni défenseur ni appui, sans s'embarrasser même du succès de ses livres, sans s'informer au moins de l'effet qu'ils produisoient et de l'orage qu'ils attiroient sur sa tête, et sans en concevoir le moindre souci quand le bruit commença d'en arriver jusqu'à lui? Cette intrépidité, cette imprudence, cette incurie, est-elle de l'homme faux et fin que vous m'avez peint? Enfin vous voulez qu'un misérable à qui l'on a ôté le nom de *scélérat,* qu'on ne trouvoit pas encore assez abject, pour lui donner celui de *coquin,* comme exprimant mieux la bassesse et l'indignité de son ame; vous voulez que ce reptile ait pris et soutenu pendant quinze volumes le langage intrépide et fier d'un écrivain qui, consacrant sa plume à la vérité, ne quête point les suffrages du public, et que le témoignage de son cœur met au-dessus des jugements des hommes? Vous voulez que, parmi tant de si beaux livres modernes, les seuls qui pénètrent jusqu'à mon cœur, qui l'enflamment d'amour pour la vertu, qui l'attendrissent sur les misères humaines, soient précisément les jeux d'un détestable fourbe qui se moque de ses lecteurs et ne croit pas un mot de ce qu'il leur dit, avec tant de chaleur et de force ; tandis que tous les autres, écrits, à ce que vous m'assurez, par de vrais sages dans de si pures intentions, me glacent le cœur, le resserrent, et ne m'inspirent, avec des sentiments d'aigreur, de peine, et de haine, que le plus intolérant esprit de parti ? Tenez, monsieur, s'il n'est pas impossible que tout cela soit, il l'est du moins que jamais je le croie, fût-il mille fois démontré. Encore un coup, je ne résiste point à vos preuves ; elles m'ont pleinement convaincu : mais ce que je ne crois ni ne croirai de ma vie, c'est que l'*Émile*, et surtout l'article du goût dans le quatrième livre ; soit l'ouvrage d'un cœur dépravé ; que l'*Héloïse*, et surtout la lettre sur la mort de Julie, ait été écrite par un scélérat ; que celle à M. d'Alembert sur les spectacles soit la production d'une ame double ; que le sommaire du *Projet de paix perpétuelle* soit celle d'un ennemi du genre humain ; que le recueil entier des écrits du même auteur soit sorti d'une ame hypocrite et d'une mauvaise tête, non du pur zèle d'un cœur brûlant d'amour pour la vertu. Non, monsieur, non, monsieur ; le mien ne se prêtera jamais à cette absurde et fausse persuasion. Mais je dis et je soutiendrai toujours qu'il faut qu'il y ait deux Jean-Jacques, et que l'auteur des livres et celui des crimes ne sont pas le même homme. Voilà un sentiment si bien enraciné dans le fond de mon cœur que rien ne me l'ôtera jamais.

LE FRANÇOIS.

C'est pourtant une erreur, sans le moindre doute, et une autre preuve qu'il a fait des livres, et qu'il en fait encore tous les jours.

ROUSSEAU.

Voilà ce que j'ignorois, et l'on m'avoit dit au contraire qu'il s'occupoit uniquement depuis quelques années à copier de la musique.

LE FRANÇOIS.

Bon, copier! il en fait le semblant pour faire le pauvre, quoiqu'il soit riche, et couvrir sa rage de faire des livres et de barbouiller du papier. Mais personne ici n'en est la dupe, et il faut que vous veniez de bien loin pour l'avoir été.

ROUSSEAU.

Sur quoi, je vous prie, roulent ces nouveaux livres dont il se cache si bien, si à propos, et avec tant de succès?

LE FRANÇOIS.

Ce sont des fadaises de toute espèce; des leçons d'athéisme, des éloges de la philosophie moderne, des oraisons funèbres, des traductions, des satires...

ROUSSEAU.

Contre ses ennemis, sans doute?

LE FRANÇOIS.

Non, contre les ennemis de ses ennemis.

ROUSSEAU.

Voilà de quoi je ne me serois pas douté.

LE FRANÇOIS.

Oh! vous ne connoissez pas la ruse du drôle! Il fait tout cela pour mieux se déguiser. Il fait de violentes sorties contre la présente administration (en 1772) dont il n'a point à se plaindre, en faveur du parlement qui l'a si indignement traité, et de l'auteur de toutes ses misères, qu'il devroit avoir en horreur. Mais à chaque instant sa vanité se décèle par les plus ineptes louanges de lui-même. Par exemple, il a fait dernièrement un livre fort plat, intitulé *l'An deux mille deux cent quarante*, dans lequel il consacre avec soin tous ses écrits à la postérité, sans même excepter *Narcisse*, et sans qu'il en manque une seule ligne.

ROUSSEAU.

C'est en effet une bien étonnante balourdise. Dans les livres qui portent son nom je ne vois pas un orgueil aussi bête.

LE FRANÇOIS.

En se nommant il se contraignoit; à présent qu'il se croit caché, il ne se gêne plus.

ROUSSEAU.

Il a raison, cela lui réussit si bien! mais, monsieur, quel est donc le vrai but de ces livres que cet homme si fin publie avec tant de mystère en faveur des gens qu'il devroit haïr, et de la doctrine à laquelle il a paru si contraire?

LE FRANÇOIS.

En doutez-vous? c'est de se jouer du public et de faire parade de son éloquence, en prouvant successivement le pour et le contre, et promenant ses lecteurs du blanc au noir pour se moquer de leur crédulité.

ROUSSEAU.

Par ma foi! voilà, pour la détresse où il se trouve, un homme de bien bonne humeur, et qui, pour être aussi haineux que vous le faites, n'est guère occupé de ses ennemis! Pour moi, sans être vain ni vindicatif, je vous déclare que si j'étois à sa place et que je voulusse encore faire des livres, ce ne seroit pas pour faire triompher mes persécuteurs et leur doctrine aux dépens de ma réputation et de mes propres écrits. S'il est réellement l'auteur de ceux qu'il n'avoue pas, c'est une forte et nouvelle preuve qu'il ne l'est pas de ceux qu'il avoue. Car assurément il faudroit le supposer bien stupide et bien ennemi de lui-même pour chanter la palinodie si mal à propos.

LE FRANÇOIS.

Il faut avouer que vous êtes un homme bien obstiné, bien tenace dans vos opinions; au peu d'autorité qu'ont sur vous celles du public, on voit bien que vous n'êtes pas François. Parmi tous nos sages si vertueux, si justes, si supérieurs à toute partialité; parmi toutes nos dames si sensibles, si favorables à un auteur qui peint si bien l'amour, il ne s'est trouvé personne qui ait fait la moindre résistance aux arguments triomphants de nos messieurs; personne qui ne se soit rendu avec empressement, avec joie, aux preuves que ce même auteur qu'on disoit tant aimer, que ce même Jean-Jacques si fêté, mais si rogue et si haïssable, étoit la honte et l'opprobre du genre humain; et maintement qu'on s'est si bien passionné pour cette idée qu'on n'en voudroit pas changer quand la chose seroit possible, vous seul, plus difficile que tout le monde, venez ici nous proposer une distinction neuve et imprévue, qui ne le seroit pas si elle avoit la moindre solidité. Je conviens pourtant qu'à travers tout ce pathos, qui selon moi ne dit pas grand'chose, vous ouvrez de nouvelles vues qui pourroient avoir leur usage, communiquées à nos messieurs. Il est certain que si l'on pouvoit prouver que Jean-Jacques n'a fait aucun des livres qu'il s'attribue, comme on prouve qu'il n'a pas fait le *Devin*, on ôteroit une difficulté qui ne laisse pas d'arrêter, ou du moins d'embarrasser encore bien des gens, malgré les preuves convaincantes des forfaits de ce misérable. Mais je serois aussi fort surpris, pour peu qu'on pût appuyer cette idée, qu'on se fût avisé si tard de la proposer. Je vois qu'en s'attachant à le couvrir de tout l'opprobre qu'il mérite, nos messieurs ne laissent pas de s'inquiéter quelquefois de ces livres qu'ils détestent, qu'ils tournent même en ridicule de toute leur force, mais qui leur attirent souvent des objections incommodes, qu'on lèveroit tout d'un coup en affirmant qu'il n'a pas écrit un seul mot de tout cela, et qu'il en est incapable comme d'avoir fait le *Devin*. Mais je vois qu'on a pris ici une route contraire qui ne peut guère ramener à celle-là; et l'on croit si bien que ces écrits sont de lui, que nos messieurs s'occupent depuis long-temps à les éplucher pour en extraire le poison.

ROUSSEAU.

Le poison!

LE FRANÇOIS.

Sans doute. Ces beaux livres vous ont séduit comme bien d'autres, et je suis peu surpris qu'à travers toute cette ostentation de belle morale vous n'ayez pas senti les doctrines pernicieuses qu'il y répand; mais je le serois fort qu'elles n'y fussent pas. Comment un tel serpent n'infecteroit-il pas de son venin tout ce qu'il touche?

ROUSSEAU.

Eh bien! monsieur, ce venin! en a-t-on déjà beaucoup extrait de ces livres?

LE FRANÇOIS.

Beaucoup, à ce qu'on m'a dit, et même il s'y met tout à découvert dans nombre de passages horribles que l'extrême prévention qu'on avoit pour ces livres empêcha d'abord de remarquer, mais qui frappent maintenant de surprise et d'effroi tout ceux qui, mieux instruits, les lisent comme il convient.

ROUSSEAU.

Des passages horribles! J'ai lu ces livres avec grand soin, mais je n'y en ai point trouvé de tels, je vous jure. Vous m'obligeriez de m'en indiquer quelqu'un.

LE FRANÇOIS.

Ne les ayant pas lus, c'est ce que je ne saurois faire; mais j'en demanderai la liste à nos messieurs qui les ont recueillis, et je vous la communiquerai. Je me rappelle seulement qu'on cite une note de l'*Émile* où il enseigne ouvertement l'assassinat.

ROUSSEAU.

Comment, monsieur, il enseigne ouvertement l'assassinat, et cela n'a pas été remarqué dès la première lecture! il falloit qu'il eût en effet des lecteurs bien prévenus ou bien distraits. Et où donc avoient les yeux les auteurs de ces sages et graves réquisitoires sur lesquels on l'a si régulièrement décrété? Quelle trouvaille pour eux! quel regret de l'avoir manquée!

LE FRANÇOIS.

Ah! c'est que ces livres étoient trop pleins de choses à reprendre pour qu'on pût tout relever.

ROUSSEAU.

Il est vrai que le bon, le judicieux Joli de Fleuri, tout plein de l'horreur que lui inspiroit *le Systême criminel de la Religion naturelle*, ne pouvoit guère s'arrêter à des bagatelles comme des leçons d'assassinat ; peut-être, comme vous dites, son extrême prévention pour le livre l'empêchoit-elle de les remarquer. Dites, dites, monsieur, que vos chercheurs de poison sont bien plutôt ceux qui l'y mettent, et qu'il n'y en a point pour ceux qui n'en cherchent pas. J'ai lu vingt fois la note dont vous parlez, sans y voir autre chose qu'une vive indignation contre un préjugé gothique non moins extravagant que funeste, et je ne me serois jamais douté du sens que vos messieurs lui donnent, si je n'avois vu par hasard une lettre insidieuse qu'on a fait écrire à l'auteur à ce sujet, et la réponse qu'il a eu la foiblesse d'y faire, et où il explique le sens de cette note qui n'avoit pas besoin d'autre explication que d'être lue à sa place par d'honnêtes gens. Un auteur qui écrit d'après son cœur est sujet, en se passionnant, à des fougues qui l'entraînent au-delà du but, et à des écarts où ne tombent jamais ces écrivains subtils et méthodistes qui, sans s'animer sur rien au monde, ne disent jamais que ce qu'il leur est avantageux de dire, et qu'ils savent tourner sans se commettre, pour produire l'effet qui convient à leur intérêt. Ce sont les imprudences d'un homme confiant en lui-même, et dont l'ame généreuse ne suppose pas même que l'on puisse douter de lui. Soyez sûr que jamais hypocrite ni fourbe n'ira s'exposer à découvert. Nos philosophes ont bien ce qu'ils appellent leur doctrine intérieure, mais ils ne l'enseignent au public qu'en se cachant, et à leurs amis qu'en secret. En prenant toujours tout à la lettre on trouveroit peut-être en effet moins à reprendre dans les livres les plus dangereux que dans ceux dont nous parlons ici, et en général que dans tous ceux où l'auteur, sûr de lui-même et parlant d'abondance de cœur, s'abandonne à toute sa véhémence sans songer aux prises qu'il peut laisser au méchant qui le guette de sang-froid, et qui ne cherche dans tout ce qu'il offre de bon et d'utile qu'un côté mal gardé par lequel il puisse enfoncer le poignard. Mais lisez tous ces passages dans le sens qu'ils présentent naturellement à l'esprit du lecteur et qu'ils avoient dans celui de l'auteur en les écrivant, lisez-les à leur place avec ce qui précède et ce qui suit, consultez la disposition de cœur où ces lectures vous mettent; c'est cette disposition qui vous éclairera sur leur véritable sens. Pour toute réponse à ces sinistres interprétateurs et pour leur juste peine, je ne voudrois que leur faire lire à haute voix l'ouvrage entier qu'ils déchirent ainsi par lambeaux pour les teindre de leur venin ; je doute qu'en finissant cette lecture il s'en trouvât un seul assez impudent pour oser renouveler son accusation.

LE FRANÇOIS.

Je sais qu'on blâme en général cette manière d'isoler et défigurer les passages d'un auteur pour les interpréter au gré de la passion d'un censeur injuste ; mais, par vos propres principes, nos messieurs vous mettront ici loin de votre compte ; car c'est encore moins dans des traits épars que dans toute la substance des livres dont il s'agit qu'ils trouvent le poison que l'auteur a pris soin d'y répandre : mais il y est fondu avec tant d'art, que ce n'est que par les plus subtiles analyses qu'on vient à bout de le découvrir.

ROUSSEAU.

En ce cas, il étoit fort inutile de l'y mettre : car encore un coup, s'il faut chercher ce venin pour le sentir, il n'y est que pour ceux qui l'y cherchent, ou plutôt qui l'y mettent. Pour moi, par exemple, qui ne me suis point avisé d'y en chercher, je puis bien jurer n'y en avoir point trouvé.

LE FRANÇOIS.

Eh! qu'importe, s'il fait son effet sans être aperçu ? effet qui ne résulte pas d'un tel ou d'un tel passage en particulier, mais de la lecture entière du livre. Qu'avez-vous à dire à cela ?

ROUSSEAU.

Rien, sinon qu'ayant lu plusieurs fois en entier les écrits que Jean-Jacques s'attribue, l'effet total qu'il en a résulté dans mon ame a toujours été de me rendre plus humain, plus juste, meilleur que je n'étois auparavant; jamais je ne me suis occupé de ces livres sans profit pour la vertu.

LE FRANÇOIS.

Oh! je vous certifie que ce n'est pas là l'effet que leur lecture a produit sur nos messieurs.

ROUSSEAU.

Ah! je le crois; mais ce n'est pas la faute des livres : car, pour moi, plus j'y ai livré mon cœur, moins j'y ai senti ce qu'ils y trouvent de pernicieux; et je suis sûr que cet effet qu'ils ont produit sur moi sera le même sur tout honnête homme qui les lira avec la même impartialité.

LE FRANÇOIS.

Dites avec la même prévention; car ceux qui ont senti l'effet contraire, et qui s'occupent pour le bien public de ces utiles recherches, sont tous des hommes de la plus sublime vertu, et de grands philosophes qui ne se trompent jamais.

ROUSSEAU.

Je n'ai rien encore à dire à cela. Mais faites une chose : imbu des principes de ces grands philosophes qui ne se trompent jamais, mais sincère dans l'amour de la vérité, mettez-vous en état de prononcer comme eux avec connoissance de cause, et de décider sur cet article, entre eux, d'un côté, escortés de tous leurs disciples qui ne jurent que par les maîtres, et, de l'autre, tout le public avant qu'ils l'eussent si bien endoctriné.

Pour cela, lisez vous-même les livres dont il s'agit; et sur les dispositions où vous laissera leur lecture, jugez de celle où étoit l'auteur en les écrivant, et de l'effet naturel qu'ils doivent produire quand rien n'agira pour les détourner. C'est, je crois, le moyen le plus sûr de porter sur ce point un jugement équitable.

LE FRANÇOIS.

Quoi! vous voulez m'imposer le supplice de lire une immense compilation de préceptes de vertu rédigés par un coquin?

ROUSSEAU.

Non, monsieur, je veux que vous lisiez le vrai système du cœur humain, rédigé par un honnête homme et publié sous un autre nom. Je veux que vous ne vous préveniez point contre des livres bons et utiles, uniquement parce qu'un homme indigne de les lire a l'audace de s'en dire l'auteur.

LE FRANÇOIS.

Sous ce point de vue on pourroit se résoudre à lire ces livres, si ceux qui les ont mieux examinés ne s'accordoient tous, excepté vous seul, à les trouver nuisibles et dangereux; ce qui prouve assez que ces livres ont été composés, non, comme vous dites, par un honnête homme dans des intentions louables, mais par un fourbe adroit, plein de mauvais sentiments masqués d'un extérieur hypocrite, à la faveur duquel ils surprennent, séduisent et trompent les gens.

PREMIER DIALOGUE.

ROUSSEAU.

Tant que vous continuerez de la sorte à mettre en fait, sur l'autorité d'autrui, l'opinion contraire à la mienne, nous ne saurions être d'accord. Quand vous voudrez juger par vous-même, nous pourrons alors comparer nos raisons et choisir l'opinion la mieux fondée; mais dans une question de fait comme celle-ci, je ne vois point pourquoi je serois obligé de croire, sans aucune raison probante, que d'autres ont ici mieux vu que moi.

LE FRANÇOIS.

Comptez-vous pour rien le calcul des voix, quand vous êtes seul à voir autrement que tout le monde?

ROUSSEAU.

Pour faire le calcul avec justesse, il faudroit auparavant savoir combien de gens dans cette affaire ne voient, comme vous, que par les yeux d'autrui. Si du nombre de ces bruyantes voix on ôtoit les échos qui ne font que répéter celle des autres, et que l'on comptât celles qui restent dans le silence, faute d'oser se faire entendre, il y auroit peut-être moins de disproportion que vous ne pensez. En réduisant toute cette multitude au petit nombre de gens qui mènent les autres, il me resteroit encore une forte raison de ne pas préférer leur avis au mien : car je suis ici parfaitement sûr de ma bonne foi, et je n'en puis dire autant, avec la même assurance, d'aucun de ceux qui, sur cet article, disent penser autrement que moi. En un mot, je juge ici par moi-même. Nous ne pouvons donc raisonner au pair, vous et moi, que vous ne vous mettiez en état de juger par vous-même aussi.

LE FRANÇOIS.

J'aime mieux, pour vous complaire, faire plus que vous ne demandez, en adoptant votre opinion préférablement à l'opinion publique; car je vous avoue que le seul doute si ces livres ont été faits par ce misérable m'empêcheroit d'en supporter la lecture aisément.

ROUSSEAU.

Faites mieux encore. Ne songez point à l'auteur en les lisant; et sans vous prévenir ni pour ni contre, livrez votre ame aux impressions qu'elle en recevra. Vous vous assurerez ainsi par vous-même de l'intention dans laquelle ont été écrits ces livres; et s'ils peuvent être l'ouvrage d'un scélérat qui couvoit de mauvais desseins.

LE FRANÇOIS.

Si je fais pour vous cet effort, n'espérez pas du moins que ce soit gratuitement. Pour m'engager à lire ces livres malgré ma répugnance, il faut, malgré la vôtre, vous engager vous-même à voir l'auteur, ou, selon vous, celui qui se donne pour tel, à l'examiner avec soin, et à démêler, à travers son hypocrisie, le fourbe adroit qu'elle a masqué si long-temps.

PREMIER DIALOGUE.

ROUSSEAU.

Que m'osez-vous proposer! Moi que j'aille chercher un pareil homme! que je le voie! que je le hante! moi qui m'indigne de respirer l'air qu'il respire, moi qui voudrois mettre le diamètre de la terre entre lui et moi, et m'en trouverois trop près encore! Rousseau vous a-t-il donc paru facile en liaison au point d'aller chercher la fréquentation des méchants? Si jamais j'avois le malheur de trouver celui-ci sur mes pas, je ne m'en consolerois qu'en le chargeant des noms qu'il mérite, en confondant sa morgue hypocrite par les plus cruels reproches, en l'accablant de l'affreuse liste de ses forfaits.

LE FRANÇOIS.

Que dites-vous là? que vous m'effrayez! Avez-vous oublié l'engagement sacré que vous avez pris de garder avec lui le plus profond silence, et de ne lui laisser jamais connoître que vous ayez même aucun soupçon de tout ce que je vous ai dévoilé?

ROUSSEAU.

Comment? vous m'étonnez. Cet engagement regardoit uniquement, du moins je l'ai cru, le temps qu'il a fallu mettre à m'expliquer les secrets affreux que vous m'avez révélés. De peur d'en brouiller le fil, il falloit ne pas l'interrompre jusqu'au bout, et vous ne vouliez pas que je m'exposasse à des discussions avec un fourbe, avant d'avoir toutes les instructions nécessaires pour le confondre pleinement. Voilà ce que j'avois compris de vos motifs dans le silence que vous m'aviez imposé, et je n'ai pu supporter que l'obligation de ce silence allât plus loin que ne le permettent la justice et la loi.

LE FRANÇOIS.

Ne vous y trompez donc plus. Votre engagement, auquel vous ne pouvez manquer sans violer votre foi, n'a, quant à sa durée, d'autres bornes que celles de la vie. Vous pouvez, vous devez même répandre, publier partout l'affreux détail de ses vices et de ses crimes, travailler avec zèle à étendre et accroître de plus en plus sa diffamation, le rendre, autant qu'il est possible, odieux, méprisable, exécrable à tout le monde. Mais il faut toujours mettre à cette bonne œuvre un air de mystère et de commisération qui en augmente l'effet; et, loin de lui donner jamais aucune explication qui le mette à portée de répondre et de se défendre, vous devez concourir avec tout le monde à lui faire ignorer toujours ce qu'on sait, et comment on le sait.

ROUSSEAU.

Voilà des devoirs que j'étois bien éloigné de comprendre lorsque vous me les avez imposés; et maintenant qu'il vous plaît de me les expliquer, vous ne pouvez douter qu'ils ne me surprennent, et que je ne sois curieux d'apprendre sur quels principes vous les fondez. Expliquez-

PREMIER DIALOGUE.

vous donc, je vous prie, et comptez sur toute mon attention.

LE FRANÇOIS.

O mon bon ami ! qu'avec plaisir votre cœur, navré du déshonneur que fait à l'humanité cet homme qui n'auroit jamais dû naître, va s'ouvrir à des sentiments qui en font la gloire dans les nobles ames de ceux qui ont démasqué ce malheureux ! Ils étoient ses amis, ils faisoient profession de l'être. Séduits par un extérieur honnête et simple, par une humeur crue alors facile et douce, par la mesure de talents qu'il falloit pour sentir les leurs sans prétendre à la concurrence, ils le recherchèrent, se l'attachèrent, et l'eurent bientôt subjugué, car il est certain que cela n'étoit pas difficile. Mais quand ils virent que cet homme si simple et si doux, prenant tout d'un coup l'essor, s'élevoit d'un vol rapide à une réputation à laquelle ils ne pouvoient atteindre, eux qui avoient tant de hautes prétentions si bien fondées, ils se doutèrent bientôt qu'il y avoit là-dessous quelque chose qui n'alloit pas bien, et que cet esprit bouillant n'avoit pas si long-temps contenu son ardeur sans mystère ; et, dès-lors, persuadés que cette apparente simplicité n'étoit qu'un voile qui cachoit quelques projets dangereux, ils formèrent la ferme résolution de trouver ce qu'ils cherchoient, et prirent à loisir les mesures les plus sûres pour ne pas perdre leurs peines.

Ils se concertèrent donc pour éclairer toutes ses allures de manière que rien ne leur pût échapper. Il les avoit mis lui-même sur la voie par la déclaration d'une faute grave qu'il avoit commise et dont il leur confia le secret sans nécessité, sans utilité, non, comme disoit l'hypocrite, pour ne rien cacher à l'amitié et ne pas paroître à leurs yeux meilleur qu'il n'étoit, mais plutôt, comme ils disent très-sensément eux-mêmes, pour leur donner le change, occuper ainsi leur attention, et les détourner de vouloir pénétrer plus avant dans le mystère obscur de son caractère. Cette étourderie de sa part fut sans doute un coup du ciel qui voulut forcer le fourbe à se démasquer lui-même, ou du moins à leur fournir la prise dont ils avoient besoin pour cela. Profitant habilement de cette ouverture pour tendre leurs piéges autour de lui, ils passèrent aisément de sa confidence à celle des complices de sa faute, desquels ils se firent bientôt autant d'instruments pour l'exécution de leur projet. Avec beaucoup d'adresse, un peu d'argent, et de grandes promesses, ils gagnèrent tout ce qui l'entouroit, et parvinrent ainsi par degrés à être instruits de ce qui le regardoit aussi bien et mieux que lui-même. Le fruit de tous ces soins fut la découverte et la preuve de ce qu'ils avoient pressenti sitôt que ses livres firent du bruit; savoir, que ce grand prêcheur de vertu n'étoit qu'un monstre chargé de crimes cachés, qui, depuis quarante ans, masquoit l'ame d'un scélérat sous les dehors d'un honnête homme.

ROUSSEAU.

Continuez, de grâce. Voilà vraiment des choses surprenantes que vous me racontez là.

LE FRANÇOIS.

Vous avez vu en quoi consistoient ces découvertes : vous pouvez juger de l'embarras de ceux qui les avoient faites. Elles n'étoient pas de nature à pouvoir être tues, et l'on n'avoit pas pris tant de peines pour rien ; cependant, quand il n'y auroit eu à les publier d'autre inconvénient que d'attirer au coupable les peines qu'il avoit méritées, c'en étoit assez pour empêcher ces hommes généreux de l'y vouloir exposer. Ils devoient, ils vouloient le démasquer; mais ils ne vouloient pas le perdre; et l'un sembloit pourtant suivre nécessairement l'autre. Comment le confondre sans le punir ? Comment l'épargner sans se rendre responsable de la continuation de ses crimes ? car pour du repentir, ils savoient bien qu'ils n'en devoient point attendre de lui. Ils savoient ce qu'ils devoient à la justice, à la vérité, à la sûreté publique; mais ils ne savoient pas moins ce qu'ils se devoient à eux-mêmes. Après avoir eu le malheur de vivre avec ce scélérat dans l'intimité, ils ne pouvoient le livrer à la vindicte publique sans s'exposer à quelque blâme; et leurs honnêtes ames, pleines encore de commisération pour lui, vouloient surtout éviter le scandale, et faire qu'aux yeux de toute la terre il leur dût son bien-être et sa conservation. Ils concertèrent donc soigneusement leurs démarches, et résolurent de graduer si bien le développement de leurs découvertes, que la connoissance ne s'en répandît dans le public qu'à mesure qu'on y reviendroit des préjugés qu'on avoit en sa faveur ; car son hypocrisie avoit alors le plus grand succès. La route nouvelle qu'il s'étoit frayée, et qu'il paroissoit suivre avec assez de courage pour mettre sa conduite d'accord avec ses principes, son audacieuse morale qu'il sembloit prêcher par son exemple encore plus que par ses livres, et surtout son désintéressement apparent dont tout le monde alors étoit la dupe ; toutes ces singularités, qui supposoient du moins une ame ferme, excitoient l'admiration de ceux mêmes qui les désapprouvoient. On applaudissoit à ses maximes sans les admettre, et à son exemple sans vouloir le suivre.

Comme ces dispositions du public auroient pu l'empêcher de se rendre aisément à ce qu'on lui vouloit apprendre, il fallut commencer par les changer. Ses fautes, mises dans le jour le plus odieux, commencèrent l'ouvrage ; son imprudence à les déclarer auroit pu paroître franchise, il la fallut déguiser. Cela paroissoit difficile ; car on m'a dit qu'il en avoit fait dans l'*Émile* un aveu presque formel avec des regrets qui devoient naturellement lui épargner les reproches des honnêtes gens. Heureusement le public, qu'on animoit alors contre lui, et qui ne voit rien que ce qu'on veut qu'il voie, n'aperçut point tout cela, et bientôt, avec les renseignements suffisants pour l'accuser et le convaincre sans qu'il parût que ce fût lui qui les eût fournis, on eut la prise nécessaire pour commencer l'œuvre de sa diffamation. Tout se trouvoit merveilleusement disposé pour cela. Dans ses brutales déclamations, il avoit, comme vous le remarquez vous-même, attaqué tous les états : tous ne demandoient pas mieux que de concourir à cette œuvre qu'aucun n'osoit entamer de peur de paroître écouter uniquement la vengeance. Mais, à la faveur de ce premier fait, bien établi et suffisamment aggravé, tout le reste devint facile. On put, sans soupçon d'animosité, se rendre l'écho de ses amis, qui même ne le chargeoient qu'en le plaignant, et seulement pour l'acquit de leur conscience ; et voilà comment, dirigé par des gens instruits du caractère affreux de ce monstre, le public, revenu peu à peu des jugements favorables qu'il en avoit portés si longtemps, ne vit plus que du faste, où il avoit vu du courage, de la bassesse où il avoit vu de la simplicité, de la forfanterie où il avoit vu du désintéressement, et du ridicule où il avoit vu de la singularité.

Voilà l'état où il fallut amener les choses pour

rendre croyables, même avec toutes leurs preuves, les noirs mystères qu'on avoit à révéler, et pour le laisser vivre dans une liberté du moins apparente, et dans une absolue impunité : car, une fois bien connu, l'on n'avoit plus à craindre qu'il pût ni tromper ni séduire personne; et, ne pouvant plus se donner des complices, il étoit hors d'état, surveillé comme il l'étoit par ses amis et par leurs amis, de suivre ses projets exécrables, et de faire aucun mal dans la société. Dans cette situation, avant de révéler les découvertes qu'on avoit faites, on capitula qu'elles ne porteroient aucun préjudice à sa personne, et que, pour le laisser même jouir d'une parfaite sécurité, on ne lui laisseroit jamais connoître qu'on l'eût démasqué. Cet engagement, contracté avec toute la force possible, a été rempli jusqu'ici avec une fidélité qui tient du prodige. Voulez-vous être le premier à l'enfreindre, tandis que le public entier, sans distinction de rang, d'âge, de sexe, de caractère, et sans aucune exception, pénétré d'admiration pour la générosité de ceux qui ont conduit cette affaire, s'est empressé d'entrer dans leurs nobles vues, et de les favoriser par pitié pour ce malheureux ? car vous devez sentir que là-dessus sa sûreté tient à son ignorance, et que, s'il pouvoit jamais croire que ses crimes sont connus, il se prévaudroit infailliblement de l'indulgence dont on les couvre pour en tramer de nouveaux avec la même impunité ; que cette impunité seroit alors d'un trop dangereux exemple, et que ces crimes sont de ceux qu'il faut ou punir sévèrement où laisser dans l'obscurité.

ROUSSEAU.

Tout ce que vous venez de me dire m'est si nouveau, qu'il faut que j'y rêve long-temps pour arranger là-dessus mes idées. Il y a même quelques points sur lesquels j'aurois besoin de plus grande explication. Vous dites, par exemple, qu'il n'est pas à craindre que cet homme, une fois bien connu, séduise personne, qu'il se donne des complices, qu'il fasse aucun complot dangereux. Cela s'accorde mal avec ce que vous m'avez raconté vous-même de la continuation de ses crimes, et je craindrois fort, au contraire, qu'affiché de la sorte il ne servît d'enseigne aux méchants pour former leurs associations criminelles, et pour employer ses funestes talents à les affermir. Le plus grand mal et la plus grande honte de l'état social est que le crime y fasse des liens plus indissolubles que n'en fait la vertu. Les méchants se lient entre eux plus fortement que les bons, et leurs liaisons sont bien plus durables, parce qu'ils ne peuvent les rompre impunément, que de la durée de ces liaisons dépend le secret de leurs trames, l'impunité de leurs crimes, et qu'ils ont le plus grand intérêt à se ménager toujours réciproquement : au lieu que les bons, unis seulement par des affections libres qui peuvent changer sans conséquence, rompent et se séparent sans crainte et sans risque dès qu'ils cessent de se convenir. Cet homme, tel que vous me l'avez décrit, intrigant, actif, dangereux, doit être le foyer des complots de tous les scélérats. Sa liberté, son impunité, dont vous faites un si grand mérite aux gens de bien qui le ménagent, est un très-grand malheur public : ils sont responsables de tous les maux qui peuvent en arriver, et qui même en arrivent journellement selon vos propres récits. Est-il donc louable à des hommes justes de favoriser ainsi les méchants aux dépens des bons ?

LE FRANÇOIS.

Votre objection pourroit avoir de la force s'il s'agissoit ici d'un méchant d'une catégorie ordinaire : mais songez toujours qu'il s'agit d'un monstre, l'horreur du genre humain, auquel personne au monde ne peut se fier en aucune sorte, et qui n'est pas même capable du pacte que les scélérats font entre eux. C'est sous cet aspect qu'également connu de tous il ne peut être à craindre à qui que ce soit par ses trames. Détesté des bons pour ses œuvres, il l'est encore plus des méchants pour ses livres : par un juste châtiment de sa damnable hypocrisie, les fripons qu'il démasque pour se masquer ont tous pour lui la plus invincible antipathie. S'ils cherchent à l'approcher, c'est seulement pour le surprendre et le trahir; mais comptez qu'aucun d'eux ne tentera jamais de l'associer à quelque mauvaise entreprise.

ROUSSEAU.

C'est en effet un méchant d'une espèce bien particulière que celui qui se rend encore plus odieux aux méchants qu'aux bons, et à qui personne au monde n'oseroit proposer une injustice.

LE FRANÇOIS.

Oui, sans doute, d'une espèce particulière, et si particulière, que la nature n'en a jamais produit et j'espère n'en reproduira plus un semblable. Ne croyez pourtant pas qu'on se repose avec une aveugle confiance sur cette horreur universelle. Elle est un des principaux moyens employés par les sages qui l'ont excitée, pour l'empêcher d'abuser par des pratiques pernicieuses de la liberté qu'on vouloit lui laisser, mais elle n'est pas le seul. Ils ont pris des précautions non moins efficaces en le surveillant à tel point qu'il ne puisse dire un mot qui ne soit écrit, ni faire un pas qui ne soit marqué, ni former un projet qu'on ne pénètre à l'instant qu'il est conçu. Ils ont fait en sorte que, libre en apparence au milieu des hommes, il n'eût avec eux aucune société réelle; qu'il vécût seul dans la foule; qu'il ne sût rien de ce qui se fait, rien de ce qui se dit autour de lui, rien surtout de ce qui le regarde et l'intéresse le plus; qu'il se sentît partout chargé de chaînes dont il ne pût ni montrer ni voir le moindre vestige. Ils ont élevé autour de lui des murs de ténèbres impénétrables à ses regards ; ils l'ont enterré vif parmi les vivants. Voilà peut-être la plus singulière, la plus étonnante entreprise qui jamais ait été faite. Son plein succès atteste la force du génie qui l'a conçue et de ceux qui en ont dirigé l'exécution ; et ce qui n'est pas moins étonnant encore est le zèle avec lequel le public entier s'y prête, sans apercevoir lui-même la grandeur, la beauté du plan dont il est l'aveugle et fidèle exécuteur.

Vous sentez bien néanmoins qu'un projet de cette espèce, quelque bien concerté qu'il pût être, n'auroit pu s'exécuter sans le concours du gouvernement : mais on eut d'autant moins de peine à l'y faire entrer, qu'il s'agissoit d'un homme odieux à ceux qui en tenoient les rênes, d'un auteur dont les séditieux écrits respiroient l'austérité républicaine, et qui, dit-on, haïssoit le visirat, méprisoit les visirs, vouloit qu'un roi gouvernât par lui-même, que les princes fussent justes, que les peuples fussent libres, et que tout obéît à la loi. L'administration se prêta donc aux manœuvres nécessaires pour l'enlacer et le surveiller ; entrant dans toutes les vues de l'auteur du projet, elle pourvut à la sûreté du coupable autant qu'à son avilissement, et, sous un air bruyant de protection rendant sa diffamation plus solennelle, parvint par degrés à lui ôter, avec toute espèce de crédit, de considération, d'estime, tout moyen d'abuser de ses pernicieux talents pour le malheur du genre humain.

Afin de le démasquer plus complètement on n'a épargné ni soins, ni temps, ni dépense, pour éclairer tous les moments de sa vie depuis sa naissance jusqu'à ce jour. Tous ceux dont les cajoleries l'ont attiré dans leurs piéges; tous ceux qui, l'ayant connu dans sa jeunesse, ont fourni quelque nouveau fait contre lui, quelque nouveau trait à sa charge, tous ceux, en un mot, qui ont contribué à le peindre comme on vouloit, ont été récompensés de manière ou d'autre, et plusieurs ont été avancés eux ou leurs proches, pour être entrés de bonne grâce dans toutes les vues de nos messieurs. On a envoyé des gens de confiance chargés de bonnes instructions et de beaucoup d'argent, à Venise, à Turin, en Savoie, en Suisse, à Genève, par-tout où il a demeuré. On a largement récompensé tout ceux qui, travaillant avec succès, ont laissé de lui dans ces pays les idées qu'on en vouloit avoir. Beaucoup même de personnes de tous les états, pour faire de nouvelles découvertes et contribuer à l'œuvre commune, ont entrepris à leurs propres frais et de leur propre mouvement de grands voyages pour bien constater la scélératesse de Jean-Jacques avec un zèle.....

ROUSSEAU.

Qu'ils n'auroient sûrement pas eu dans le cas contraire pour le constater honnête homme : tant l'aversion pour les méchants a plus de force dans les belles ames que l'attachement pour les bons!

Voilà, comme vous le dites, un projet non moins admirable qu'admirablement exécuté. Il seroit bien curieux, bien intéressant de suivre dans leur détail toutes les manœuvres qu'il a fallu mettre en usage pour en amener le succès à ce point. Comme c'est ici un cas unique depuis que le monde existe et d'où naît une loi toute nouvelle dans le code du genre humain, il importeroit qu'on connût à fond toutes les circonstances qui s'y rapportent. L'interdiction du feu et de l'eau cher les Romains tomboit sur les choses nécessaires à la vie; celle-ci tombe sur tout ce qui peut la rendre supportable et douce, l'honneur, la justice, la vérité, la société, l'attachement, l'estime. L'interdiction romaine menoit à la mort; celle-ci, sans la donner, la rend désirable, et ne laisse la vie que pour en faire un supplice affreux. Mais cette interdiction romaine étoit décernée dans une forme légale par laquelle le criminel étoit juridiquement condamné. Je ne vois rien de pareil dans celle-ci. J'attends de savoir pourquoi cette omission, ou comment on y a suppléé.

LE FRANÇOIS.

J'avoue que dans les formes ordinaires, l'accusation formelle et l'audition du coupable sont nécessaires pour le punir : mais au fond qu'importent ces formes quand le délit est bien prouvé? La négation de l'accusé (car il nie toujours pour échapper au supplice) ne fait rien contre les preuves et n'empêche point sa condamnation. Ainsi cette formalité, souvent inutile, l'est surtout dans le cas présent où tous les flambeaux de l'évidence éclairent des forfaits inouïs.

Remarquez d'ailleurs que, quand ces formalités seroient toujours nécessaires pour punir, elles ne le sont pas du moins pour faire grâce, la seule chose dont il s'agit ici. Si, n'écoutant que la justice, on eût voulu traiter le misérable comme il le méritoit, il ne falloit que le saisir, le punir, et tout étoit fait. On se fût épargné des embarras, des soins, des frais immenses, et ce tissu de piéges et d'artifices dont on le tient enveloppé. Mais la générosité de ceux qui l'ont démasqué, leur tendre commisération pour lui ne leur permettant aucun procédé violent, il a bien fallu s'assurer de lui sans attenter à sa liberté, et le rendre l'horreur de l'univers afin qu'il n'en fût pas le fléau.

Quel tort lui fait-on, et de quoi pourroit-il se plaindre? Pour le laisser vivre parmi les hommes, il a bien fallu le peindre à eux tel qu'il étoit. Nos messieurs savent mieux que vous que les méchants cherchent et trouvent toujours leurs semblables pour comploter avec eux leurs mauvais desseins; mais on les empêche de se lier avec celui-ci, en le leur rendant odieux à tel point qu'ils n'y puissent prendre aucune confiance. Ne vous y fiez pas, leur dit-on, il vous trahira pour le seul plaisir de nuire; n'espérez pas le tenir par un intérêt commun. C'est très-gratuitement qu'il se plaît au crime; ce n'est point son intérêt qu'il y cherche; il ne connoît d'autre bien pour lui que le mal d'autrui: il préférera toujours le mal plus grand ou plus prompt de ses camarades, au mal moindre ou plus éloigné qu'il pourroit faire avec eux. Pour prouver tout cela, il ne faut qu'exposer sa vie. En faisant son histoire on éloigne de lui les plus scélérats par la terreur. L'effet de cette méthode est si grand et si sûr que, depuis qu'on le surveille et qu'on éclaire tous ses secrets, pas un mortel n'a encore eu l'audace de tenter sur lui l'appât d'une mauvaise action, et ce n'est jamais qu'au leurre de quelque bonne œuvre qu'on parvient à le surprendre.

ROUSSEAU.

Voyez comme quelquefois les extrêmes se touchent! Qui croiroit qu'un excès de scélératesse pût ainsi rapprocher de la vertu? Il n'y avoit que vos messieurs au monde qui pussent trouver un si bel art.

LE FRANÇOIS.

Ce qui rend l'exécution de ce plan plus admirable, c'est le mystère dont il a fallu le couvrir. Il falloit peindre le personnage à tout le monde, sans que jamais ce portrait passât sous ses yeux. Il falloit instruire l'univers de ses crimes, mais de telle façon que ce fût un mystère ignoré de lui seul. Il falloit que chacun le montrât au doigt, sans qu'il crût être vu de personne. En un mot, c'étoit un secret dont le public entier devoit être dépositaire, sans qu'il parvînt jamais à celui qui en étoit le sujet. Cela eût été difficile, peut-être impossible à exécuter avec tout autre : mais les projets fondés sur des principes généraux échouent souvent. En les appropriant tellement à l'individu qu'ils ne conviennent qu'à lui, on en rend l'exécution bien plus sûre. C'est ce qu'on a fait aussi habilement qu'heureusement avec notre homme. On savoit qu'étranger et seul il étoit sans appui, sans parents, sans assistance, qu'il ne tenoit à aucun parti, et que son humeur sauvage tendoit elle-même à l'isoler : on n'a fait, pour l'isoler tout-à-fait, que suivre sa pente naturelle, y faire tout concourir, et dès-lors tout a été facile. En le séquestrant tout-à-fait du commerce des hommes, qu'il fuit, quel mal lui fait-on? En poussant la bonté jusqu'à lui laisser une liberté du moins apparente, ne falloit-il pas l'empêcher d'en pouvoir abuser? Ne falloit-il pas, en le laissant au milieu des citoyens, s'attacher à le leur bien faire connoître? Peut-on voir un serpent se glisser dans la place publique sans crier à chacun de se garder du serpent? N'étoit-ce pas surtout une obligation particulière pour les sages qui ont eu l'adresse d'écarter le masque dont il se couvroit depuis quarante ans, et de le voir les premiers, à travers ses déguisements, tel qu'ils le montrent depuis lors à tout le monde? Ce grand devoir de le faire abhorrer pour l'empêcher de nuire, combiné avec le tendre intérêt qu'il inspire à ces hommes sublimes, est le vrai motif des soins infinis qu'ils prennent, des dépenses immenses qu'ils font pour l'entourer de tant de piéges, pour le livrer à tant de mains, pour l'enlacer de tant de façons, qu'au milieu de cette liberté feinte il ne puisse ni dire un mot, ni faire un pas, ni mouvoir un doigt, qu'ils ne le sachent et ne le veuillent. Au fond, tout ce qu'on en fait n'est que pour son bien, pour éviter le mal qu'on seroit contraint de lui faire, et dont on ne peut le garantir autrement. Il falloit commencer par l'éloigner de ses anciennes connoissances pour avoir le temps de le bien endoctriner. On l'a fait décréter à Paris : quel mal lui a-t-on fait? Il falloit, par la même raison, l'empêcher de s'établir à Genève. On l'y a fait décréter aussi : quel mal lui a-t-on fait? On l'a fait lapider à Motiers; mais les cailloux qui cassoient ses fenêtres et ses portes ne l'ont point atteint : quel mal donc lui ont-ils fait? On l'a fait chasser, à l'entrée de l'hiver, de l'île solitaire où il s'étoit réfugié, et de toute la Suisse; mais c'étoit pour le forcer charitablement d'aller en Angleterre[1] chercher l'asile qu'on lui préparoit

[1] Choisir un Anglois pour mon dépositaire et mon confident seroit, ce me semble, réparer d'une manière bien authentique le

à son insu depuis long-temps, et bien meilleur que celui qu'il s'étoit obstiné de choisir, quoiqu'il ne pût de là faire aucun mal à personne. Mais quel mal lui a-t-on fait à lui-même? et de quoi se plaint-il aujourd'hui? ne le laisse-t-on pas tranquille dans son opprobre? Il peut se vautrer à son aise dans la fange où on le tient embourbé. On l'accable d'indignités, il est vrai; mais qu'importe? quelles blessures lui font-elles? n'est-il pas fait pour les souffrir? Et quand chaque passant lui cracheroit au visage, quel mal, après tout, cela lui feroit-il? Mais ce monstre d'ingratitude ne sent rien, ne sait gré de rien; et tous les ménagements qu'on a pour lui, loin de le toucher, ne font qu'irriter sa férocité. En prenant le plus grand soin de lui ôter tous ses amis, on ne leur a rien tant recommandé que d'en garder toujours l'apparence et le titre, et de prendre pour le tromper le même ton qu'ils avoient auparavant pour l'accueillir. C'est sa coupable défiance qui seul le rend misérable. Sans elle il seroit un peu plus dupe, mais il vivroit tout aussi content qu'autrefois. Devenu l'objet de l'horreur publique, il s'est vu par-là celui des attentions de tout le monde. C'étoit à qui le fêteroit, à qui l'auroit à dîner, à qui lui offriroit des retraites, à qui renchériroit d'empressement

---

mal que j'ai pu penser et dire de sa nation. On l'a trop abusée sur mon compte pour que j'aie pu ne pas m'abuser quelquefois sur le sien.

pour obtenir la préférence. On eût dit, à l'ardeur qu'on avoit pour l'attirer, que rien n'étoit plus honorable, plus glorieux, que de l'avoir pour hôte, et cela dans tous les états, sans en excepter les grands et les princes; et mon ours n'étoit pas content!

ROUSSEAU.

Il avoit tort; mais il devoit être bien surpris! Ces grands-là ne pensoient pas, sans doute, comme ce seigneur espagnol dont vous savez la réponse à Charles-Quint qui lui demandoit un de ses châteaux pour y loger le connétable de Bourbon[1].

LE FRANÇOIS.

Le cas est bien différent : vous oubliez qu'ici c'est une bonne œuvre.

ROUSSEAU.

Pourquoi ne voulez-vous pas que l'hospitalité envers le connétable fût une aussi bonne œuvre que l'asile offert à un scélérat?

LE FRANÇOIS.

Eh! vous ne voulez pas m'entendre. Le connétable savoit bien qu'il étoit rebelle à son prince.

---

[1] On a, dit-on, rendu inhabitable le château de Trye depuis que j'y ai logé. Si cette opération a rapport à moi, elle n'est pas conséquente à l'empressement qui m'y avoit attiré, ni à celui avec lequel on engageoit M. le prince de Ligne à m'offrir dans le même temps un asile charmant dans ses terres, par une belle lettre qu'on eut même grand soin de faire courir dans tout Paris. (Voyez le morceau extrait des OEuvres du prince de Ligne, à la fin de ce volume.)

PREMIER DIALOGUE.

ROUSSEAU.

Jean-Jacques ne sait donc pas qu'il est un scélérat?.

LE FRANÇOIS.

Le fin du projet est d'en user extérieurement avec lui comme s'il n'en savoit rien, ou comme si on l'ignoroit soi-même. De cette sorte, on évite avec lui le danger des explications; et, feignant de le prendre pour un honnête homme, on l'obsède si bien, sous un air d'empressement pour son mérite, que rien de ce qui se rapporte à lui, ni lui-même, ne peut échapper à la vigilance de ceux qui l'approchent. Dès qu'il s'établit quelque part, ce qu'on sait toujours d'avance, les murs, les planchers, les serrures, tout est disposé autour de lui pour la fin qu'on se propose, et l'on n'oublie pas de l'envoisiner convenablement, c'est-à-dire de mouches venimeuses, de fourbes adroits, et de filles accortes à qui l'on a bien fait leur leçon. C'est une chose assez plaisante de voir les barboteuses de nos messieurs prendre des airs de vierges pour tâcher d'adorer cet ours. Mais ce ne sont pas apparemment des vierges qu'il lui faut; car, ni les lettres pathétiques qu'on dicte à celles-là, ni les dolentes histoires qu'on leur fait apprendre, ni tout l'étalage de leurs malheurs et de leurs vertus, ni celui de leurs charmes flétris, n'ont pu l'attendrir. Ce pourceau d'Épicure est devenu tout d'un coup un Xénocrate pour nos messieurs.

ROUSSEAU.

N'en fut-il point un pour vos dames? Si ce n'étoit pas là le plus bruyant de ses forfaits, c'en seroit sûrement le plus irrémissible.

LE FRANÇOIS.

Ah! M. Rousseau, il faut toujours être galant; et, de quelque façon qu'en use une femme, on ne doit jamais toucher cet article-là.

Je n'ai pas besoin de vous dire que toutes ses lettres sont ouvertes, qu'on retient soigneusement toutes celles dont il pourroit tirer quelque instruction, et qu'on lui en fait écrire de toutes les façons par différentes mains, tant pour sonder ses dispositions par ses réponses, que pour lui supposer, dans celles qu'il rebute et qu'on garde, des correspondances dont on puisse un jour tirer parti contre lui. On a trouvé l'art de lui faire de Paris une solitude plus affreuse que les cavernes et les bois, où il ne trouve au milieu des hommes ni communication, ni consolation, ni conseil, ni lumières, ni rien de tout ce qui pourroit lui aider à se conduire, un labyrinthe immense où l'on ne lui laisse apercevoir dans les ténèbres que de fausses routes qui l'égarent de plus en plus. Nul ne l'aborde qui n'ait déjà sa leçon toute faite sur ce qu'il doit lui dire, et sur le ton qu'il doit prendre en lui parlant. On tient note de tous ceux qui demandent à le voir[1], et on ne le

---

[1] On a mis pour cela dans la rue un marchand de tableaux tout vis-à-vis de ma porte, et à cette porte, qu'on tient fermée, un

leur permet qu'après avoir reçu à son égard les instructions que j'ai moi-même été chargé de vous donner au premier désir que vous avez marqué de le connoître. S'il entre en quelque lieu public, il y est regardé et traité comme un pestiféré : tout le monde l'entoure et le fixe, mais en s'écartant de lui et sans lui parler, seulement pour lui servir de barrière; et s'il ose parler lui-même et qu'on daigne lui répondre, c'est toujours ou par un mensonge ou en éludant ses questions d'un ton si rude et si méprisant, qu'il perde envie d'en faire. Au parterre on a grand soin de le recommander à ceux qui l'entourent, et de placer toujours à ses côtés une garde ou un sergent qui parle ainsi fort clairement de lui sans rien dire. On l'a montré, signalé, recommandé partout aux facteurs, aux commis, aux gardes, aux mouches, aux savoyards, dans tous les spectacles, dans tous les cafés, aux barbiers, aux marchands, aux colporteurs, aux libraires. S'il cherchoit un livre, un almanach, un roman, il n'y en auroit plus dans tout Paris; le seul désir manifesté de trouver une chose telle qu'elle soit est pour lui l'infaillible moyen de la faire disparoître. A son arrivée à Paris il cherchoit douze chansonnettes italiennes qu'il y fit graver il y a une vingtaine d'années, et qui étoient de lui comme le *Devin du village;* mais le recueil,

---

secret, afin que tous ceux qui voudront entrer chez moi soient forcés de s'adresser aux voisins, qui ont leurs instructions et leurs ordres.

les airs, les planches, tout disparut, tout fut anéanti dès l'instant, sans qu'il en ait pu recouvrer jamais un seul exemplaire. On est parvenu, à force de petites attentions multipliées, à le tenir dans cette ville immense, toujours sous les yeux de la populace qui le voit avec horreur. Veut-il passer l'eau vis-à-vis les Quatre-Nations, on ne passera point pour lui, même en payant la voiture entière. Veut-il se faire décrotter, les décrotteurs, surtout ceux du Temple et du Palais-Royal, lui refuseront avec mépris leurs services. Entre-t-il aux Tuileries ou au Luxembourg, ceux qui distribuent des billets imprimés à la porte ont ordre de le passer avec la plus outrageante affectation, et même de lui en refuser net, s'il se présente pour en avoir, et tout cela, non pour l'importance de la chose, mais pour le faire remarquer, connoître, et abhorrer de plus en plus.

Une de leurs plus jolies inventions est le parti qu'ils ont su tirer pour leur objet de l'usage annuel de brûler en cérémonie un Suisse de paille dans la rue aux Ours. Cette fête populaire paroissoit si barbare et si ridicule en ce siècle philosophe, que, déjà négligée, on alloit la supprimer tout-à-fait, si nos messieurs ne se fussent avisés de la renouveler bien précieusement pour Jean-Jacques. A cet effet, ils ont fait donner sa figure et son vêtement à l'homme de paille, ils lui ont armé la main d'un couteau bien luisant, et, en le faisant promener en pompe dans les rues de Paris, ils ont eu soin qu'on le mît en station directement sous les fenêtres de Jean-Jacques, tournant et retournant la figure de tous côtés pour la bien montrer au peuple, à qui cependant de charitables interprètes font faire l'application qu'on désire, et l'excitent à brûler Jean-Jacques en effigie, en attendant mieux [1]. Enfin l'un de nos messieurs m'a même assuré avoir eu le sensible plaisir de voir des mendiants lui jeter au nez son aumône, et vous comprenez bien.....

ROUSSEAU.

Qu'ils n'y ont rien perdu. Ah! quelle douceur d'ame! quelle charité! Le zèle de vos messieurs n'oublie rien.

LE FRANÇOIS.

Outre toutes ces précautions, on a mis en œuvre un moyen très-ingénieux pour découvrir s'il lui reste par malheur quelque personne de confiance qui n'ait pas encore les instructions et les sentiments nécessaires pour suivre à son égard le plan généralement admis. On lui fait écrire par

---

[1] Il y auroit à me brûler en personne deux grands inconvénients qui peuvent forcer ces messieurs à se priver de ce plaisir : le premier est qu'étant une fois mort et brûlé je ne serois plus en leur pouvoir, et ils perdroient le plaisir plus grand de me tourmenter vif; le second, bien plus grave, est qu'avant de me brûler il faudroit enfin m'entendre, au moins pour la forme ; et je doute que, malgré vingt ans de précautions et de trames, ils osent encore en courir le risque.

des gens qui, se feignant dans la détresse, implorent son secours ou ses conseils pour s'en tirer. Il cause avec eux, il les console, il les recommande aux personnes sur lesquelles il compte. De cette manière on parvient à les connoître, et de là facilement à les convertir. Vous ne sauriez croire combien par cette manœuvre on a découvert de gens qui l'estimoient encore et qu'il continuoit de tromper. Connus de nos messieurs, ils sont bientôt détachés de lui, et l'on parvient par un art tout particulier, mais infaillible, à le leur rendre aussi odieux qu'il leur fut cher auparavant. Mais soit qu'il pénètre enfin ce manége, soit qu'en effet il ne lui reste plus personne, ces tentatives sont sans succès depuis quelque temps. Il refuse constamment de s'employer pour les gens qu'il ne connoît pas, et même de leur répondre, et cela va toujours aux fins qu'on se propose, en le faisant passer pour un homme insensible et dur. Car encore une fois rien n'est mieux pour éluder ses pernicieux desseins que de le rendre tellement haïssable à tous, que, dès qu'il désire une chose, c'en soit assez pour qu'il ne la puisse obtenir, et que, dès qu'il s'intéresse en faveur de quelqu'un, ce quelqu'un ne trouve plus ni patron ni assistance.

ROUSSEAU.

En effet tous ces moyens que vous m'avez détaillés me paroissent ne pouvoir manquer de faire

PREMIER DIALOGUE.

de ce Jean-Jacques la risée, le jouet du genre humain, et de le rendre le plus abhorré des mortels.

LE FRANÇOIS.

Eh! sans doute. Voilà le grand, le vrai but des soins généreux de nos messieurs; et, grâce à leur plein succès, je puis vous assurer que, depuis que le monde existe, jamais mortel n'a vécu dans une pareille dépression.

ROUSSEAU.

Mais ne me disiez-vous pas au contraire que le tendre soin de son bien-être entroit pour beaucoup dans ceux qu'ils prennent à son égard?

LE FRANÇOIS.

Oui vraiment, et c'est là surtout ce qu'il y a de grand, de généreux, d'admirable dans le plan de nos messieurs, qu'en l'empêchant de suivre ses volontés et d'accomplir ses mauvais desseins, on cherche cependant à lui procurer les douceurs de la vie, de façon qu'il trouve partout ce qui lui est nécessaire, et nulle part ce dont il peut abuser. On veut qu'il soit rassasié du pain de l'ignominie et de la coupe de l'opprobre. On affecte même pour lui des attentions moqueuses et dérisoires[1], des respects comme ceux qu'on prodiguoit à

---

[1] Comme quand on vouloit à toute force m'envoyer le vin d'honneur à Amiens, qu'à Londres les tambours des gardes devoient venir battre à ma porte, et qu'au Temple M. le prince de Conti m'envoya sa musique à mon lever.

Sancho dans son île, et qui le rendent encore plus ridicule aux yeux de la populace. Enfin, puisqu'il aime tant les distinctions, il a lieu d'être content; on a soin qu'elles ne lui manquent pas, et on le sert de son goût en le faisant partout montrer au doigt. Oui, monsieur, on veut qu'il vive, et même agréablement, autant qu'il est possible à un méchant sans malfaire : on voudroit qu'il ne manquât à son bonheur que les moyens de troubler celui des autres. Mais c'est un ours qu'il faut enchaîner de peur qu'il ne dévore les passants. On craint surtout le poison de sa plume, et l'on n'épargne aucune précaution pour l'empêcher de l'exhaler; on ne lui laisse aucun moyen de défendre son honneur, parce que cela lui seroit inutile, que, sous ce prétexte, il ne manqueroit pas d'attaquer celui d'autrui, et qu'il n'appartient pas à un homme livré à la diffamation d'oser diffamer personne. Vous concevez que, parmi les gens dont on s'est assuré, l'on n'a pas oublié les libraires, surtout ceux dont il s'est autrefois servi. L'on en a même tenu un très-long-temps à la Bastille sous d'autres prétextes, mais en effet pour l'endoctriner plus long-temps à loisir sur le compte de Jean-Jacques[1]. On a recommandé à tout ce qui l'entoure

---

[1] On y a détenu de même, en même temps, et pour le même effet, un Genevois de mes amis, lequel, aigri par d'anciens griefs contre les magistrats de Genève, excitoit les citoyens contre eux à mon occasion. Je pensois bien différemment, et jamais, en écri-

de veiller particulièrement à ce qu'il peut écrire. On a même tâché de lui en ôter les moyens, et l'on étoit parvenu, dans la retraite où on l'avoit attiré en Dauphiné, à écarter de lui toute encre lisible, en sorte qu'il ne pût trouver sous ce nom que de l'eau légèrement teinte, qui même en peu de temps perdoit toute sa couleur. Malgré toutes ces précautions, le drôle est encore parvenu à écrire ses Mémoires, qu'il appelle ses Confessions, et que nous appelons ses mensonges, avec de l'encre de la Chine, à laquelle on n'avoit pas songé : mais, si l'on ne peut l'empêcher de barbouiller du papier à son aise, on l'empêche au moins de faire circuler son venin : car aucun chiffon, ni petit, ni grand, pas un billet de deux lignes ne peut sortir de ses mains sans tomber, à l'instant même, dans celles des gens établis pour tout recueillir. A l'égard de ses discours, rien n'en est perdu. Le premier soin de ceux qui l'entourent est de s'attacher à le faire jaser ; ce qui n'est pas difficile, ni même de lui faire dire à peu près ce qu'on veut, ou du moins comme on le veut pour en tirer avantage, tantôt en lui débitant de fausses

vant soit à eux, soit à lui, je ne cessai de les presser tous d'abandonner ma cause, et de remettre à de meilleurs temps la défense de leurs droits. Cela n'empêcha pas qu'on ne publiât avoir trouvé tout le contraire dans les lettres que je lui écrivois, et que c'étoit moi qui étois le boute-feu. Que peuvent désormais attendre des gens puissants la justice, la vérité, l'innocence, quand une fois ils en sont venus jusque-là ?

nouvelles, tantôt en l'animant par d'adroites contradictions, et tantôt au contraire en paroissant acquiescer à tout ce qu'il dit. C'est alors surtout qu'on tient un registre exact des indiscrètes vivacités qui lui échappent, et qu'on amplifie et commente de sang froid. Ils prennent en même temps toutes les précautions possibles pour qu'il ne puisse tirer d'eux aucune lumière, ni par rapport à lui ni par rapport à qui que ce soit. On ne prononce jamais devant lui le nom de ses premiers délateurs, et l'on ne parle qu'avec la plus grande réserve de ceux qui influent sur son sort, de sorte qu'il lui est impossible de parvenir à savoir ni ce qu'ils disent ni ce qu'ils font, s'ils sont à Paris ou absents, ni même s'ils sont morts ou en vie. On ne lui parle jamais de nouvelles, ou on ne lui en dit que de fausses ou de dangereuses, qui seroient de sa part de nouveaux crimes s'il s'avisoit de les répéter. En province, on empêchoit aisément qu'il ne lût aucune gazette. A Paris, où il y auroit trop d'affectation, l'on empêche au moins qu'il n'en voie aucune dont il puisse tirer quelque instruction qui le regarde, et surtout celles où nos messieurs font parler de lui. S'il s'enquiert de quelque chose, personne n'en sait rien : s'il s'informe de quelqu'un, personne ne le connoît; s'il demandoit avec un peu d'empressement le temps qu'il fait, on ne le lui diroit pas. Mais on s'applique, en revanche, à lui faire trouver les denrées, sinon à meilleur marché, du moins de meilleure qualité qu'il ne les auroit au même prix, ses bienfaiteurs suppléant généreusement de leur bourse à ce qu'il en coûte de plus pour satisfaire la délicatesse qu'ils lui supposent, et qu'ils tâchent même d'exciter en lui par l'occasion et le bon marché, pour avoir le plaisir d'en tenir note. De cette manière, mettant adroitement le menu peuple dans leur confidence, ils lui font l'aumône publiquement malgré lui, de façon qu'il lui soit impossible de s'y dérober; et cette charité, qu'on s'attache à rendre bruyante, a peut-être contribué plus que toute autre chose à le déprimer autant que le désiroient ses amis.

ROUSSEAU.

Comment, ses amis?

LE FRANÇOIS.

Oui; c'est un nom qu'aiment à prendre toujours nos messieurs, pour exprimer toute leur bienveillance envers lui, toute leur sollicitude pour son bonheur, et, ce qui est très-bien trouvé, pour le faire accuser d'ingratitude en se montrant si peu sensible à tant de bonté.

ROUSSEAU.

Il y a là quelque chose que je n'entends pas bien. Expliquez-moi mieux tout cela, je vous prie.

LE FRANÇOIS.

Il importoit, comme je vous l'ai dit, pour qu'on pût le laisser libre sans danger, que sa diffamation fût universelle¹. Il ne suffisoit pas de la répandre dans les cercles et parmi la bonne compagnie, ce qui n'étoit pas difficile et fut bientôt fait; il falloit qu'elle s'étendît parmi tout le peuple et dans les plus bas étages aussi bien que dans les plus élevés; et cela présentoit plus de difficulté, non-seulement parce que l'affectation de le tympaniser ainsi à son insu pouvoit scandaliser les simples, mais surtout à cause de l'inviolable loi de lui cacher tout ce qui le regarde, pour éloigner à jamais de lui tout éclaircissement, toute instruction, tout moyen de défense et de justification, toute occasion de faire expliquer personne, de remonter à la source des lumières qu'on a sur son compte, et qu'il étoit moins sûr pour cet effet de compter sur la discrétion de la populace que sur celle des honnêtes gens. Or, pour l'intéresser, cette populace, à ce mystère, sans paroître avoir cet

---

¹ Je n'ai point voulu parler ici de ce qui se fait au théâtre * et de ce qui s'imprime journellement en Hollande et ailleurs, parce que cela passe toute croyance, et qu'en le voyant, et en ressentant continuellement les tristes effets, j'ai peine encore à le croire moi-même. Il y a quinze ans que tout cela dure, toujours avec l'approbation publique et l'aveu du gouvernement. Et moi je vieillis ainsi seul parmi tous ces forcenés, sans aucune consolation de personne, sans néanmoins perdre ni courage ni patience, et, dans l'ignorance où l'on me tient, élevant au ciel, pour toute défense, un cœur exempt de fraude, et des mains pures de tout mal.

* Allusion à la manière dont le traita l'Académie royale de musique.

' Voyez le morceau extrait des Mémoires de Grétry, à la fin de ce volume.

objet, ils ont admirablement tiré parti d'une ridicule arrogance de notre homme, qui est de faire le fier sur les dons, et de ne vouloir pas qu'on lui fasse l'aumône.

ROUSSEAU.

Mais je crois que vous et moi serions assez capables d'une pareille arrogance : qu'en pensez-vous?

LE FRANÇOIS.

Cette délicatesse est permise à d'honnêtes gens. Mais un drôle comme cela qui fait le gueux quoiqu'il soit riche, de quel droit ose-t-il rejeter les menues charités de nos messieurs?

ROUSSEAU.

Du même droit, peut-être, que les mendiants rejettent les siennes. Quoi qu'il en soit, s'il fait le gueux, il reçoit donc ou demande l'aumône? car voilà tout ce qui distingue le gueux du pauvre, qui n'est pas plus riche que lui, mais qui se contente de ce qu'il a, et ne demande rien à personne.

LE FRANÇOIS.

Eh, non! celui-ci ne la demande pas directement. Au contraire, il la rejette insolemment d'abord; mais il cède à la fin tout doucement quand on s'obstine.

ROUSSEAU.

Il n'est donc pas si arrogant que vous disiez d'abord; et, retournant votre question, je demande à mon tour pourquoi ils s'obstinent à lui faire l'aumône comme à un gueux, puisqu'ils savent si bien qu'il est riche.

LE FRANÇOIS.

Le pourquoi, je vous l'ai déjà dit. Ce seroit, j'en conviens, outrager un honnête homme : mais c'est le sort que mérite un pareil scélérat, d'être avili par tous les moyens possibles; et c'est une occasion de mieux manifester son ingratitude, par celle qu'il témoigne à ses bienfaiteurs.

ROUSSEAU.

Trouvez-vous que l'intention de l'avilir mérite une grande reconnoissance?

LE FRANÇOIS.

Non; mais c'est l'aumône qui la mérite. Car, comme disent très-bien nos messieurs, l'argent rachète tout, et rien ne le rachète. Quelle que soit l'intention de celui qui donne, même par force, il reste toujours bienfaiteur; et mérite toujours comme tel la plus vive reconnoissance. Pour éluder donc la brutale rusticité de notre homme, on a imaginé de lui faire en détail, à son insu, beaucoup de petits dons bruyants qui demandent le concours de beaucoup de gens, et surtout du menu peuple, qu'on fait entrer ainsi sans affectation dans la grande confidence, afin qu'à l'horreur pour ses forfaits se joigne le mépris pour sa misère, et le respect pour ses bienfaiteurs. On s'informe des lieux où il se pourvoit des denrées nécessaires à sa subsistance, et l'on a soin qu'au

PREMIER DIALOGUE.

même prix on les lui fournisse de meilleure qualité, et par conséquent plus chères. Au fond cela ne lui fait aucune économie, et il n'en a pas besoin, puisqu'il est riche : mais pour le même argent il est mieux servi; sa bassesse et la générosité de nos messieurs circulent ainsi parmi le peuple, et l'on parvient de cette manière à l'y rendre abject et méprisable en paroissant ne songer qu'à son bien-être et à le rendre heureux malgré lui. Il est difficile que le misérable ne s'aperçoive pas de ce petit manège; et tant mieux : car s'il se fâche, cela prouve de plus en plus son ingratitude; et s'il change de marchands, on répète aussitôt la même manœuvre; la réputation qu'on veut lui donner se répand encore plus rapidement. Ainsi, plus il se débat dans ses lacs, et plus il les resserre.

ROUSSEAU.

Voilà, je vous l'avoue, ce que je ne comprenois pas bien d'abord. Mais, monsieur, vous en qui j'ai connu toujours un cœur si droit, se peut-il que vous approuviez de pareilles manœuvres?

LE FRANÇOIS.

Je les blâmerois fort pour tout autre; mais ici je les admire par le motif de bonté qui les dicte, sans pourtant avoir voulu jamais y tremper. Je hais Jean-Jacques, nos messieurs l'aiment; ils veulent le conserver à tout prix; il est naturel qu'eux et moi ne nous accordions pas sur la conduite à tenir avec un pareil homme. Leur système, injuste peut-être en lui-même, est rectifié par l'intention.

ROUSSEAU.

Je crois qu'il me la rendroit suspecte : car on ne va point au bien par le mal, ni à la vertu par la fraude. Mais puisque vous m'assurez que Jean-Jacques est riche, comment le public accorde-t-il ces choses-là? Car enfin rien ne doit lui sembler plus bizarre et moins méritoire qu'une aumône faite par force à un riche scélérat.

LE FRANÇOIS.

Oh! le public ne rapproche pas ainsi les idées qu'on a l'adresse de lui montrer séparément. Il le voit riche pour lui reprocher de faire le pauvre, ou pour le frustrer du produit de son labeur en se disant qu'il n'en a pas besoin. Il le voit pauvre pour insulter à sa misère, et le traiter comme un mendiant. Il ne le voit jamais que par le côté qui pour l'instant le montre plus odieux ou plus méprisable, quoique incompatible avec les autres aspects sous lesquels il le voit en d'autres temps.

ROUSSEAU.

Il est certain qu'à moins d'être de la plus brute insensibilité il doit être aussi pénétré que surpris de cette association d'attentions et d'outrages dont il sent à chaque instant les effets. Mais quand, pour l'unique plaisir de rendre sa diffamation plus complète, on lui passe journellement tous ses crimes, qui peut être surpris s'il profite de cette coupable indulgence pour en commettre incessamment de nouveaux? C'est une objection que je vous ai déjà faite, et que je répète parce que vous l'avez éludée sans y répondre. Par tout ce que vous m'avez raconté, je vois que, malgré toutes les mesures qu'on a prises, il va toujours son train comme auparavant, sans s'embarrasser en aucune sorte des surveillants dont il se voit entouré. Lui qui prit jadis là-dessus tant de précautions que, pendant quarante ans, trompant exactement tout le monde, il passa pour un honnête homme, je vois qu'il n'use de la liberté qu'on lui laisse que pour assouvir sans gêne sa méchanceté, pour commettre chaque jour de nouveaux forfaits dont il est bien sûr qu'aucun n'échappe à ses surveillants, et qu'on lui laisse tranquillement consommer. Est-ce donc une vertu si méritoire à vos messieurs d'abandonner ainsi les honnêtes gens à la furie d'un scélérat, pour l'unique plaisir de compter tranquillement ses crimes, qu'il leur seroit si aisé d'empêcher?

LE FRANÇOIS.

Ils ont leurs raisons pour cela.

ROUSSEAU.

Je n'en doute point : mais ceux mêmes qui commettent les crimes ont sans doute aussi leurs raisons : cela suffit-il pour les justifier? singulière bonté, convenez-en, que celle qui, pour rendre le coupable odieux, refuse d'empêcher le crime, et s'occupe à choyer le scélérat aux dépens des innocents dont il fait sa proie ! Laisser commettre les crimes qu'on peut empêcher n'est pas seulement en être témoin, c'est en être complice. D'ailleurs si on lui laisse toujours faire tout ce que vous dites qu'il fait, que sert donc de l'espionner de si près avec tant de vigilance et d'activité ? Que sert d'avoir découvert ses œuvres, pour les lui laisser continuer comme si l'on n'en savoit rien ? que sert de gêner si fort sa volonté dans les choses indifférentes pour la laisser en toute liberté dès qu'il s'agit de malfaire ! On diroit que vos messieurs ne cherchent qu'à lui ôter tout moyen de faire autre chose que des crimes. Cette indulgence vous paroît-elle donc si raisonnable, si bien entendue, et digne de personnages si vertueux ?

LE FRANÇOIS.

Il y a dans tout cela, je dois l'avouer, des choses que je n'entends pas fort bien moi-même ; mais on m'a promis de m'expliquer tout à mon entière satisfaction. Peut-être pour le rendre plus exécrable a-t-on cru devoir charger un peu le tableau de ses crimes, sans se faire un grand scrupule de cette charge, qui dans le fond importe assez peu ; car, puisqu'un homme coupable d'un crime est capable de cent, tous ceux dont on l'accuse sont tout au moins dans sa volonté, et l'on peut à peine donner le nom d'impostures à de pareilles accusations.

Je vois que la base du système que l'on suit à son égard est le devoir qu'on s'est imposé qu'il fût bien démasqué, bien connu de tout le monde, et néanmoins de n'avoir jamais avec lui aucune explication, et de lui ôter toute connoissance de ses accusateurs et toute lumière certaine des choses dont il est accusé. Cette double nécessité est fondée sur la nature des crimes qui rendroit leur déclaration publique trop scandaleuse, et qui ne souffre pas qu'il soit convaincu sans être puni. Or, voulez-vous qu'on le punisse sans le convaincre? Nos formes judiciaires ne le permettroient pas, et ce seroit aller directement contre les maximes d'indulgence et de commisération qu'on veut suivre à son égard. Tout ce qu'on peut faire pour la sûreté publique est premièrement de le surveiller si bien, qu'il n'entreprenne rien qu'on ne le sache, qu'il n'exécute rien d'important qu'on ne le veuille; et, sur le reste, d'avertir tout le monde du danger qu'il y a d'écouter et fréquenter un pareil scélérat. Il est clair qu'ainsi bien avertis ceux qui s'exposent à ses attentats ne doivent, s'ils y succombent, s'en prendre qu'à eux-mêmes. C'est un malheur qu'il n'a tenu qu'à eux d'éviter, puisque, fuyant comme il fait les hommes, ce n'est pas lui qui va les chercher.

ROUSSEAU.

Autant en peut-on dire à ceux qui passent dans un bois où l'on sait qu'il y a des voleurs, sans que cela fasse une raison valable pour laisser ceux-ci en toute liberté d'aller leur train, surtout quand, pour les contenir, il suffit de le vouloir. Mais quelle excuse peuvent avoir vos messieurs qui ont soin de fournir eux-mêmes des proies à la cruauté du barbare par les émissaires dont vous m'avez dit qu'ils l'entourent, qui tâchent à toute force de se familiariser avec lui, et dont sans doute il a soin de faire ses premières victimes?

LE FRANÇOIS.

Point du tout. Quelque familièrement qu'ils vivent chez lui, tâchant même d'y manger et boire sans s'embarrasser des risques, il ne leur en arrive aucun mal. Les personnes sur lesquelles il aime assouvir sa furie sont celles pour lesquelles il a de l'estime et du penchant, celles auxquelles il voudroit donner sa confiance pour peu que leurs cœurs s'ouvrissent au sien, d'anciens amis qu'il regrette, et dans lesquels il semble encore chercher les consolations qui lui manquent. C'est ceux-là qu'il choisit pour les expédier par préférence ; le lien de l'amitié lui pèse : il ne voit avec plaisir que ses ennemis.

ROUSSEAU.

On ne doit pas disputer contre les faits ; mais convenez que vous me peignez là un bien singulier personnage, qui n'empoisonne que ses amis, qui ne fait des livres qu'en faveur de ses ennemis, et qui fuit les hommes pour leur faire du mal.

Ce qui me paroît encore bien étonnant en tout

PREMIER DIALOGUE.

ceci, c'est comment il se trouve d'honnêtes gens qui veuillent rechercher, hanter un pareil monstre, dont l'abord seul devroit leur faire horreur. Que la canaille envoyée par vos messieurs et faite pour l'espionnage s'empare de lui, voilà ce que je comprends sans peine. Je comprends encore que, trop heureux de trouver quelqu'un qui veuille le souffrir, il ne doit pas, lui, misanthrope avec les honnêtes gens, mais à charge à lui-même, se rendre difficile sur les liaisons; qu'il doit voir, accueillir, rechercher avec grand empressement les coquins qui lui ressemblent, pour les engager dans ses damnables complots. Eux, de leur côté, dans l'espoir de trouver en lui un bon camarade bien endurci, peuvent, malgré l'effroi qu'on leur a donné de lui, s'exposer, par l'avantage qu'ils en espèrent, au risque de le fréquenter. Mais que des gens d'honneur cherchent à se faufiler avec lui, voilà, monsieur, ce qui me passe. Que lui disent-ils donc? quel ton peuvent-ils prendre avec un pareil personnage? Un aussi grand scélérat peut très-bien être un homme vil qui pour aller à ses fins souffre toutes sortes d'outrages, et, pourvu qu'on lui donne à dîner, boit les affronts comme l'eau, sans les sentir ou sans en faire semblant; mais vous m'avouerez qu'un commerce d'insulte et de mépris d'une part, de bassesse et de mensonge de l'autre, ne doit pas être fort attrayant pour d'honnêtes gens.

LE FRANÇOIS.

Ils en sont plus estimables de se sacrifier ainsi pour le bien public. Approcher de ce misérable est une œuvre méritoire, quand elle mène à quelque nouvelle découverte sur son caractère affreux. Un tel caractère tient du prodige, et ne sauroit être assez attesté. Vous comprenez que personne ne l'approche pour avoir avec lui quelque société réelle, mais seulement pour tâcher de le surprendre, d'en tirer quelque nouveau trait pour son portrait, quelque nouveau fait pour son histoire, quelque indiscrétion dont on puisse faire usage pour le rendre toujours plus odieux. D'ailleurs, comptez-vous pour rien le plaisir de le persiffler, de lui donner à mots couverts les noms injurieux qu'il mérite, sans qu'il ose ou puisse répondre de peur de déceler l'application qu'on le force à s'en faire? C'est un plaisir qu'on peut savourer sans risque; car il se fâche, il s'accuse lui-même; et s'il ne se fâche pas, en lui disant ainsi ses vérités indirectement, on se dédommage de la contrainte où l'on est forcé de vivre avec lui en feignant de le prendre pour un honnête homme.

ROUSSEAU.

Je ne sais si ces plaisirs-là sont fort doux; pour moi, je ne les trouve pas fort nobles, et je vous crois assez du même avis, puisque vous les avez toujours dédaignés. Mais, monsieur, à ce compte, cet homme chargé de tant crimes n'a donc jamais été convaincu d'aucun?

LE FRANÇOIS.

Eh! non vraiment. C'est encore un acte de l'extrême bonté dont on use à son égard, de lui épargner la honte d'être confondu. Sur tant d'invincibles preuves, n'est-il pas complètement jugé sans qu'il soit besoin de l'entendre? Où règne l'évidence du délit, la conviction du coupable n'est-elle pas superflue? Elle ne seroit pour lui qu'une peine de plus. En lui ôtant l'inutile liberté de se défendre, on ne fait que lui ôter celle de mentir et de calomnier.

ROUSSEAU.

Ah! grâce au ciel, je respire! vous délivrez mon cœur d'un grand poids.

LE FRANÇOIS.

Qu'avez-vous donc? d'où vous naît cet épanouissement subit après l'air morne et pensif qui ne vous a point quitté durant tout cet entretien, et si différent de l'air jovial et gai qu'ont tous nos messieurs quant ils parlent de Jean-Jacques et de ses crimes?

ROUSSEAU.

Je vous l'expliquerai, si vous avez la patience de m'entendre; car ceci demande encore des digressions.

Vous connoissez assez ma destinée pour savoir qu'elle ne m'a guère laissé goûter les prospérités de la vie : je n'y ai trouvé ni les biens dont les hommes font cas, ni ceux dont j'aurois fait cas moi-même; vous savez à quel prix elle m'a vendu cette fumée dont ils sont si avides, et qui même, eût-elle été plus pure, n'étoit pas l'aliment qu'il falloit à mon cœur. Tant que la fortune ne m'a fait que pauvre, je n'ai pas vécu malheureux. J'ai goûté quelquefois de vrais plaisirs dans l'obscurité : mais je n'en suis sorti que pour tomber dans un gouffre de calamités, et ceux qui m'y ont plongé se sont appliqués à me rendre insupportables les maux qu'ils feignoient de plaindre, et que je n'aurois pas connus sans eux. Revenu de cette douce chimère de l'amitié, dont la vaine recherche a fait tous les malheurs de ma vie, bien plus revenu des erreurs de l'opinion dont je suis la victime, ne trouvant plus parmi les hommes ni droiture ni vérité, ni aucun de ces sentiments que je crus innés dans leurs ames, parce qu'ils l'étoient dans la mienne, et sans lesquels toute société n'est que tromperie et mensonge, je me suis retiré bien au-dedans de moi; et, vivant entre moi et la nature, je goûtois une douceur infinie à penser que je n'étois pas le seul, que je ne conversois pas avec un être insensible et mort, que mes maux étoient comptés, que ma patience étoit mesurée, et que toutes les misères de ma vie n'étoient que des provisions de dédommagemens et de jouissances pour un meilleur état. Je n'ai jamais adopté la philosophie des heureux du siècle;

elle n'est pas faite pour moi ; j'en cherchois une plus appropriée à mon cœur, plus consolante dans l'adversité, plus encourageante pour la vertu. Je la trouvois dans les livres de Jean-Jacques. J'y puisois des sentiments si conformes à ceux qui m'étoient naturels, j'y sentois tant de rapports avec mes propres dispositions, que, seul parmi tous les auteurs que j'ai lus, il étoit pour moi le peintre de la nature et l'historien du cœur humain. Je reconnoissois dans ses écrits l'homme que je retrouvois en moi, et leur méditation m'apprenoit à tirer de moi-même la jouissance et le bonheur que tous les autres vont chercher si loin d'eux.

Son exemple m'étoit surtout utile pour nourrir ma confiance dans les sentiments que j'avois conservés seul parmi mes contemporains. J'étois croyant, je l'ai toujours été, quoique non pas comme les gens à symboles et à formules. Les hautes idées que j'avois de la Divinité me faisoient prendre en dégoût les institutions des hommes et les religions factices. Je ne voyois personne penser comme moi ; je me trouvois seul au milieu de la multitude autant par mes idées que par mes sentiments. Cet état solitaire étoit triste. Jean-Jacques vint m'en tirer. Ses livres me fortifièrent contre la dérision des esprits forts. Je trouvai ses principes si conformes à mes sentiments, je les voyois naître de méditations si profondes, je les voyois appuyés de si fortes raisons, que je cessai de craindre, comme on me le crioit sans cesse, qu'ils ne fussent l'ouvrage des préjugés et de l'éducation. Je vis que, dans ce siècle où la philosophie ne fait que détruire, cet auteur seul édifioit avec solidité. Dans tous les autres livres, je démêlois d'abord la passion qui les avoit dictés, et le but personnel que l'auteur avoit en vue. Le seul Jean-Jacques me parut chercher la vérité avec droiture et simplicité de cœur. Lui seul me parut montrer aux hommes la route du vrai bonheur en leur apprenant à distinguer la réalité de l'apparence, et l'homme de la nature de l'homme factice et fantastique que nos institutions et nos préjugés lui ont substitué : lui seul en un mot me parut, dans sa véhémence, inspiré par le seul amour du bien public sans vue secrète et sans intérêt personnel. Je trouvois d'ailleurs sa vie et ses maximes si bien d'accord, que je me confirmois dans les miennes, et j'y prenois plus de confiance par l'exemple d'un penseur qui les médita si long-temps, d'un écrivain qui, méprisant l'esprit de parti et ne voulant former ni suivre aucune secte, ne pouvoit avoir dans ses recherches d'autre intérêt que l'intérêt public et celui de la vérité. Sur toutes ces idées, je me faisois un plan de vie dont son commerce auroit fait le charme ; et moi, à qui la société des hommes n'offre depuis long-temps qu'une fausse apparence sans réalité, sans vérité, sans attachement, sans aucun véritable accord de sentiments ni d'idées, et plus digne de mon mépris que de mon empressement, je me livrois à l'espoir de retrouver en lui tout ce que j'avois perdu, de goûter encore les douceurs d'une amitié sincère, et de me nourrir encore avec lui de ces grandes et ravissantes contemplations qui font la meilleure jouissance de cette vie, et la seule consolation solide qu'on trouve dans l'adversité.

J'étois plein de ces sentiments, et vous l'avez pu connoître, quand avec vos cruelles confidences vous êtes venu resserrer mon cœur et en chasser les douces illusions auxquelles il étoit prêt à s'ouvrir encore. Non, vous ne connoîtrez jamais à quel point vous l'avez déchiré; il faudroit pour cela sentir à combien de célestes idées tenoient celles que vous avez détruites. Je touchois au moment d'être heureux en dépit du sort et des hommes, et vous me replongez pour jamais dans toute ma misère; vous m'ôtez toutes les espérances qui me la faisoient supporter. Un seul homme pensant comme moi nourrissoit ma confiance; un seul homme vraiment vertueux me faisoit croire à la vertu, m'animoit à la chérir, à l'idolâtrer, à tout espérer d'elle; et voilà qu'en m'ôtant cet appui vous me laissez seul sur la terre englouti dans un gouffre de maux, sans qu'il me reste la moindre lueur d'espoir dans cette vie, et prêt à perdre encore celui de retrouver dans un meilleur ordre de choses le dédommagement de tout ce que j'ai souffert dans celui-ci.

Vos premières déclarations me bouleversèrent. L'appui de vos preuves me les rendit plus accablantes, et vous navrâtes mon ame des plus amères douleurs que j'aie jamais senties. Lorsqu'entrant ensuite dans le détail des manœuvres systématiques dont ce malheureux homme est l'objet, vous m'avez développé le plan de conduite à son égard, tracé par l'auteur de ces découvertes, et fidèlement suivi par tout le monde, mon attention partagée a rendu ma surprise plus grande et mon affliction moins vive. J'ai trouvé toutes ces manœuvres si cauteleuses, si pleines de ruse et d'astuce, que je n'ai pu prendre de ceux qui s'en font un système la haute opinion que vous vouliez m'en donner; et, lorsque vous les combliez d'éloges, je sentois mon cœur en murmurer malgré moi. J'admirois comment d'aussi nobles motifs pouvoient dicter des pratiques aussi basses; comment la fausseté, la trahison, le mensonge, pouvoient être devenus des instruments de bienfaisance et de charité; comment enfin tant de marches obliques pouvoient s'allier avec la droiture. Avois-je tort? voyez vous-même, et rappelez-vous tout ce que vous m'avez dit. Ah! convenez du moins que tant d'enveloppes ténébreuses sont un manteau bien étrange pour la vertu.

La force de vos preuves l'emportoit néanmoins

sur tous les soupçons que ces machinations pouvoient m'inspirer. Je voyois qu'après tout cette bizarre conduite, toute choquante qu'elle me paroissoit, n'en étoit pas moins une œuvre de miséricorde, et que, voulant épargner à un scélérat les traitements qu'il avoit mérités, il falloit bien prendre des précautions extraordinaires pour prévenir le scandale de cette indulgence, et la mettre à un prix qui ne tentât ni d'autres d'en désirer une pareille, ni lui-même d'en abuser. Voyant ainsi tout le monde s'empresser à l'envi de le rassasier d'opprobres et d'indignités, loin de le plaindre, je le méprisois davantage d'acheter si lâchement l'impunité au prix d'un pareil destin.

Vous m'avez répété tout cela bien des fois, et je me le disois après vous en gémissant. L'angoisse de mon cœur n'empêchoit pas ma raison d'être subjuguée, et de cet assentiment que j'étois forcé de vous donner résultoit la situation d'ame la plus cruelle pour un honnête homme infortuné, auquel on arrache impitoyablement toutes les consolations, toutes les ressources, toutes les espérances qui lui rendoient ses maux supportables.

Un trait de lumière est venu me rendre tout cela dans un instant. Quand j'ai pensé, quand vous m'avez confirmé vous-même que cet homme si indignement traité pour tant de crimes atroces n'avoit été convaincu d'aucun, vous avez d'un seul mot renversé toutes vos preuves ; et, si je n'ai pas vu l'imposture où vous prétendez voir l'évidence, cette évidence au moins a tellement disparu à mes yeux, que dans tout ce que vous m'aviez démontré je ne vois plus qu'un problème insoluble, un mystère effrayant, impénétrable, que la seule conviction du coupable peut éclaircir à mes yeux.

Nous pensons bien différemment, monsieur, vous et moi sur cet article. Selon vous, l'évidence des crimes supplée à cette conviction ; et, selon moi, cette évidence consiste si essentiellement dans cette conviction même, qu'elle ne peut exister sans elle. Tant qu'on n'a pas entendu l'accusé, les preuves qui le condamnent, quelque fortes qu'elles soient, quelque convaincantes qu'elles paroissent, manquent du sceau qui peut les montrer telles même lorsqu'il n'a pas été possible d'entendre l'accusé, comme lorsqu'on fait le procès à la mémoire d'un mort ; car, en présumant qu'il n'auroit rien eu à répondre, on peut avoir raison, mais on a tort de changer cette présomption en certitude pour le condamner, et il n'est permis de punir le crime que quand il ne reste aucun moyen d'en douter. Mais quand on vient jusqu'à refuser d'entendre l'accusé vivant et présent, bien que la chose soit possible et facile, quand on prend des mesures extraordinaires pour l'empêcher de parler, quand on lui cache avec le plus grand soin l'accusation, l'accusateur, les preuves, dès lors toutes ces preuves devenues suspectes perdent toute leur force sur mon esprit. N'oser les soumettre à l'épreuve qui les confirme, c'est me faire présumer qu'elles ne la soutiendroient pas. Ce grand principe, base et sceau de toute justice, sans lequel la société humaine crouleroit par ses fondements, est si sacré, si inviolable dans la pratique, que, quand toute la ville auroit vu un homme en assassiner un autre dans la place publique, encore ne puniroit-on point l'assassin sans l'avoir préalablement entendu.

LE FRANÇOIS.

Hé quoi ! des formalités judiciaires qui doivent être générales et sans exception dans les tribunaux, quoique souvent superflues, font-elles loi dans des cas de grâce et de bénignité comme celui-ci ? D'ailleurs, l'omission de ces formalités peut-elle changer la nature des choses, faire que ce qui est démontré cesse de l'être, rendre obscur ce qui est évident; et, dans l'exemple que vous venez de proposer, le délit seroit-il moins avéré, le prévenu seroit-il moins coupable quand on négligeroit de l'entendre ; et, quand sur la seule notoriété du fait on l'auroit roué sans tous ces interrogatoires d'usage, en seroit-on moins sûr d'avoir puni justement un assassin ? Enfin toutes ces formes établies pour constater les délits ordinaires sont-elles nécessaires à l'égard d'un monstre dont la vie n'est qu'un tissu de crimes, et reconnu de toute la terre pour être la honte et l'opprobre de l'humanité? Celui qui n'a rien d'humain mérite-t-il qu'on le traite en homme?

ROUSSEAU.

Vous me faites frémir. Est-ce vous qui parlez ainsi? Si je le croyois, je fuirois, au lieu de répondre. Mais non, je vous connois trop bien. Discutons de sang-froid avec vos messieurs ces questions importantes d'où dépend, avec le maintien de l'ordre social, la conservation du genre humain. D'après eux, vous parlez toujours de clémence et de grâce; il faudroit voir d'abord si c'en est ici le cas, et comment elle peut y avoir lieu. Le droit de faire grâce suppose celui de punir, et par conséquent la préalable conviction du coupable. Voilà premièrement de quoi il s'agit.

Vous prétendez que cette conviction devient superflue où règne l'évidence; et moi je pense au contraire qu'en fait de délit l'évidence ne peut résulter que de la conviction du coupable, et qu'on ne peut prononcer sur la force des preuves qui le condamnent qu'après l'avoir entendu. La raison en est que, pour faire sortir aux yeux des hommes la vérité du sein des passions, il faut que ces passions s'entre-choquent, se combattent, et que celle qui accuse trouve un contre-poids égal dans celle qui défend, afin que la raison seule et la justice rompent l'équilibre et fassent pencher la balance. Quand un homme se fait le délateur d'un autre, il est probable, il est presque sûr qu'il est mu par quelque passion secrète qu'il a grand soin de déguiser. Mais quelque raison qui le détermine, et fût-ce même un motif de pure vertu, toujours est-il certain que du moment qu'il accuse il est animé du vif désir de montrer l'accusé coupable, ne fût-ce qu'afin de ne pas passer pour calomniateur; et comme d'ailleurs il a pris à loisir toutes ses mesures, qu'il s'est donné tout le temps d'arranger ses machines et de concerter ses moyens et ses preuves, le moins qu'on puisse faire pour se garantir de surprise est de les exposer à l'examen et aux réponses de l'accusé, qui seul a un intérêt suffisant pour les examiner avec toute l'attention possible, et qui seul encore peut donner tous les éclaircissements nécessaires pour en bien juger. C'est par une semblable raison que la déposition des témoins, en quelque nombre qu'ils puissent être, n'a de poids qu'après leur confrontation. De cette action et réaction et du choc de ces intérêts opposés doit naturellement sortir aux yeux du juge la lumière de la vérité : c'en est du moins le meilleur moyen qui soit en sa puissance. Mais si l'un de ces intérêts agit seul avec toute sa force, et que le contre-poids de l'autre manque, comment l'équilibre restera-t-il dans la balance? Le juge, que je veux supposer tranquille, impartial, uniquement animé de l'amour de la justice, qui communément n'inspire pas de grands efforts pour l'intérêt d'autrui, comment s'assurera-t-il d'avoir bien pesé le pour et le contre, d'avoir bien pénétré par lui seul tous les artifices de l'accusateur, d'avoir bien démêlé des faits exactement vrais ceux qu'il controuve, qu'il altère, qu'il colore à sa fantaisie, d'avoir même deviné ceux qu'il tait et qui changent l'effet de ceux qu'il expose? Quel est l'homme audacieux qui, non moins sûr de sa pénétration que de sa vertu, s'ose donner pour ce juge-là? Il faut, pour remplir avec tant de confiance un devoir si téméraire, qu'il se sente l'infaillibilité d'un Dieu.

Que seroit-ce si, au lieu de supposer ici un juge parfaitement intègre et sans passion, je le supposois animé d'un désir secret de trouver l'accusé coupable, et ne cherchant que des moyens plausibles de justifier sa partialité à ses propres yeux?

Cette seconde supposition pourroit avoir plus d'une application dans le cas particulier qui nous occupe; mais n'en cherchons point d'autre que la célébrité d'un auteur dont les succès passés blessent l'amour-propre de ceux qui n'en peuvent obtenir de pareils. Tel applaudit à la gloire d'un homme qu'il n'a nul espoir d'offusquer, qui travailleroit bien vite à lui faire payer cher l'éclat qu'il peut avoir de plus que lui, pour peu qu'il vît de jour à y réussir. Dès qu'un homme a eu le malheur de se distinguer à certain point, à moins qu'il ne se fasse craindre ou qu'il ne tienne à quelque parti, il ne doit plus compter sur l'équité des autres à son égard; et ce sera beaucoup si ceux mêmes qui sont plus célèbres que lui pardonnent la petite portion qu'il a du bruit qu'ils voudroient faire tout seuls.

Je n'ajouterai rien de plus. Je ne veux parler ici qu'à votre raison. Cherchez à ce que je viens de vous dire une réponse dont elle soit contente, et je me tais. En attendant voici ma conclusion : Il est toujours injuste et téméraire de juger un accusé, tel qu'il soit, sans vouloir l'entendre; mais quiconque jugeant un homme qui a fait du bruit dans le monde, non seulement le juge sans l'entendre, mais se cache de lui pour le juger, quelque prétexte spécieux qu'il allègue, et fût-il vraiment juste et vertueux, fût-il un ange sur la terre, qu'il rentre bien en lui-même; l'iniquité, sans qu'il s'en doute, est cachée au fond de son cœur.

Étranger, sans parents, sans appui, seul, abandonné de tous, trahi du plus grand nombre, Jean-Jacques est dans la pire position où l'on puisse être pour être jugé équitablement. Cependant, dans les jugements sans appel qui le condamnent à l'infamie, qui est-ce qui a pris sa défense et parlé pour lui? qui est-ce qui s'est donné la peine d'examiner l'accusation, les accusateurs, les preuves, avec ce zèle et ce soin que peut seul inspirer l'intérêt de soi-même ou de son plus intime ami?

LE FRANÇOIS.

Mais vous-même, qui vouliez si fort être le

sien, n'avez-vous pas été réduit au silence par les preuves dont j'étois armé ?

ROUSSEAU.

Avois-je les lumières nécessaires pour les apprécier, et distinguer à travers tant de trames obscures les fausses couleurs qu'on a pu leur donner ? suis-je au fait des détails qu'il faudroit connoître ? puis-je deviner les éclaircissements, les objections, les solutions que pourroit donner l'accusé sur des faits dont lui seul est assez instruit ? D'un mot peut-être il eût levé des voiles impénétrables aux yeux de tout autre, et jeté du jour sur des manœuvres que nul mortel ne débrouillera jamais. Je me suis rendu, non parce que j'étois réduit au silence, mais parce que je l'y croyois réduit lui-même. Je n'ai rien, je l'avoue, à répondre à vos preuves. Mais si vous étiez isolé sur la terre, sans défense et sans défenseur, et depuis vingt ans en proie à vos ennemis comme Jean-Jacques, on pourroit sans peine me prouver de vous en secret ce que vous m'avez prouvé de lui, sans que j'eusse rien non plus à répondre. En seroit-ce assez pour vous juger sans appel et sans vouloir vous écouter ?

Monsieur, c'est ici, depuis que le monde existe, la première fois qu'on a violé si ouvertement, si publiquement, la première et la plus sainte des lois sociales, celle sans laquelle il n'y a plus de sûreté pour l'innocence parmi les hommes. Quoi qu'on en puisse dire, il est faux qu'une violation si criminelle puisse avoir jamais pour motif l'intérêt de l'accusé; il n'y a que celui des accusateurs, et même un intérêt très-pressant, qui puisse les y déterminer, et il n'y a que la passion des juges qui puisse les faire passer outre malgré l'infraction de cette loi. Jamais ils ne souffriroient cette infraction s'ils redoutoient d'être injustes. Non, il n'y a point je ne dis pas de juge éclairé, mais d'homme de bon sens, qui, sur les mesures prises avec tant d'inquiétude et de soin pour cacher à l'accusé l'accusation, les témoins, les preuves, ne sente que tout cela ne peut dans aucun cas possible s'expliquer raisonnablement que par l'imposture de l'accusateur.

Vous demandez néanmoins quel inconvénient il y auroit, quand le crime est évident, à rouer l'accusé sans l'entendre. Et moi je vous demande en réponse quel est l'homme, quel est le juge assez hardi pour oser condamner à mort un accusé convaincu selon toutes les formes judiciaires, après tant d'exemples funestes d'innocents bien interrogés, bien entendus, bien confrontés, jugés selon toutes les formes, et, sur une évidence prétendue, mis à mort avec la plus grande confiance pour des crimes qu'ils n'avoient point commis. Vous demandez quel inconvénient il y auroit, quand le crime est évident, à rouer l'accusé sans l'entendre. Je réponds que votre supposition est impossible et contradictoire dans les termes, parce que l'évidence du crime consiste essensiellement dans la conviction de l'accusé, et que toute autre évidence ou notoriété peut être fausse, illusoire, et causer le supplice d'un innocent. En faut-il confirmer les raisons par des exemples ? Par malheur, ils ne nous manqueront pas. En voici un tout récent tiré de la gazette de Leyde, et qui mérite d'être cité. Un homme accusé dans un tribunal d'Angleterre d'un délit notoire, attesté par un témoignage public et unanime, se défendit par un *alibi* bien singulier. Il soutint et prouva que, le même jour et à la même heure où on l'avoit vu commettre le crime, il étoit en personne occupé à se défendre devant un autre tribunal, et dans une autre ville, d'une accusation toute semblable. Ce fait, non moins parfaitement attesté, mit les juges dans un étrange embarras. A force de recherches et d'enquêtes, dont assurément on ne se seroit pas avisé sans cela, on découvrit enfin que les délits attribués à cet accusé avoient été commis par un autre homme moins connu, mais si semblable au premier de taille, de figure et de traits, qu'on avoit constamment pris l'un pour l'autre. Voilà ce qu'on n'eût point découvert si, sur cette prétendue notoriété, on se fût pressé d'expédier cet homme sans daigner l'écouter ; et vous voyez comment, cet usage une fois admis, il pourroit aller de la vie à mettre un habit d'une couleur plutôt que d'une autre.

Autre article encore plus récent tiré de la gazette de France du 31 octobre 1774. « Un malheureux, disent les lettres de Londres, alloit subir le dernier supplice, et il étoit déjà sur l'échafaud, quand un spectateur, perçant la foule, cria de suspendre l'exécution, et se déclara l'auteur du crime pour lequel cet infortuné avoit été condamné, ajoutant que sa conscience troublée (cet homme apparemment n'étoit pas philosophe) ne lui permettoit pas en ce moment de sauver sa vie aux dépens de l'innocent. Après une nouvelle instruction de l'affaire, le condamné, continue l'article, a été renvoyé absous, et le roi a cru devoir faire grace au coupable en faveur de sa générosité. » Vous n'avez pas besoin, je crois, de mes réflexions sur cette nouvelle instruction de l'affaire, et sur la première, en vertu de laquelle l'innocent avoit été condamné à mort.

Vous avez sans doute ouï parler de cet autre jugement où, sur la prétendue évidence du crime, onze pairs ayant condamné l'accusé, le douzième aima mieux s'exposer à mourir de faim avec ses collègues que de joindre sa voix aux leurs, et cela, comme il l'avoua dans la suite, parce qu'il avoit lui-même commis le crime dont l'autre paroissoit évidemment coupable. Ces exemples sont plus fréquents en Angleterre, où les procédures criminelles se font publiquement, au lieu qu'en France où tout se passe dans le plus effrayant mystère ¹, les foibles sont livrés sans scandale aux vengeances des puissants; et les procédures, toujours ignorées du public ou falsifiées pour le tromper, restent, ainsi que l'erreur ou l'iniquité des juges, dans un secret éternel, à moins que quelque évènement extraordinaire ne les en tire.

C'en est un de cette espèce qui me rappelle chaque jour ces idées à mon réveil. Tous les matins avant le jour, la messe de la pie, que j'entends sonner à Saint-Eustache ², me semble un avertissement bien solennel aux juges et à tous les hommes d'avoir une confiance moins téméraire en leurs lumières, d'opprimer et mépriser moins la foiblesse, de croire un peu plus à l'innocence, d'y prendre un peu plus d'intérêt, de ménager un peu plus la vie et l'honneur de leurs semblables, et enfin de craindre quelquefois que trop d'ardeur à punir les crimes ne leur en fasse commettre à eux-mêmes de bien affreux. Que la singularité des cas que je viens de citer les rende uniques chacun dans son espèce, qu'on les dispute, qu'on les nie enfin si l'on veut, combien d'autres cas non moins imprévus, non moins possibles, peuvent être aussi singuliers dans

---

¹ * Cette observation n'est plus fondée, grâces aux nouvelles institutions.

² * Ce n'étoit point à Saint-Eustache, mais à l'église du Saint-Esprit, située près de l'Hôtel-de-Ville, et détruite depuis, qu'on disoit tous les jours à une heure la *messe de la pie*.

la leur! Où est celui qui sait déterminer avec certitude tous les cas où les hommes, abusés par de fausses apparences, peuvent prendre l'imposture pour l'évidence, et l'erreur pour la vérité? Quel est l'audacieux qui, lorsqu'il s'agit de juger capitalement un homme, passe en avant, et le condamne sans avoir pris toutes les précautions possibles pour se garantir des piéges du mensonge et des illusions de l'erreur? Quel est le juge barbare qui, refusant à l'accusé la déclaration de son crime, le dépouille du droit sacré d'être entendu dans sa défense, droit qui, loin de le garantir d'être convaincu, si l'évidence est telle qu'on la suppose, très-souvent ne suffit pas même pour empêcher le juge de voir cette évidence dans l'imposture, et de verser le sang innocent même après avoir entendu l'accusé? Osez-vous croire que les tribunaux abondent en précautions superflues pour la sûreté de l'innocence? Eh! qui ne sait au contraire que, loin de s'y soucier de savoir si un accusé est innocent et de chercher à le trouver tel, on ne s'y occupe au contraire qu'à tâcher de le trouver coupable à tout prix, et qu'à lui ôter pour sa défense tous les moyens qui ne lui sont pas formellement accordés par la loi; tellement que si, dans quelque cas singulier, il se trouve une circonstance essentielle qu'elle n'ait pas prévue, c'est au prévenu d'expier, quoique innocent, cet oubli par son supplice? Ignorez-vous que ce qui flatte le plus les juges est d'avoir des victimes à tourmenter, qu'ils aimeroient mieux faire périr cent innocents que de laisser échapper un coupable ; et que s'ils pouvoient trouver de quoi condamner un homme dans toutes ses formes, quoique persuadés de son innocence, ils se hâteroient de le faire périr en l'honneur de la loi? Ils s'affligent de la justification d'un accusé comme d'une perte réelle ; avides de sang à répandre, ils voient à regret échapper de leurs mains la proie qu'ils s'étoient promise, et n'épargnent rien de ce qu'ils peuvent faire impunément pour que ce malheur ne leur arrive pas. Grandier, Calas, Langlade, et cent autres ont fait du bruit par des circonstances fortuites ; mais quelle foule d'infortunés sont les victimes de l'erreur ou de la cruauté des juges, sans que l'innocence étouffée sous des monceaux de procédures vienne jamais au grand jour, ou n'y vienne que par hasard, long-temps après la mort des accusés, et lorsque personne ne prend plus d'intérêt à leur sort! Tout nous montre ou nous fait sentir l'insuffisance des lois et l'indifférence des juges pour la protection des innocents accusés, déjà punis avant le jugement par les rigueurs du cachot et des fers, et à qui souvent on arrache à force de tourments l'aveu des crimes qu'ils n'ont pas commis. Et vous, comme si les formes établies et trop souvent inutiles étoient encore superflues, vous demandez quel inconvénient il y auroit, quand le crime est évident, à rouer l'accusé sans l'entendre ! Allez, monsieur, cette question n'avoit besoin de ma part d'aucune réponse ; et si, quand vous la faisiez, elle eût été sérieuse, les murmures de votre cœur y auroient assez répondu.

Mais si jamais cette forme si sacrée et si nécessaire pouvoit être omise à l'égard de quelque scélérat reconnu tel de tous les temps, et jugé par la voix publique avant qu'on lui imputât aucun fait particulier dont il eût à se défendre, que puis-je penser de la voir écarter avec tant de sollicitude et de vigilance du jugement du monde où elle étoit le plus indispensable, de celui d'un homme accusé tout d'un coup d'être un monstre abominable, après avoir joui quarante ans de l'estime publique et de la bienveillance de tous ceux qui l'ont connu ? Est-il naturel, est-il raisonnable, est-il juste de choisir seul, pour refuser de l'entendre, celui qu'il faudroit entendre par préférence quand on se permettroit de négliger pour d'autres une aussi sainte formalité ? Je ne puis vous cacher qu'une sécurité si cruelle et si téméraire me déplaît et me choque dans ceux qui s'y livrent avec tant de confiance, pour ne pas dire avec tant de plaisir. Si, dans l'année 1751, quelqu'un eût prédit cette légère et dédaigneuse façon de juger un homme alors si universellement estimé, personne ne l'eût pu croire ; et, si le public regardoit de sang-froid le chemin qu'on lui a fait faire pour l'amener par degré à cette étrange persuasion, il seroit étonné lui-même de voir les sentiers tortueux et ténébreux par lesquels on l'a conduit insensiblement jusque-là sans qu'il s'en soit aperçu.

Vous dites que les précautions prescrites par le bon sens et l'équité avec les hommes ordinaires sont superflues avec un pareil monstre; qu'ayant foulé aux pieds toute justice et toute humanité, il est indigne qu'on s'assujettisse en sa faveur aux règles qu'elles inspirent; que la multitude et l'énormité de ses crimes est telle, que la conviction de chacun en particulier entraîneroit dans des discussions immenses que l'évidence de tous rend superflues.

Quoi! parce que vous me forgez un monstre tel qu'il n'en exista jamais, vous voulez vous dispenser de la preuve qui met le sceau à toutes les autres! Mais qui jamais a prétendu que l'absurdité d'un fait lui servît de preuve, et qu'il suffît pour en établir la vérité de montrer qu'il est incroyable! Quelle porte large et facile vous ouvrez à la calomnie et à l'imposture, si, pour avoir droit de juger définitivement un homme à son insu et en se cachant de lui, il suffit de multiplier, de charger les accusations, de les rendre noires jusqu'à faire horreur, en sorte que moins elles seront vraisemblables, et plus on devra leur ajouter foi! Je ne doute point qu'un homme coupable d'un crime ne soit capable de cent; mais ce que je sais mieux encore, c'est qu'un homme accusé de cent crimes peut n'être coupable d'aucun. Entasser les accusations n'est pas convaincre, et n'en sauroit dispenser. La même raison qui, selon vous, rend sa conviction superflue, en est une de plus, selon moi, pour la rendre indispensable. Pour sauver l'embarras de tant de preuves, je n'en demande qu'une, mais je la veux authentique, invincible, et dans toutes les formes; c'est celle du premier délit qui a rendu tous les autres croyables. Celui-là bien prouvé, je crois tous les autres sans preuves; mais jamais l'accusation de cent mille autres ne suppléera dans mon esprit à la preuve juridique de celui-là.

LE FRANÇOIS.

Vous avez raison : mais prenez mieux ma pensée et celle de nos messieurs. Ce n'est pas tant à la multitude des crimes de Jean-Jacques qu'ils ont fait attention, qu'à son caractère affreux découvert enfin, quoique tard, et maintenant généralement reconnu. Tous ceux qui l'ont vu, suivi, examiné avec le plus de soin, s'accordent sur cet article, et le reconnoissent unanimement pour être, comme disoit très-bien son vertueux patron, M. Hume, la honte de l'espèce humaine et un monstre de méchanceté. L'exacte et régulière discussion des faits devient superflue quand il n'en résulte que ce qu'on sait déjà sans eux. Quand Jean-Jacques n'auroit commis aucun crime, il n'en seroit pas moins capable de tous. On ne le punit ni d'un délit ni d'un autre, mais on l'abhorre comme les couvant tous dans son cœur. Je ne vois rien là que de juste. L'horreur et l'aversion des hommes est due au méchant qu'ils laissent vivre quand leur clémence les porte à l'épargner.

ROUSSEAU.

Après mes précédents entretiens, je ne m'attendois pas à cette distinction nouvelle. Pour le juger par son caractère, indépendamment des faits, il faudroit que je comprisse comment, indépendamment de ces mêmes faits, on a si subitement et si sûrement reconnu ce caractère. Quand je songe que ce monstre a vécu quarante ans généralement estimé et bien voulu, sans qu'on se soit douté de son mauvais naturel, sans que personne ait eu le moindre soupçon de ses crimes, je ne puis comprendre comment tout à coup ces deux choses ont pu devenir si évidentes, et je comprends encore moins que l'une ait pu l'être sans l'autre. Ajoutons que ces découvertes ayant été faites conjointement et tout d'un coup par la même personne, elle a dû nécessairement commencer par articuler des faits pour fonder des jugements si nouveaux, si contraires à ceux qu'on avoit portés jusqu'alors; et quelle confiance pourrois-je autrement prendre à des apparences vagues, incertaines, souvent trompeuses, qui n'auroient rien de précis que l'on pût articuler? Si vous voyez la possibilité qu'il ait passé quarante ans pour honnête homme sans l'être, je vois bien mieux encore celle qu'il passe depuis dix ans, à tort, pour un scélérat; car il y a dans ces deux opinions cette différence essentielle que jadis on le jugeoit équitablement et sans partialité, et qu'on ne le juge plus qu'avec passion et prévention.

LE FRANÇOIS.

Et c'est pour cela justement qu'on s'y trompoit jadis, et qu'on ne s'y trompe plus aujourd'hui, qu'on y regarde avec moins d'indifférence. Vous me rappelez ce que j'avois à répondre à ces deux êtres si différents, si contradictoires, dans lesquels vous l'avez ci-devant divisé. Son hypocrisie a long-temps abusé les hommes, parce qu'ils s'en tenoient aux apparences et n'y regardoient pas de si près; mais, depuis qu'on s'est mis à l'épier avec plus de soin et à le mieux examiner, on a bientôt découvert la forfanterie: tout son faste moral a disparu; son affreux caractère a percé de toutes parts. Les gens mêmes qui l'ont connu jadis, qui l'aimoient, qui l'estimoient, parce qu'ils étoient ses dupes, rougissent aujourd'hui de leur ancienne bêtise, et ne comprennent pas comment d'aussi grossiers artifices ont pu les abuser si long-temps. On voit avec la dernière clarté que, différent de ce qu'il parut alors, parce que l'illusion s'est dissipée, il est le même qu'il fut toujours.

ROUSSEAU.

Voilà de quoi je ne doute point. Mais qu'autrefois on fût dans l'erreur sur son compte et qu'on n'y soit plus aujourd'hui, c'est ce qui ne me paroît pas aussi clair qu'à vous. Il est plus difficile que vous ne semblez le croire de voir exactement tel qu'il est un homme dont on a d'avance une opinion décidée, soit en bien, soit en mal. On applique à tout ce qu'il fait, à tout ce qu'il dit, l'idée qu'on s'est formée de lui. Chacun voit et admet tout ce qui confirme son jugement, rejette ou explique à sa mode tout ce qui le contrarie. Tous ses mouvements, ses regards, ses gestes, sont interprétés selon cette idée; on y rapporte ce qui s'y rapporte le moins. Les mêmes choses que mille autres disent ou font, et qu'on dit ou fait soi-même indifféremment, prennent un sens mystérieux dès qu'elles viennent de lui. On veut deviner, on veut être pénétrant; c'est le jeu naturel de l'amour-propre : on voit ce qu'on croit et non pas ce qu'on voit. On explique tout selon le préjugé qu'on a, et l'on ne se console de l'erreur où l'on pense avoir été qu'en se persuadant que c'est faute d'attention, non de pénétration, qu'on y est tombé. Tout cela est si vrai que, si deux hommes ont d'un troisième des opinions opposées, cette même opposition régnera dans les observations qu'ils feront sur lui. L'un verra blanc et l'autre noir; l'un trouvera des vertus, l'autre des vices, dans les actes les plus indifférents qui viendront de lui ; et chacun, à force d'interprétations subtiles, prouvera que c'est lui qui a bien vu. Le même objet, regardé en différents temps avec des yeux différemment affectés, nous fait des impressions très-différentes, et même, en convenant que l'erreur vient de notre organe, on peut s'abuser encore en concluant qu'on se trompoit autrefois, tandis que c'est peut-être aujourd'hui qu'on se trompe. Tout ceci seroit vrai quand on n'auroit que l'erreur des préjugés à craindre. Que seroit-ce si le prestige des passions s'y joignoit encore ; si de charitables interprètes, toujours alertes, alloient sans cesse au-devant de toutes les idées favorables qu'on pourroit tirer de ses propres observations pour tout défigurer, tout noircir, tout empoisonner ? On sait à quel point la haine fascine les yeux. Qui est-ce qui sait voir des vertus dans l'objet de son aversion ? qui est-ce qui ne voit pas le mal dans tout ce qui part d'un homme odieux ? On cherche toujours à se justifier ses propres sentiments ; c'est encore une disposition très-naturelle. On s'efforce à trouver haïssable ce qu'on hait : et, s'il est vrai que l'homme prévenu voit ce qu'il croit, il l'est bien plus encore que l'homme passionné voit ce qu'il désire. La différence est donc ici que, voyant jadis Jean-Jacques sans intérêt, on le jugeoit sans partialité, et qu'aujourd'hui la prévention et la haine ne permettent plus de voir en lui que ce qu'on veut y trouver. Auxquels donc, à votre avis, des anciens ou des nouveaux jugements le préjugé de la raison doit-il donner plus d'autorité?

S'il est impossible, comme je crois vous l'avoir prouvé, que la connoissance certaine de la vérité, et beaucoup moins l'évidence, résulte de la méthode qu'on a prise pour juger Jean-Jacques; si l'on a évité à dessein les vrais moyens de porter sur son compte un jugement impartial, infaillible, éclairé, il s'ensuit que la condamnation, si hautement, si fièrement prononcée, est non seulement arrogante et téméraire, mais violemment suspecte de la plus noire iniquité; d'où je conclus que, n'ayant nul droit de le juger clandestinement comme on a fait, on n'a pas non plus celui de lui faire grâce, puisque la grâce d'un criminel n'est que l'exemption d'une peine encourue et juridiquement infligée. Ainsi la clémence dont vos messieurs se vantent à son égard, quand même ils useroient envers lui d'une bienfaisance réelle, est trompeuse et fausse; et, quand ils comptent pour un bienfait le mal mérité dont ils disent exempter sa personne, ils en imposent et mentent, puisqu'ils ne l'ont convaincu d'aucun acte punissable; qu'un innocent ne méritant aucun châtiment n'a pas besoin de grâce, et qu'un pareil mot n'est qu'un outrage pour lui. Ils sont donc doublement injustes, en ce qu'ils se font un mérite envers lui d'une générosité qu'ils n'ont point, et en ce qu'ils ne feignent d'épargner sa personne qu'afin d'outrager impunément son honneur.

Venons, pour le sentir, à cette grâce sur laquelle vous insistez si fort, et voyons en quoi donc elle consiste. A traîner celui qui la reçoit d'opprobre en opprobre et de misère en misère, sans lui laisser aucun moyen possible de s'en garantir. Connoissez-vous, pour un cœur d'homme, de peine aussi cruelle qu'une pareille grâce? Je m'en rapporte au tableau tracé par vous-même. Quoi! c'est par bonté, par commisération, par bienveillance, qu'on rend cet infortuné le jouet du public, la risée de la canaille, l'horreur de l'univers; qu'on le prive de toute société humaine, qu'on l'étouffe à plaisir dans la fange, qu'on s'amuse à l'enterrer tout vivant! S'il se pouvoit que nous eussions à subir, vous ou moi, le dernier supplice, voudrions-nous l'éviter au prix d'une pareille grâce? voudrions-nous de la vie à condition de la passer ainsi? Non, sans doute; il n'y a point de tourment, point de supplice que nous ne préférassions à celui-là, et la plus douloureuse fin de nos maux nous paroîtroit désirable et douce plutôt que de les prolonger dans de pareilles angoisses. Eh! quelle idée ont donc vos messieurs de l'honneur, s'ils ne comptent pas l'infamie pour un supplice? Non, non, quoi qu'ils en puissent dire, ce n'est point accorder la vie que de la rendre pire que la mort.

LE FRANÇOIS.

Vous voyez que notre homme n'en pense pas ainsi, puisqu'au milieu de tout son opprobre il ne laisse pas de vivre et de se porter mieux qu'il n'a jamais fait. Il ne faut pas juger des sentiments d'un scélérat par ceux qu'un honnête homme auroit à sa place. L'infamie n'est douloureuse qu'à proportion de l'honneur qu'un homme a dans le cœur. Les ames viles, insensibles à la honte, y sont dans leur élément. Le mépris n'affecte guère celui qui s'en sent digne : c'est un jugement auquel son propre cœur l'a déjà tout accoutumé.

ROUSSEAU.

L'interprétation de cette tranquillité stoïque au milieu des outrages dépend du jugement déjà porté sur celui qui les endure. Ainsi ce n'est pas sur ce sang-froid qu'il convient de juger l'homme, mais c'est par l'homme, au contraire, qu'il faut apprécier le sang-froid. Pour moi, je ne vois point comment l'impénétrable dissimulation, la profonde hypocrisie que vous avez prêtée à celui-ci s'accorde avec cette abjection presque incroyable dont vous faites ici son élément naturel. Comment, monsieur, un homme si haut, si fier, si orgueilleux, qui, plein de génie et de feu, a pu, selon vous, se contenir et garder quarante ans le silence pour étonner l'Europe de la vigueur de sa plume ; un homme qui met à un si haut prix l'opinion des autres, qu'il a tout sacrifié à une fausse affectation de vertu ; un homme dont l'ambitieux amour-propre vouloit remplir tout l'univers de sa gloire, éblouir tous ses contemporains de l'éclat de ses talents et de ses vertus, fouler à ses pieds tous les préjugés, braver toutes les puissances, et se faire admirer par son intrépidité : ce même homme, à présent insensible à tant d'indignités, s'abreuve à longs traits d'ignominie, et se repose mollement dans la fange comme dans son élément naturel ! De grâce, mettez plus d'accord dans vos idées, ou veuillez m'expliquer comment cette brute insensible peut exister dans une ame capable d'une telle effervescence. Les outrages affectent tous les hommes, mais beaucoup plus ceux qui les méritent et qui n'ont point d'asile en eux-mêmes pour s'y dérober. Pour en être ému le moins qu'il est possible, il faut les sentir injustes, et s'être fait de l'honneur et de l'innocence un rempart autour de son cœur, inaccessible à l'opprobre. Alors on peut se consoler de l'erreur ou de l'injustice des hommes : car dans le premier cas les outrages, dans l'intention de ceux qui les font, ne sont pas pour celui qui les reçoit; et dans le second, il ne les lui font pas dans l'opinion qu'il est vil et qu'il les mérite, mais au contraire parce qu'étant vils et méchants eux-mêmes, ils haïssent ceux qui ne le sont pas.

Mais la force qu'une ame saine emploie à supporter des traitements indignes d'elle ne rend pas ces traitements moins barbares de la part de ceux qui les lui font essuyer. On auroit tort de leur tenir compte des ressources qu'ils n'ont pu lui ôter et qu'ils n'ont pas même prévues, parce qu'à sa place ils ne les trouveroient pas en eux. Vous avez beau me faire sonner ces mots de bienveillance et de grâce ; dans le ténébreux système auquel vous donnez ces noms, je ne vois qu'un raffinement de cruauté pour accabler un infortuné de misères pires que la mort, pour donner aux plus noires perfidies un air de générosité, et taxer encore d'ingratitude celui qu'on diffame, parce qu'il n'est pas pénétré de reconnoissance des soins qu'on prend pour l'accabler et le livrer sans aucune défense aux lâches assassins qui le poignardent sans risque, en se cachant à ses regards.

Voilà donc en quoi consiste cette grâce prétendue dont vos messieurs font tant de bruit. Cette grâce n'en seroit pas une, même pour un coupable, à moins qu'il ne fût en même temps le plus vil des mortels. Qu'elle en soit une pour cet homme audacieux, qui, malgré tant de résistance et d'effrayantes menaces, est venu fièrement à Paris provoquer par sa présence l'inique tribunal qui l'avoit décrété connoissant parfaitement son innocence ; qu'elle en soit une pour cet homme dédaigneux qui cache si peu son mépris aux traîtres cajoleurs qui l'obsèdent et tiennent sa destinée en leurs mains : voilà, monsieur, ce que je ne comprendrai jamais; et quand il seroit tel qu'ils le disent, encore falloit-il savoir de lui s'il consentoit à conserver sa vie et sa liberté à cet indigne prix; car une grâce, ainsi que tout autre don, n'est légitime qu'avec le consentement, du moins présumé, de celui qui la reçoit; et je vous demande si la conduite et les discours de Jean-Jacques laissent présumer de lui ce consentement. Or tout don fait par force n'est pas un don, c'est un vol; il n'y a point de plus maligne tyrannie que de forcer un homme de nous être obligé malgré lui, et c'est indignement abuser du nom de grâce que de le donner à un traitement forcé plus cruel que le châtiment. Je suppose ici l'accusé coupable : que seroit cette grâce si je le supposois innocent, comme je le puis et le dois tant qu'on craint de le convaincre? Mais, dites-vous, il est coupable; on en est certain, puisqu'il est méchant. Voyez comment vous me ballottez! Vous m'avez ci-devant donné ses crimes pour preuve de sa méchanceté, et vous me donnez à présent sa méchanceté pour preuve de ses crimes. C'est par les faits qu'on a découvert son caractère, et vous m'alléguez son caractère pour éluder la régulière discussion des faits. Un tel monstre, me dites-vous, ne mérite pas qu'on respecte avec lui les formes établies pour la conviction d'un criminel ordinaire : on n'a pas besoin d'entendre un scélérat aussi détestable ; ses œuvres parlent pour lui. J'accorderai que le monstre que vous m'avez peint ne mérite, s'il existe, aucune des précautions établies autant pour la sûreté des innocents que pour la conviction des coupables; mais il les falloit toutes, et plus encore pour bien constater son existence, pour s'assurer parfaitement que ce que vous appelez ses œuvres sont bien ses œuvres. C'étoit par-là qu'il falloit commencer, et c'est précisément ce qu'ont oublié vos messieurs : car enfin quand le traitement qu'on lui fait souffrir seroit doux pour un coupable, il est affreux pour un innocent. Alléguer la douceur de ce traitement pour éluder la conviction de celui qui le souffre est donc un sophisme aussi cruel qu'insensé. Convenez de plus que ce monstre, tel qu'il leur a plu de nous le forger, est un personnage bien étrange, bien nouveau, bien contradictoire, un être d'imagination tel qu'en peut enfanter le délire de la fièvre, confusément formé de parties hétérogènes qui, par leur nombre, leur disproportion, leur incompatibilité, ne sauroient former un seul tout; et l'extravagance de cet assemblage, qui seule est une raison d'en nier l'existence, en est une pour vous de l'admettre sans daigner la constater. Cet homme est trop coupable pour mériter d'être entendu; il est trop hors de la nature pour qu'on puisse douter qu'il existe. Que pensez-vous de ce raisonnement?

C'est pourtant le vôtre, ou du moins celui de vos messieurs.

Vous m'assurez que c'est par leur grande bonté, par leur excessive bienveillance, qu'ils lui épargnent la honte de se voir démasqué. Mais une pareille générosité ressemble fort à la bravoure des fanfarons, qu'ils ne montrent que loin du péril. Il me semble qu'à leur place, et malgré toute ma pitié, j'aimerois mieux encore être ouvertement juste et sévère que trompeur et fourbe par charité, et je vous répéterai toujours que c'est une trop bizarre bienveillance que celle qui, faisant porter à son malheureux objet, avec tout le poids de la haine, tout l'opprobre de la dérision, ne s'exerce qu'à lui ôter, innocent ou coupable, tout moyen de s'y dérober. J'ajouterai que toutes ces vertus que vous me vantez dans les arbitres de sa destinée sont telles, que non seulement, grâce au ciel, je m'en sens incapable, mais que même je ne les conçois pas. Comment peut-on aimer un monstre qui fait horreur? Comment peut-on se pénétrer d'une pitié si tendre pour un être aussi malfaisant, aussi cruel, aussi sanguinaire? Comment peut-on choyer avec tant de sollicitude le fléau du genre humain, le ménager aux dépens des victimes de sa furie, et, de peur de le chagriner, lui aider presque à faire du monde un vaste tombeau?... Comment, monsieur, un traître, un voleur, un empoisonneur, un assassin!... J'ignore s'il peut exister un sentiment de bienveillance pour un tel être parmi les démons; mais parmi les hommes, un tel sentiment me paroîtroit un goût punissable et criminel bien plutôt qu'une vertu. Non, il n'y a que son semblable qui le puisse aimer.

LE FRANÇOIS.

Ce seroit, quoique vous en puissiez dire, une vertu de l'épargner, si dans cet acte de clémence on se proposoit un devoir à remplir plutôt qu'un penchant à suivre.

ROUSSEAU.

Vous changez encore ici l'état de la question, et ce n'est pas là ce que vous disiez ci-devant : mais voyons.

LE FRANÇOIS.

Supposons que le premier qui a découvert les crimes de ce misérable et son caractère affreux se soit cru obligé, comme il l'étoit sans contredit, non seulement à le démasquer aux yeux du public, mais à le dénoncer au gouvernement, et que cependant son respect pour d'anciennes liaisons ne lui ait pas permis de vouloir être l'instrument de sa perte, n'a-t-il pas dû, cela posé, se conduire exactement comme il l'a fait, mettre à sa dénonciation la condition de la grâce du scélérat, et le ménager tellement, en le démasquant, qu'en lui donnant la réputation d'un coquin, on lui conservât la liberté d'un honnête homme?

PREMIER DIALOGUE.

ROUSSEAU.

Votre supposition renferme des choses contradictoires sur lesquelles j'aurois beaucoup à dire. Dans cette supposition même, je me serois conduit, et vous aussi, j'en suis très-sûr, et tout autre homme d'honneur, d'une façon très-différente. D'abord, à quelque prix que ce fût je n'aurois jamais voulu dénoncer le scélérat sans me montrer et le confondre, vu surtout les liaisons antérieures que vous supposez, et qui obligeoient encore plus étroitement l'accusateur de prévenir préalablement le coupable de ce que son devoir l'obligeoit à faire à son égard. Encore moins aurois-je voulu prendre des mesures extraordinaires pour empêcher que mon nom, mes accusations, mes preuves, ne parvinssent à ses oreilles, parce qu'en tout état de cause un dénonciateur qui se cache joue un rôle odieux, bas, lâche, justement suspect d'imposture, et qu'il n'y a nulle raison suffisante qui puisse obliger un honnête homme à faire un acte injuste et flétrissant. Dès que vous supposez l'obligation de dénoncer le malfaiteur, vous supposez aussi celle de le convaincre, parce que la première de ces deux obligations emporte nécessairement l'autre, ou, si l'on veut se cacher de lui, se taire avec tout le monde : il n'y a point de milieu. Cette conviction de celui qu'on accuse n'est pas seulement l'épreuve indispensable de la vérité qu'on se croit obligé de déclarer, elle est encore un devoir du dénonciateur envers lui-même dont rien ne peut le dispenser, surtout dans le cas que vous posez ; car il n'y a point de contradiction dans la vertu, et jamais, pour punir un fourbe, elle ne permettra de l'imiter.

LE FRANÇOIS.

Vous ne pensez pas là-dessus comme Jean-Jacques.

C'est en le trahissant qu'il faut punir un traître.

Voilà une de ses maximes : qu'y répondez-vous ?

ROUSSEAU.

Ce que votre cœur y répond lui-même. Il n'est pas étonnant qu'un homme qui ne se fait scrupule de rien ne s'en fasse aucun de la trahison ; mais il le seroit fort que d'honnêtes gens se crussent autorisés par son exemple à l'imiter.

LE FRANÇOIS.

L'imiter ! non pas généralement ; mais quel tort lui fait-on en suivant avec lui ses propres maximes pour l'empêcher d'en abuser ?

ROUSSEAU.

Suivre avec lui ses propres maximes ! Y pensez-vous ? quels principes ! quelle morale ! Si l'on peut, si l'on doit suivre avec les gens leurs propres maximes, il faudra donc mentir aux menteurs, voler les fripons, empoisonner les empoisonneurs, assassiner les assassins, être scélérat à l'envi avec ceux qui le sont ; et, si l'on n'est plus obligé d'être honnête homme qu'avec les honnêtes gens, ce devoir ne mettra personne en grands frais de vertu dans le siècle où nous sommes. Il est digne du scélérat que vous m'avez peint de donner des leçons de fourberie et de trahison ; mais je suis fâché pour vos messieurs que, parmi tant de meilleures leçons qu'il a données et qu'il eût mieux valu suivre, ils n'aient profité que de celle-là.

Au reste, je ne me souviens pas d'avoir rien trouvé de pareil dans les livres de Jean-Jacques. Où donc a-t-il établi ce nouveau précepte si contraire à tous les autres ?

LE FRANÇOIS.

Dans un vers d'une comédie.

ROUSSEAU.

Quand est-ce qu'il a fait jouer cette comédie ?

LE FRANÇOIS.

Jamais.

ROUSSEAU.

Où est-ce qu'il l'a fait imprimer ?

LE FRANÇOIS.

Nulle part.

ROUSSEAU.

Ma foi, je ne vous entends point.

LE FRANÇOIS.

C'est une espèce de farce qu'il écrivit jadis à la hâte et presque impromptu à la campagne dans un moment de gaieté, qu'il n'a pas même daigné corriger, et que nos messieurs lui ont volée comme beaucoup d'autres choses qu'ils ajustent ensuite à leur façon pour l'édification publique.

ROUSSEAU.

Mais comment ce vers est-il employé dans cette pièce ? Est-ce lui-même qui le prononce ?

LE FRANÇOIS.

Non ; c'est une jeune fille qui, se croyant trahie par son amant, le dit dans un moment de dépit pour s'encourager à intercepter, ouvrir et garder une lettre écrite par cet amant à sa rivale.

ROUSSEAU.

Quoi ! monsieur, un mot dit par une jeune fille amoureuse et piquée, dans l'intrigue galante d'une farce écrite autrefois à la hâte, et qui n'a été ni corrigée, ni imprimée, ni représentée ; ce mot en l'air dont elle appuie, dans sa colère, un acte qui de sa part n'est pas même une trahison ; ce mot, dont il vous plaît de faire une maxime de Jean-Jacques, est l'unique autorité sur laquelle vos messieurs ont ourdi l'affreux tissu de trahisons dont il est enveloppé ? Voudriez-vous que je répondisse à cela sérieusement ? Me l'avez-vous dit sérieusement vous-même ? Non ; votre air seul, en le prononçant, me dispensoit d'y répondre. Eh ! qu'on lui doive ou non de ne pas le trahir, tout homme d'honneur ne se doit-il pas à lui-même de n'être un traître envers personne ? Nos devoirs envers les autres auroient beau varier selon les temps, les gens, les occasions, ceux envers nous-mêmes ne varient point; et je ne puis penser que celui qui ne se croit pas obligé d'être honnête homme avec tout le monde le soit jamais avec qui que ce soit.

Mais, sans insister sur ce point davantage, allons plus loin. Passons au dénonciateur d'être un lâche et un traître sans néanmoins être un imposteur, et aux juges d'être menteurs et dissimulés sans néanmoins être iniques : quand cette manière de procéder seroit aussi juste et permise qu'elle est insidieuse et perfide, quelle en seroit l'utilité dans cette occasion pour la fin que vous alléguez? Où donc est la nécessité, pour faire grâce à un criminel, de ne pas l'entendre ? Pourquoi lui cacher à lui seul, avec tant de machines et d'artifices, ses crimes qu'il doit savoir mieux que personne, s'il est vrai qu'il les ait commis? Pourquoi fuir, pourquoi rejeter avec tant d'effroi la manière la plus sûre, la plus juste, la plus raisonnable et la plus naturelle, de s'assurer de lui sans lui infliger d'autre peine que celle d'un hypocrite qui se voit confondu? C'est la punition qui naît le mieux de la chose, qui s'accorde le mieux avec la grâce qu'on veut lui faire, avec les sûretés qu'on doit prendre pour l'avenir, et qui seule prévient deux grands scandales, savoir, celui de la publication des crimes, et celui de leur impunité. Vos messieurs allèguent néanmoins pour raison de leurs procédés frauduleux le soin d'éviter le scandale. Mais si le scandale consiste essentiellement dans la publicité, je ne vois point celui qu'on évite en cachant le crime au coupable qui ne peut l'ignorer, et en le divulguant parmi tout le reste des hommes qui n'en savoient rien. L'air de mystère et de réserve qu'on met à cette publication ne sert qu'à l'accélérer. Sans doute le public est toujours fidèle aux secrets qu'on lui confie : ils ne sortent jamais de son sein ; mais il est risible qu'en disant ce secret à l'oreille à tout le monde, et le cachant très-soigneusement au seul qui, s'il est coupable, le sait nécessairement avant tout autre, on veuille éviter par là le scandale, et faire de ce badin mystère un acte de bienfaisance et de générosité. Pour moi, avec une si tendre bienveillance pour le coupable, j'aurois choisi de le confondre sans le diffamer, plutôt que de le diffamer sans le confondre ; et il faut certainement, pour avoir pris le parti contraire, avoir eu d'autres raisons que vous ne m'avez pas dites, et que cette bienveillance ne comporte pas.

Supposons qu'au lieu d'aller creusant sous ses pas tous ces tortueux souterrains, au lieu des triples murs de ténèbres qu'on élève avec tant d'efforts autour de lui, au lieu de rendre le public et l'Europe entière complices et témoins du scandale qu'on feint de vouloir éviter, au lieu de lui laisser tranquillement continuer et consommer ses crimes, en se contentant de les voir et de les compter sans en empêcher aucun ; supposons, dis-je, qu'au lieu de tout ce tortillage on se fût ouvertement et directement adressé à lui-même et à lui seul ; qu'en lui présentant en face son accusateur armé de toutes ses preuves on lui eût dit : « Misérable, qui fais l'honnête homme et qui n'es « qu'un scélérat, te voilà démasqué, te voilà connu ; « voilà tes faits, en voilà les preuves, qu'as-tu à « répondre ? » Il eût nié, direz-vous. Et qu'importe ? Que font les négations contre les démonstrations ? Il fût resté convaincu et confondu. Alors on eût ajouté en montrant son dénonciateur : « Remercie cet homme généreux que sa conscience « a forcé de t'accuser, et que sa bonté porte à te « protéger. Par son intercession l'on veut bien te « laisser vivre et te laisser libre ; tu ne seras même « démasqué aux yeux du public qu'autant que ta « conduite rendra ce soin nécessaire pour prévenir « nir la continuation de tes forfaits. Songe que des « yeux perçants sont sans cesse ouverts sur toi, « que le glaive punisseur pend sur ta tête, et qu'à « ton premier crime tu ne lui peux échapper. » Y avoit-il, à votre avis, une conduite plus simple, plus sûre et plus droite, pour allier à son égard la justice, la prudence et la charité ? Pour moi, je trouve qu'en s'y prenant ainsi, l'on se fût assuré de lui par la crainte beaucoup mieux qu'on n'a fait par tout cet immense appareil de machines qui ne l'empêche pas d'aller toujours son train. On n'eût point eu besoin de le traîner si barbarement, ou, selon vous, si bénignement, dans le bourbier; on n'eût point habillé la justice et la vertu des honteuses livrées de la perfidie et du mensonge; ses délateurs et ses juges n'eussent point été réduits à se tenir sans cesse enfoncés devant lui dans leurs tanières, comme fuyant en coupables les regards de leur victime, et redoutant la lumière du jour : enfin l'on eût prévenu, avec le double scandale des crimes et de leur impunité, celui d'une maxime aussi funeste qu'insensée que vos messieurs semblent vouloir établir par son exemple, savoir, que, pourvu qu'on ait de l'esprit et qu'on fasse de beaux livres, on peut se livrer à toutes sortes de crimes impunément.

Voilà le seul vrai parti qu'on avoit à prendre, si l'on vouloit absolument ménager un pareil misérable. Mais pour moi, je vous déclare que je suis aussi loin d'approuver que de comprendre cette prétendue clémence de laisser libre, nonobstant le péril, je ne dis pas un monstre affreux tel qu'on nous le représente, mais un malfaiteur tel qu'il soit. Je ne trouve dans cette espèce de grâce ni raison, ni humanité, ni sûreté, et j'y trouve beaucoup moins cette douceur et cette bienveillance dont se vantent vos messieurs avec tant de bruit. Rendre un homme le jouet du public et de la canaille, le faire chasser successivement de tous les asiles les plus reculés, les plus solitaires, où il s'étoit de lui-même emprisonné et d'où certainement il n'étoit à portée de faire aucun mal; le faire lapider par la populace; le promener par dérision de lieu en lieu toujours chargé de nouveaux outrages; lui ôter même les ressources les plus indispensables de la société; lui voler sa subsistance pour lui faire l'aumône; le dépayser sur toute la face de la terre; faire de tout ce qu'il lui importe le plus de savoir autant pour lui de mystères impénétrables; le rendre tellement étranger, odieux, méprisable aux hommes, qu'au lieu des lumières, de l'assistance et des conseils, que chacun doit trouver au besoin parmi ses frères, il ne trouve partout qu'embûches, mensonges, trahisons, insultes; le livrer en un mot sans appui, sans protection, sans défense, à l'adroite animosité de ses ennemis : c'est le traiter beaucoup plus cruellement que si l'on se fût une bonne fois assuré de sa personne par une détention, dans laquelle, avec la sûreté de tout le monde, on lui eût fait trouver la sienne, ou du moins la tranquillité. Vous m'avez appris qu'il désira, qu'il demanda lui-même cette détention, et que, loin de la lui accorder, on lui fit de cette demande un nouveau crime et un nouveau ridicule. Je crois voir à la fois la raison de la demande et celle du refus. Ne pouvant trouver de refuge dans les plus solitaires retraites, chassé successivement du sein des montagnes et du milieu des lacs, forcé de fuir de lieu en lieu et d'errer sans cesse avec des peines et des dépenses excessives au milieu des dangers et des outrages; réduit, à l'entrée de l'hiver, à courir l'Europe pour y chercher un asile sans plus savoir où, et sûr d'avance de n'être laissé tranquille nulle part : il étoit naturel que, battu, fatigué de tant d'orages, il désirât de finir ses malheureux jours dans une paisible captivité, plutôt que de se voir dans sa vieillesse poursuivi, chassé, ballotté sans relâche de tous côtés, privé d'une pierre pour y reposer sa tête, et d'un asile où il pût respirer, jusqu'à ce qu'à force de courses et de dépenses, on l'eût réduit à périr de misère, ou à vivre, toujours errant, des dures aumônes de ses persécuteurs, ardents à en venir là pour le rassasier enfin d'ignominie à leur aise. Pourquoi n'a-t-on pas consenti à cet expédient si sûr, si court, si facile, qu'il proposoit lui-même, et qu'il demandoit comme une faveur? N'est-ce point qu'on ne vouloit pas le traiter avec tant de douceur, ni lui laisser jamais trouver cette tranquillité si désirée? N'est-ce point qu'on ne vouloit lui laisser aucun relâche, ni le mettre dans un état où l'on n'eût pu lui attribuer chaque jour de nouveaux crimes et de nouveaux livres, et où peut-être, à force de douceur et de patience, eût-il fait perdre aux gens chargés de sa garde les fausses idées qu'on vouloit donner de lui? N'est-ce point enfin que dans le projet si chéri, si suivi, si bien concerté, de l'envoyer en Angleterre, il entroit des vues dont son séjour dans ce pays-là, et les effets qu'il y a produits, semblent développer assez l'objet? Si l'on peut donner à ce refus d'autres motifs, qu'on me les dise, et je promets d'en montrer la fausseté.

Monsieur, tout ce que vous m'avez appris, tout ce que vous m'avez prouvé, est à mes yeux plein de choses inconcevables, contradictoires, absurdes, qui, pour être admises, demanderoient encore d'autres genres de preuves que celles qui suffisent pour les plus complètes démonstrations; et c'est précisément ces mêmes choses absurdes que vous dépouillez de l'épreuve la plus nécessaire et qui met le sceau à toutes les autres. Vous m'avez fabriqué tout à votre aise un être tel qu'il n'en exista jamais, un monstre hors de la nature, hors de la vraisemblance, hors de la possibilité, et formé de parties inalliables, incompatibles, qui s'excluent mutuellement. Vous avez donné pour principe à tous ses crimes le plus furieux, le plus intolérant, le plus extravagant amour-propre, qu'il n'a pas laissé de déguiser si bien depuis sa naissance jusqu'au déclin de ses ans qu'il n'en a paru nulle trace pendant tant d'années, et qu'encore aujourd'hui depuis ses malheurs il étouffe ou contient si bien qu'on n'en voit pas le moindre signe. Malgré tout cet indomptable orgueil, vous m'avez fait voir dans le même être un petit menteur, un petit fripon, un petit coureur de cabarets et de mauvais lieux, un vil et crapuleux débauché pourri de vérole, et qui passoit sa vie à aller escroquant dans les tavernes quelques écus à droite et à gauche aux manants qui les fréquentent. Vous avez prétendu que ce même personnage étoit le même homme qui, pendant quarante ans, a vécu estimé, bien voulu de tout le monde, l'auteur des seuls écrits dans ce siècle qui portent dans l'ame des lecteurs la persuasion qui les a dictés, et dont on sent en les lisant que l'amour de la vertu et le zèle de la vérité font l'inimitable éloquence. Vous dites que ces livres qui m'émeuvent ainsi le cœur sont les jeux d'un scélérat qui ne sentoit rien de ce qu'il disoit avec tant d'ardeur et de véhémence, et qui cachoit sous un air de probité le venin dont il vouloit infecter ses lecteurs. Vous me forcez même de croire que ces écrits à la fois si fiers, si touchants, si modestes, ont été composés parmi les pots et les pintes, et chez les filles de joie où l'auteur passoit sa vie; et vous me transformez enfin cet orgueil irascible et diabolique en l'abjection d'un cœur insensible et vil qui se rassasie sans peine de l'ignominie dont l'abreuve à plaisir la charité du public.

Vous m'avez figuré vos messieurs qui disposent à leur gré de sa réputation, de sa personne, et de toute sa destinée, comme des modèles de vertu, des prodiges de générosité, des anges pour lui de douceur et de bienfaisance, et vous m'avez appris en même temps que l'objet de tous leurs tendres soins avoit été de le rendre l'horreur de l'univers, le plus déprisé des êtres, de le traîner d'opprobre en opprobre, et de misère en misère, et de lui faire sentir à loisir dans les calamités de la plus malheureuse vie tous les déchirements que peut éprouver une ame fière en se voyant le jouet et le rebut du genre humain. Vous m'avez appris que par pitié, par grâce, tous ces hommes vertueux avoient bien voulu lui ôter tout moyen d'être instruit des raisons de tant d'outrages, s'abaisser en sa faveur au rôle de cajoleurs et de traîtres, faire adroitement le plongeon à chaque éclaircissement qu'il cherchoit, l'environner de souterrains et de piéges tellement tendus que chacun de ses pas fût nécessairement une chute, enfin le circonvenir avec tant d'adresse qu'en butte aux insultes de tout le monde il ne pût jamais savoir la raison de rien, apprendre un seul mot de vérité, repousser aucun outrage, obtenir aucune explication, trouver, saisir aucun agresseur, et qu'à chaque instant, atteint des plus cruelles morsures, il sentît dans ceux qui l'entourent la flexibilité des serpents aussi bien que leur venin.

Vous avez fondé le système qu'on suit à son égard sur des devoirs dont je n'ai nulle idée, sur des vertus qui me font horreur, sur des principes qui renversent dans mon esprit tous ceux de la justice et de la morale. Figurez-vous des gens qui commencent par se mettre chacun un bon masque bien attaché, qui s'arment de fer jusqu'aux dents, qui surprennent ensuite leur ennemi, le saisissent par derrière, le mettent nu, lui lient le corps, les bras, les mains, les pieds, la tête, de façon qu'il ne puisse remuer, lui mettent un bâillon dans la bouche, lui crèvent les yeux, l'étendent à terre, et passent enfin leur noble vie à le massacrer doucement de peur que, mourant de ses blessures, il ne cesse trop tôt de les sentir. Voilà les gens que vous voulez que j'admire. Rappelez, monsieur, votre équité, votre droiture, et sentez en votre conscience quelle sorte d'admiration je puis avoir pour eux. Vous m'avez prouvé, j'en conviens, autant que cela se pouvoit par la méthode que vous avez suivie, que l'homme ainsi terrassé est un monstre abominable; mais, quand cela seroit aussi vrai que difficile à croire, l'auteur et les directeurs du projet qui s'exécute à son égard seroient à mes yeux, je le déclare, encore plus abominables que lui.

Certainement vos preuves sont d'une grande force ; mais il est faux que cette force aille pour moi jusqu'à l'évidence, puisqu'en fait de délits et de crimes, cette évidence dépend essentiellement d'une épreuve qu'on écarte ici avec trop de soin pour qu'il n'y ait pas à cette omission quelque puissant motif qu'on nous cache et qu'il importeroit de savoir. J'avoue pourtant, et je ne puis trop le répéter, que ces preuves m'étonnent, et m'ébranleroient peut-être encore, si je ne leur trouvois d'autres défauts non moins dirimants selon moi.

Le premier est dans leur force même et dans leur grand nombre de la part dont elles viennent. Tout cela me paroîtroit fort bien dans des procédures juridiques faites par le ministère public : mais pour que des particuliers, et qui pis est, des amis, aient pris tant de peine, aient fait tant de dépenses, aient mis tant de temps à faire tant d'informations, à rassembler tant de preuves, à leur donner tant de force, sans y être obligés par aucun devoir, il faut qu'ils aient été animés pour cela par quelque passion bien vive qui, tant qu'ils s'obstineront à la cacher, me rendra suspect tout ce qu'elle aura produit.

Un autre défaut que je trouve à ces invincibles preuves, c'est qu'elles prouvent trop, c'est qu'elles prouvent des choses qui naturellement ne sauroient exister. Autant vaudroit me prouver des miracles, et vous savez que je n'y crois pas. Il y a dans tout cela des multitudes d'absurdités auxquelles avec toutes leurs preuves il ne dépend pas de mon esprit d'acquiescer. Les explications qu'on leur donne, et que tout le monde, à ce que vous m'assurez, trouve si claires, ne sont à mes yeux guère moins absurdes, et ont le ridicule de plus. Vos messieurs semblent avoir chargé Jean-Jacques de crimes, comme vos théologiens ont chargé leurs doctrines d'articles de foi : l'avantage de persuader en affirmant, la facilité de faire tout croire, les ont séduits. Aveuglés par leur passion, ils ont entassé faits sur faits, crimes sur crimes, sans précaution, sans mesure. Et quand enfin ils ont aperçu l'incompatibilité de tout cela, ils n'ont plus été à temps d'y remédier, le grand soin qu'ils avoient pris de tout prouver également les forçant de tout admettre sous peine de tout rejeter. Il a donc fallu chercher mille subtilités pour tâcher d'accorder tant de contradictions; et tout ce travail a produit, sous le nom de Jean-Jacques, l'être le plus chimérique et le plus extravagant que le délire de la fièvre puisse faire imaginer.

Un troisième défaut de ces invincibles preuves est dans la manière de les administrer avec tant de mystère et de précautions. Pourquoi tout cela? La vérité ne cherche pas ainsi les ténèbres et ne marche pas si timidement. C'est une maxime en jurisprudence [1] qu'on présume le dol dans celui qui suit, au lieu de la droite route, des voies obliques et clandestines. C'en est une autre [2] que celui qui décline un jugement régulier et cache ses preuves est présumé soutenir une mauvaise cause.

[1] « Dolus præsumitur in eo qui rectâ viâ non incedit, sed per « anfractus et diverticula. » Menoch., *in Præsump.*

[2] « Judicium subterfugiens et probationes occultans malam « causam fovere præsumitur. » *Ibid.*

Ces deux maximes conviennent si bien au système de vos messieurs qu'on les croiroit faites exprès pour lui, si je ne citois pas mon auteur. Si ce qu'on prouve d'un accusé en son absence n'est jamais régulièrement prouvé, ce qu'on en prouve en se cachant si soigneusement de lui prouve plus contre l'accusateur que contre l'accusé, et, par cela seul, l'accusation revêtue de toutes ses preuves clandestines doit être présumée une imposture.

Enfin le grand vice de tout ce système est que, fondé sur le mensonge ou sur la vérité, le succès n'en seroit pas moins assuré d'une façon que de l'autre. Supposez, au lieu de votre Jean-Jacques, un véritablement honnête homme, isolé, trompé, trahi, seul sur la terre, entouré d'ennemis puissants, rusés, masqués, implacables, qui, sans obstacles de la part de personne, dressent à loisir leurs machines autour de lui; et vous verrez que tout ce qui lui arrive, méchant et coupable, ne lui arriveroit pas moins, innocent et vertueux. Tant par le fond que par la forme des preuves, tout cela ne prouve donc rien, précisément parce qu'il prouve trop.

Monsieur, quand les géomètres, marchant de démonstration en démonstration, parviennent à quelque absurdité, au lieu de l'admettre, quoique démontrée, ils reviennent sur leurs pas, et sûrs qu'il s'est glissé dans leurs principes ou dans leurs raisonnements quelque paralogisme qu'ils n'ont pas aperçu, ils ne s'arrêtent pas qu'ils ne le trouvent ; et, s'ils ne peuvent le découvrir, laissant là leur démonstration prétendue, ils prennent une autre route pour trouver la vérité qu'ils cherchent, sûrs qu'elle n'admet point d'absurdités.

LE FRANÇOIS.

N'apercevez-vous point que, pour éviter de prétendues absurdités, vous tombez dans une autre, sinon plus forte, au moins plus choquante ? Vous justifiez un seul homme dont la condamnation vous déplaît, aux dépens de toute une nation, que dis-je ! de toute une génération dont vous faites une génération de fourbes : car enfin tout est d'accord ; tout le public, tout le monde sans exception a donné son assentiment au plan qui vous paroît si répréhensible ; tout se prête avec zèle à son exécution : personne ne l'a désapprouvé, personne n'a commis la moindre indiscrétion qui pût le faire échouer, personne n'a donné le moindre indice, la moindre lumière à l'accusé qui pût le mettre en état de se défendre ; il n'a pu tirer d'aucune bouche un seul mot d'éclaircissement sur les charges atroces dont on l'accable à l'envi ; tout s'empresse à renforcer les ténèbres dont on l'environne, et l'on ne sait à quoi chacun se livre avec plus d'ardeur, de le diffamer absent, ou de le persifler présent. Il faudroit donc conclure de vos raisonnements qu'il ne se trouve pas dans toute la génération présente un seul honnête homme, pas un seul ami de la vérité. Admettez-vous cette conséquence?

ROUSSEAU.

A Dieu ne plaise! Si j'étois tenté de l'admettre, ce ne seroit pas auprès de vous, dont je connois la droiture invariable et la sincère équité. Mais je connois aussi ce que peuvent sur les meilleurs cœurs les préjugés et les passions, et combien leurs illusions sont quelquefois inévitables. Votre objection me paroît solide et forte. Elle s'est présentée à mon esprit long-temps avant que vous me la fissiez; elle me paroît plus facile à rétorquer qu'à résoudre, et vous doit embarrasser du moins autant que moi : car enfin, si le public n'est pas tout composé de méchants et de fourbes, tous d'accord pour trahir un seul homme, il est encore moins composé sans exception d'hommes bienfaisants, généreux, francs de jalousie, d'envie, de haine, de malignité. Ces vices sont-ils donc tellement éteints sur la terre qu'il n'en reste pas le moindre germe dans le cœur d'aucun individu? C'est pourtant ce qu'il faudroit admettre, si ce système de secret et de ténèbres, qu'on suit si fidèlement envers Jean-Jacques, n'étoit qu'une œuvre de bienfaisance et de charité. Laissons à part vos messieurs, qui sont des ames divines, et dont vous admirez la tendre bienveillance pour lui. Il a dans tous les états, vous me l'avez dit vous-même, un grand nombre d'ennemis très-ardents qui ne cherchent assurément pas à lui rendre la vie agréable et douce. Concevez-vous que, dans cette multitude de gens, tous d'accord pour épargner de l'inquiétude à un scélérat qu'ils abhorrent et la honte à un hypocrite qu'ils détestent, il ne s'en trouve pas un seul qui, pour jouir au moins de sa confusion, soit tenté de lui dire tout ce qu'on sait de lui ? Tout s'accorde avec une patience plus qu'angélique à l'entendre provoquer au milieu de Paris ses persécuteurs, donner des noms assez durs à ceux qui l'obsèdent, leur dire insolemment : *Parlez haut, traîtres que vous êtes ; me voilà. Qu'avez-vous à dire ?* A ces stimulantes apostrophes, la plus incroyable patience n'abandonne pas un instant un seul homme dans toute cette multitude. Tous, insensibles à ses reproches, les endurent uniquement pour son bien ; et, de peur de lui faire la moindre peine, ils se laissent traiter par lui avec un mépris que leur silence autorise de plus en plus. Qu'une douceur si grande, qu'une si sublime vertu, anime généralement tous ses ennemis, sans qu'un seul démente un moment cette universelle mansuétude, convenez que dans une génération qui naturellement n'est pas trop aimante ce concours de patience et de générosité est du moins aussi étonnant que celui de malignité dont vous rejetez la supposition.

La solution de ces difficultés doit se chercher, selon moi, dans quelque intermédiaire qui ne suppose, dans toute une génération, ni des vertus angéliques ni la noirceur des démons, mais quelque disposition naturelle au cœur humain, qui produit un effet uniforme par des moyens adroitement disposés à cette fin. Mais en attendant que mes propres observations me fournissent là-dessus quelque explication raisonnable, permettez-moi de vous faire une question qui s'y rapporte. Supposant un moment qu'après d'attentives et impartiales recherches Jean-Jacques, au lieu d'être l'ame infernale et le monstre que vous voyez en lui, se trouvât au contraire un homme simple, sensible et bon ; que son innocence universellement reconnue par ceux mêmes qui l'ont traité avec tant d'indignité vous forçât de lui rendre votre estime, et de vous reprocher les durs jugements que vous avez portés de lui; rentrez au fond de votre ame, et dites-moi comment vous seriez affecté de ce changement.

LE FRANÇOIS.

Cruellement, soyez-en sûr. Je sens qu'en l'estimant et lui rendant justice je le haïrois alors plus peut-être encore pour mes torts, que je ne le hais maintenant pour ses crimes : je ne lui pardonnerois jamais mon injustice envers lui. Je me reproche cette disposition, j'en rougis ; mais je la sens dans mon cœur malgré moi.

ROUSSEAU.

Homme véridique et franc, je n'en veux pas davantage, et je prends acte de cet aveu pour vous le rappeler en temps et lieu ; il me suffit pour le moment de vous y laisser réfléchir. Au reste, consolez-vous de cette disposition qui n'est qu'un développement des plus naturels de l'amour-propre. Elle vous est commune avec tous les juges de Jean-Jacques, avec cette différence que vous serez le seul peut-être qui ait le courage et la franchise de l'avouer.

Quant à moi, pour lever tant de difficultés et déterminer mon propre jugement, j'ai besoin d'éclaircissements et d'observations faites par moi-même. Alors seulement je pourrai vous proposer ma pensée avec confiance. Il faut, avant tout, commencer par voir Jean-Jacques, et c'est à quoi je suis tout déterminé.

LE FRANÇOIS.

Ah! ah! vous voilà donc enfin revenu à ma proposition que vous avez si dédaigneusement rejetée? Vous voilà donc disposé à vous rapprocher de cet homme entre lequel et vous le diamètre de la terre étoit encore une distance trop courte à votre gré?

ROUSSEAU.

M'en rapprocher! Non, jamais du scélérat que vous m'avez peint, mais bien de l'homme défiguré que j'imagine à sa place. Que j'aille chercher un scélérat détestable, pour le hanter, l'épier et le tromper, c'est une indignité qui jamais n'approchera de mon cœur; mais que, dans le doute si ce prétendu scélérat n'est point peut-être un honnête homme infortuné, victime du plus noir complot, j'aille examiner par moi-même ce qu'il faut que j'en pense, c'est un des plus beaux devoirs que se puisse imposer un cœur juste; et je me livre à cette noble recherche avec autant d'estime et de contentement de moi-même que j'aurois de regret et de honte à m'y livrer avec un motif opposé.

LE FRANÇOIS.

Fort bien; mais avec le doute qu'il vous plaît de conserver au milieu de tant de preuves, comment vous y prendrez-vous pour apprivoiser cet ours presque inabordable? Il faudra bien que vous commenciez par ces cajoleries que vous avez en si grande aversion. Encore sera-ce un bonheur si elles vous réussissent mieux qu'à beaucoup de gens qui les lui prodiguent sans mesure et sans scrupule, et à qui elles n'attirent de sa part que des brusqueries et des mépris.

ROUSSEAU.

Est-ce à tort? Parlons franchement. Si cet homme étoit facile à prendre de cette manière, il seroit par cela seul à demi jugé. Après tout ce que vous m'avez appris du système qu'on suit avec lui, je suis peu surpris qu'il repousse avec dédain la plupart de ceux qui l'abordent, et qui pour cela l'accusent bien à tort d'être défiant; car la défiance suppose du doute, et il n'en sauroit avoir à leur égard: et que peut-il penser de ces patelins flagorneurs dont, vu l'œil dont il est regardé dans le monde, et qui ne peut échapper au sien, il doit pénétrer aisément les motifs dans l'empressement qu'ils lui marquent? Il doit voir clairement que leur dessein n'est ni de se lier avec lui de bonne foi, ni même de l'étudier et de le connoître, mais seulement de le circonvenir. Pour moi qui n'ai ni besoin ni dessein de le tromper, je ne veux point prendre les allures cauteleuses de ceux qui l'approchent dans cette intention. Je ne lui cacherai point la mienne : s'il en étoit alarmé, ma recherche seroit finie, et je n'aurois plus rien à faire auprès de lui.

LE FRANÇOIS.

Il vous sera moins aisé, peut-être, que vous ne pensez de vous faire distinguer de ceux qui l'abordent à mauvaise intention. Vous n'avez point la ressource de lui parler à cœur ouvert, et de lui déclarer vos vrais motifs. Si vous me gardez la foi que vous m'avez donnée, il doit ignorer à jamais ce que vous savez de ses œuvres criminelles et de son caractère atroce. C'est un secret inviolable, qui, près de lui, doit rester à jamais caché dans votre cœur. Il apercevra votre réserve, il l'imitera, et, par cela seul, se tenant en garde contre vous, il ne se laissera voir que comme il veut qu'on le voie, et non comme il est en effet.

ROUSSEAU.

Et pourquoi voulez-vous me supposer seul

aveugle parmi tous ceux qui l'abordent journellement, et qui, sans lui inspirer plus de confiance, l'ont vu tous, et si clairement à ce qu'ils vous disent, exactement tel que vous me l'avez peint? S'il est si facile à connoître et à pénétrer quand on y regarde, malgré sa défiance et son hypocrisie, malgré ses efforts pour se cacher, pourquoi, plein du désir de l'apprécier, serai-je le seul à n'y pouvoir parvenir, surtout avec une disposition si favorable à la vérité, et n'ayant d'autre intérêt que de la connoître? Est-il étonnant que, l'ayant si décidément jugé d'avance, et n'apportant aucun doute à cet examen, ils l'aient vu tel qu'ils le vouloient voir? Mes doutes ne me rendront pas moins attentif, et me rendront plus circonspect. Je ne cherche point à le voir tel que je me le figure, je cherche à le voir tel qu'il est.

LE FRANÇOIS.

Bon! n'avez-vous pas aussi vos idées? Vous le désirez innocent, j'en suis très-sûr. Vous ferez comme eux dans le sens contraire : vous verrez en lui ce que vous y cherchez.

ROUSSEAU.

Le cas est fort différent. Oui, je le désire innocent, et de tout mon cœur; sans doute je serois heureux de trouver en lui ce que j'y cherche : mais ce seroit pour moi le plus grand des malheurs d'y trouver ce qui n'y seroit pas, de le croire honnête homme et de me tromper. Vos messieurs ne sont pas dans des dispositions si favorables à la vérité. Je vois que leur projet est une ancienne et grande entreprise qu'ils ne veulent pas abandonner, et qu'ils n'abandonneroient pas impunément. L'ignominie dont ils l'ont couvert rejailliroit sur eux tout entière, et ils ne seroient pas même à l'abri de la vindicte publique. Ainsi, soit pour la sûreté de leurs personnes, soit pour le repos de leurs consciences, il leur importe trop de ne voir en lui qu'un scélérat, pour qu'eux et les leurs y voient jamais autre chose.

LE FRANÇOIS.

Mais enfin, pouvez-vous concevoir, imaginer quelque solide réponse aux preuves dont vous avez été si frappé? Tout ce que vous verrez ou croirez voir pourra-t-il jamais les détruire? Supposons que vous trouviez un honnête homme où la raison, le bon sens, et tout le monde, vous montrent un scélérat; que s'ensuivra-t-il? Que vos yeux vous trompent; ou que le genre humain tout entier, excepté vous seul, est dépourvu de sens. Laquelle de ces deux suppositions vous paroît la plus naturelle, et à laquelle enfin vous en tiendrez-vous?

ROUSSEAU.

A aucune des deux; et cette alternative ne me paroît pas si nécessaire qu'à vous. Il est une autre explication plus naturelle qui lève bien des difficultés; c'est de supposer une ligue dont l'objet est la diffamation de Jean-Jacques, qu'elle a pris soin d'isoler pour cet effet. Et que dis-je, supposer? par quelque motif que cette ligue se soit formée, elle existe. Sur votre propre rapport, elle sembleroit universelle. Elle est du moins grande, puissante, nombreuse; elle agit de concert et dans le plus profond secret pour tout ce qui n'y entre pas, et surtout pour l'infortuné qui en est l'objet. Pour s'en défendre il n'a ni secours, ni ami, ni appui, ni conseil, ni lumières; tout n'est autour de lui que piéges, mensonges, trahisons, ténèbres. Il est absolument seul, et n'a que lui seul pour ressource; il ne doit attendre ni aide ni assistance de qui que ce soit sur la terre. Une position si singulière est unique depuis l'existence du genre humain. Pour juger sainement de celui qui s'y trouve et de tout ce qui se rapporte à lui, les formes ordinaires sur lesquelles s'établissent les jugements humains ne peuvent plus suffire. Il me faudroit, quand même l'accusé pourroit parler et se défendre, des sûretés extraordinaires pour croire qu'en lui rendant cette liberté on lui donne en même temps les connoissances, les instruments, et les moyens nécessaires pour pouvoir se justifier s'il est innocent. Car enfin, si, quoique faussement accusé, il ignore toutes les trames dont il est enlacé, tous les piéges dont on l'entoure; si les seuls défenseurs qu'il pourra trouver, et qui feindront pour lui du zèle, sont choisis pour le trahir; si les témoins qui pourroient déposer pour lui se taisent, si ceux qui parlent sont gagnés pour le charger, si l'on fabrique de fausses pièces pour le noircir, si l'on cache ou détruit celles qui le justifient, il aura beau dire *non* contre cent faux témoignages à qui l'on fera dire *oui*, sa négation sera sans effet contre tant d'affirmations unanimes ; il n'en sera pas moins convaincu, aux yeux des hommes, de délits qu'il n'aura pas commis. Dans l'ordre ordinaire des choses, cette objection n'a point la même force, parce qu'on laisse à l'accusé tous les moyens possibles de se défendre, de confondre des faux témoins, de manifester l'imposture ; et qu'on ne présume pas cette odieuse ligue de plusieurs hommes pour en perdre un. Mais ici cette ligue existe, rien n'est plus constant, vous me l'avez appris vous-même ; et par cela seul, non seulement tous les avantages qu'ont les accusés pour leur défense sont ôtés à celui-ci, mais les accusateurs, en les lui ôtant, peuvent les tourner tous contre lui-même ; il est pleinement à leur discrétion ; maîtres absolus d'établir les faits comme il leur plaît, sans avoir aucune contradiction à craindre, ils sont seuls juges de la validité de leurs propres pièces ; leurs témoins, certains de n'être ni confrontés, ni confondus, ni punis, ne craignent rien de leurs mensonges : il sont sûrs, en le chargeant, de la protection des grands, de l'appui des médecins, de l'approbation des gens de lettres, et de la faveur publique ; ils sont sûrs, en le défendant, d'être perdus. Voilà, monsieur, pourquoi tous les témoignages portés contre lui sous les chefs de la ligue, c'est-à-dire depuis qu'elle s'est formée, n'ont aucune autorité pour moi ; et, s'il en est d'antérieurs, de quoi je doute, je ne les admettrai qu'après avoir bien examiné s'il n'y a ni fraude, ni antidate, et surtout après avoir entendu les réponses de l'accusé.

Par exemple, pour juger de sa conduite à Venise, je n'irai pas consulter sottement ce qu'on en dit, et, si vous voulez, ce qu'on en prouve aujourd'hui, et puis m'en tenir là ; mais bien ce qui a été prouvé et reconnu à Venise, à la cour, chez les ministres du roi, et parmi tous ceux qui ont eu connoissance de cette affaire avant le ministère du duc de Choiseul, avant l'ambassade de l'abbé de Bernis à Venise, et avant le voyage du consul Le Blond à Paris. Plus ce qu'on en a pensé depuis est différent de ce qu'on en pensoit alors, et mieux je chercherai les causes d'un changement si tardif et si extraordinaire. De même, pour me décider sur ses pillages en musique, ce ne sera ni à M. d'Alembert, ni à ses suppôts, ni à tous vos messieurs, que je m'adresserai ; mais je ferai chercher sur les lieux, par des personnes non suspectes, c'est-à-dire qui ne soient pas de leur connoissance, s'il y a des preuves authentiques que ces ouvrages ont existé avant que Jean-Jacques les ait donnés pour être de lui.

Voilà la marche que le bon sens m'oblige de suivre pour vérifier les délits, les pillages, et les imputations de toute espèce dont on n'a cessé de le charger depuis la formation du complot, et dont je n'aperçois pas auparavant le moindre vestige. Tant que cette vérification ne me sera pas possible, rien ne sera si aisé que de me fournir tant de preuves qu'on voudra, auxquelles je n'aurai rien à répondre, mais qui n'opéreront sur mon esprit aucune persuasion.

Pour savoir exactement quelle foi je puis donner à votre prétendue évidence, il faudroit que je connusse bien tout ce qu'une génération entière, liguée contre un seul homme totalement isolé, peut faire pour se prouver à elle-même de cet homme-là tout ce qui lui plaît, et, par surcroît de précaution, en se cachant de lui très-soigneusement. A force de temps, d'intrigue et d'argent, de quoi la puissance et la ruse ne viennent-elles point à bout, quand personne ne s'oppose à leurs manœuvres, quand rien n'arrête et ne contremine leurs sourdes opérations! A quel point ne pourroit-on point tromper le public, si tous ceux qui le dirigent, soit par la force, soit par l'autorité, soit par l'opinion, s'accordoient pour l'abuser par de sourdes menées dont il seroit hors d'état de pénétrer le secret! Qui est-ce qui a déterminé jusqu'où des conjurés puissants, nombreux et bien unis, comme ils le sont toujours pour le crime, peuvent fasciner les yeux, quand des gens qu'on ne croit pas se connoître se concerteront bien entre eux ; quand, aux deux bouts de l'Europe, des imposteurs d'intelligence, et dirigés par quelque adroit et puissant intrigant, se conduiront sur le même plan, tiendront le même langage, présenteront sous le même aspect un homme à qui l'on a ôté la voix, les yeux, les mains, et qu'on livre pieds et poings liés à la merci de ses ennemis ? Que vos messieurs, au lieu d'être tels, soient ses amis comme ils le crient à tout le monde ; qu'étouffant leur protégé dans la fange, ils n'agissent ainsi que par bonté, par générosité, par compassion pour lui, soit : je n'entends point leur disputer ici ces nouvelles vertus ; mais il résulte toujours de vos propres récits qu'il y a une ligue, et de mon raisonnement que, sitôt qu'une ligue existe, on ne doit pas, pour juger des preuves qu'elle apporte, s'en tenir aux règles ordinaires, mais en établir de plus rigoureuses pour s'assurer que cette ligue n'abuse pas de l'avantage immense de se concerter, et par-là d'en imposer, comme elle peut certainement le faire. Ici je vois, au contraire, que tout se passe entre gens qui se prouvent entre eux, sans résistance et sans contradiction, ce qu'ils sont bien aise de croire ; que, donnant ensuite leur unanimité pour nouvelle preuve à ceux qu'ils désirent amener à leur sentiment, loin d'admettre au moins l'épreuve indispensable des réponses de l'accusé, on lui dérobe avec le plus grand soin la connoissance de l'accusation, de l'accusateur, des preuves, et même de la ligue. C'est faire cent fois pis qu'à l'inquisition : car si l'on y force le prévenu de s'accuser lui-même, du moins on ne refuse pas de l'entendre, on ne l'empêche pas de parler, on ne lui cache pas qu'il est accusé, et on ne le juge qu'après l'avoir entendu. L'inquisition veut bien que l'accusé se défende s'il peut, mais ici on ne veut pas qu'il le puisse.

Cette explication, qui dérive des faits que vous m'avez exposés vous-même, doit vous faire sentir comment le public, sans être dépourvu de son bon sens, mais séduit par mille prestiges, peut tomber dans une erreur involontaire et presque excusable à l'égard d'un homme auquel il prend dans le fond très-peu d'intérêt, dont la singularité révolte son amour-propre, et qu'il désire généralement de trouver coupable plutôt qu'innocent ; et comment aussi, avec un intérêt plus sincère à ce même homme, et plus de soin à l'étudier soi-même, on pourroit le voir autrement que ne fait tout le monde, sans être obligé d'en conclure que le public est dans le délire, ou qu'on est trompé par ses propres yeux. Quand le pauvre Lazarille de Tormes, attaché dans le fond d'une cuve, la tête seule hors de l'eau, couronné de roseaux et d'algue, étoit promené de ville en ville comme un monstre marin, les spectateurs extravaguoient-ils de le prendre pour tel, ignorant qu'on l'empêchoit de parler, et que, s'il vouloit crier qu'il n'étoit par un monstre marin, une corde tirée en cachette le forçoit de faire à l'instant le plongeon? Supposons qu'un d'entre eux plus attentif, apercevant cette manœuvre, et par-là devinant le reste, leur eût crié, *l'on vous trompe, ce prétendu monstre est un homme,* n'y eût-il pas eu plus que de l'humeur à s'offenser de cette exclamation, comme d'un reproche qu'ils étoient tous des insensés? Le public, qui ne voit des choses que l'apparence, trompé par elle, est excusable; mais ceux qui se disent plus sages que lui en adoptant son erreur ne le sont pas.

Quoi qu'il en soit des raisons que je vous expose, je me sens digne, même indépendamment d'elles, de douter de ce qui n'a paru douteux à personne. J'ai dans le cœur des témoignages, plus forts que toutes vos preuves, que l'homme que vous m'avez peint n'existe point, ou n'est pas du moins où vous le voyez. La seule patrie de Jean-Jacques, qui est la mienne, suffiroit pour m'assurer qu'il n'est point cet homme-là. Jamais elle n'a produit des êtres de cette espèce ; ce n'est ni chez les protestants ni dans les républiques qu'ils sont connus. Les crimes dont il est accusé sont des crimes d'esclaves, qui n'approchèrent jamais des ames libres; dans nos contrées on n'en connoît point de pareils ; et il me faudroit plus de preuves encore que celles que vous m'avez fournies pour me persuader seulement que Genève a pu produire un empoisonneur.

Après vous avoir dit pourquoi vos preuves, tout évidentes qu'elles vous paroissent, ne sauroient être convaincantes pour moi, qui n'ai ni ne puis avoir les instructions nécessaires pour juger à quel point ces preuves peuvent être illusoires et m'en imposer par une fausse apparence de vérité, je vous avoue pourtant derechef que, sans me convaincre, elles m'inquiètent, m'ébranlent, et que j'ai quelquefois peine à leur résister. Je désirerois sans doute, et de tout mon cœur, qu'elles fussent fausses, et que l'homme dont elles me font un monstre n'en fût pas un : mais je désire beaucoup davantage encore de ne pas m'égarer dans cette recherche et de ne pas me laisser séduire par mon penchant. Que puis-je faire dans une pareille situation[1] pour parvenir, s'il est possible, à démêler la vérité ? C'est de rejeter dans cette affaire toute autorité humaine, toute preuve qui dépend du témoignage d'autrui, et de me déterminer uniquement sur ce que je puis voir de mes yeux et

---

[1] Pour excuser le public autant qu'il se peut, je suppose partout son erreur presque invincible ; mais moi, qui sais dans ma conscience qu'aucun crime jamais n'approcha de mon cœur, je suis sûr que tout homme vraiment attentif, vraiment juste, découvriroit l'imposture à travers tout l'art d'un complot, parce qu'enfin je ne crois pas possible que jamais le mensonge usurpe et s'approprie tous les caractères de la vérité.

connoître par moi-même. Si Jean-Jacques est tel que l'ont peint vos messieurs, et s'il a été si aisément reconnu tel par tous ceux qui l'ont approché, je ne serai pas plus malheureux qu'eux; car je ne porterai pas à cet examen moins d'attention, de zèle et de bonne foi; et un être aussi méchant, aussi difforme, aussi dépravé, doit en effet être très-facile à pénétrer pour peu qu'on y regarde. Je m'en tiens donc à la résolution de l'examiner par moi-même et de le juger en tout ce que je verrai de lui, non par les secrets désirs de mon cœur, encore moins par les interprétations d'autrui, mais par la mesure de bon sens et de jugement que je puis avoir reçue, sans me rapporter sur ce point à l'autorité de personne. Je pourrai me tromper sans doute, parce que je suis homme; mais après avoir fait tous mes efforts pour éviter ce malheur, je me rendrai, si néanmoins il m'arrive, le consolant témoignage que mes passions ni ma volonté ne sont point complices de mon erreur, et qu'il n'a pas dépendu de moi de m'en garantir. Voilà ma résolution. Donnez-moi maintenant les moyens de l'accomplir et d'arriver à notre homme, car, à ce que vous m'avez fait entendre, son accès n'est pas aisé.

LE FRANÇOIS.

Surtout pour vous, qui dédaignez les seuls qui pourroient vous l'ouvrir. Ces moyens sont, je le répète, de s'insinuer à force d'adresse, de patelinage, d'opiniâtre importunité, de le cajoler sans cesse, de lui parler avec transport de ses talents, de ses livres, et même de ses vertus ; car ici le mensonge et la fausseté sont des œuvres pies. Le mot d'*admiration* surtout, d'un effet admirable auprès de lui, exprime assez bien dans un autre sens l'idée des sentiments qu'un pareil monstre inspire, et ces doubles ententes jésuitiques, si recherchées de nos messieurs, leur rendent l'usage de ce mot très-familier avec Jean-Jacques, et très-commode en lui parlant[1]. Si tout cela ne réussit pas, on ne se rebute point de son froid accueil, on compte pour rien ses rebuffades ; passant tout de suite à l'autre extrémité, on le tance, on le gourmande, et, prenant le ton le plus arrogant qu'il est possible, on tâche de le subjuguer de haute lutte. S'il vous fait des grossièretés, on les endure comme venant d'un misérable dont on s'embarrasse fort peu d'être méprisé. S'il vous chasse de chez lui, on y revient ; s'il vous ferme la porte, on y reste jusqu'à ce qu'elle se rouvre ; on tâche de s'y fourrer. Une fois entré dans son

[1] En m'écrivant, c'est la même franchise. « J'ai l'honneur « d'être, avec tous les sentiments qui vous sont dus, avec les sen- « timents les plus distingués, avec une considération très-parti- « culière, avec autant d'estime que de respect, etc. » Ces messieurs sont-ils donc avec ces tournures amphibologiques moins menteurs que ceux qui mentent tout rondement? Non. Ils sont seulement plus faux et plus doubles, ils mentent seulement plus traîtreusement.

repaire on s'y établit, on s'y maintient bon gré malgré. S'il osoit vous en chasser de force, tant mieux : on feroit beau bruit, et l'on iroit crier par toute la terre qu'il assassine les gens qui lui font l'honneur de l'aller voir. Il n'y a point, à ce qu'on m'assure, d'autre voix pour s'insinuer auprès de lui. Êtes-vous homme à prendre celle-là ?

ROUSSEAU.

Mais, vous-même, pourquoi ne l'avez-vous jamais voulu prendre ?

LE FRANÇOIS.

Oh ! moi, je n'avois pas besoin de le voir pour le connoître. Je le connois par ses œuvres ; c'en est assez et même trop.

ROUSSEAU.

Que pensez-vous de ceux qui, tout aussi décidés que vous sur son compte, ne laissent pas de le fréquenter, de l'obséder, et de vouloir s'introduire à toute force dans sa plus intime familiarité ?

LE FRANÇOIS.

Je vois que vous n'êtes par content de la réponse que j'ai déjà faite à cette question.

ROUSSEAU.

Ni vous non plus, je le vois aussi. J'ai donc mes raisons pour y revenir. Presque tout ce que vous m'avez dit dans cet entretien me prouve que vous n'y parliez pas de vous-même. Après avoir appris de vous les sentiments d'autrui, n'apprendrai-je jamais les vôtres ? Je le vois, vous feignez d'établir des maximes que vous seriez au désespoir d'adopter. Parlez-moi donc enfin plus franchement.

LE FRANÇOIS.

Écoutez : je n'aime pas Jean-Jacques, mais je hais encore plus l'injustice, encore plus la trahison. Vous m'avez dit des choses qui me frappent, et auxquelles je veux réfléchir. Vous refusiez de voir cet infortuné ; vous vous y déterminez maintenant. J'ai refusé de lire ses livres ; je me ravise ainsi que vous, et pour cause. Voyez l'homme, je lirai les livres ; après quoi nous nous reverrons.

FIN DU PREMIER DIALOGUE.

ROUSSEAU
JUGE
DE JEAN-JACQUES.

SECOND DIALOGUE.

Du naturel de Jean-Jacques, et de ses habitudes.

LE FRANÇOIS.

Hé bien, monsieur, vous l'avez vu?

ROUSSEAU.

Hé bien, monsieur, vous l'avez lu?

LE FRANÇOIS.

Allons par ordre, je vous prie, et permettez que nous commencions par vous, qui fûtes le plus pressé. Je vous ai laissé tout le temps de bien étudier notre homme. Je sais que vous l'avez vu par vous-même, et tout à votre aise. Ainsi vous êtes maintenant en état de juger, ou vous n'y serez jamais. Dites-moi donc enfin ce qu'il faut penser de cet étrange personnage.

ROUSSEAU.

Non; dire ce qu'il en faut penser n'est pas de ma compétence; mais vous dire, quant à moi, ce que j'en pense, c'est ce que je ferai volontiers, si cela vous suffit.

LE FRANÇOIS.

Je ne vous en demande pas davantage. Voyons donc.

ROUSSEAU.

Pour vous parler selon ma croyance, je vous dirai donc tout franchement que, selon moi, ce n'est pas un homme vertueux.

LE FRANÇOIS.

Ah! vous voilà donc enfin pensant comme tout le monde!

ROUSSEAU.

Pas tout-à-fait, peut-être : car, toujours selon moi, c'est beaucoup moins encore un détestable scélérat.

LE FRANÇOIS.

Mais enfin qu'est-ce donc? Car vous êtes désolant avec vos éternelles énigmes.

ROUSSEAU.

Il n'y a point là d'énigmes que celle que vous y mettez vous-même. C'est un homme sans malice plutôt que bon, une ame saine, mais foible, qui adore la vertu sans la pratiquer, qui aime ardemment le bien et qui n'en fait guère. Pour le crime, je suis persuadé comme de mon existence qu'il n'approcha jamais de son cœur, non plus que la haine. Voilà le sommaire de mes observations sur son caractère moral. Le reste ne peut se dire en abrégé : car cet homme ne ressemble à nul autre que je connoisse ; il demande une analyse à part et faite uniquement pour lui.

LE FRANÇOIS.

Oh! faites-la-moi donc cette unique analyse, et montrez-nous comment vous vous y êtes pris pour trouver cet homme sans malice, cet être si nouveau pour tout le reste du monde, et que personne avant vous n'a su voir en lui.

ROUSSEAU.

Vous vous trompez ; c'est au contraire votre Jean-Jacques qui est cet homme nouveau. Le mien est l'ancien, celui que je m'étois figuré avant que vous m'eussiez parlé de lui, celui que tout le monde voyoit en lui avant qu'il eût fait des livres, c'est-à-dire jusqu'à l'âge de quarante ans. Jusque-là tous ceux qui l'ont connu, sans en excepter vos messieurs eux-mêmes, l'ont vu tel que je le vois maintenant. C'est, si vous voulez, un homme que je ressuscite, mais que je ne crée assurément pas.

LE FRANÇOIS.

Craignez de vous abuser encore en cela, et de ressusciter seulement une erreur trop tard détruite. Cet homme a pu, comme je vous l'ai déjà dit, tromper long-temps ceux qui l'ont jugé sur les apparences ; et la preuve qu'il les trompoit est qu'eux-mêmes, quand on le leur a fait mieux connoître, ont abjuré leur ancienne erreur. En revenant sur ce qu'ils avoient vu jadis, ils en ont jugé tout différemment.

ROUSSEAU.

Ce changement d'opinion me paroît très-naturel, sans fournir la preuve que vous en tirez. Ils le voyoient alors par leurs propres yeux, ils l'ont vu depuis par ceux des autres. Vous pensez qu'ils se trompoient autrefois; moi je crois que c'est aujourd'hui qu'ils se trompent. Je ne vois point à votre opinion de raison solide, et j'en vois à la mienne une d'un très-grand poids; c'est qu'alors il n'y avoit point de ligue, et qu'il en existe une aujourd'hui; c'est qu'alors personne n'avoit intérêt à déguiser la vérité, et à voir ce qui n'étoit pas; qu'aujourd'hui quiconque oseroit dire hautement de Jean-Jacques le bien qu'il en pourroit savoir seroit un homme perdu; que, pour faire sa cour et parvenir, il n'y a point de moyen plus sûr et plus prompt que de renchérir sur les charges dont on l'accable à l'envi; et qu'enfin tous ceux qui l'ont vu dans sa jeunesse sont sûrs de s'avancer eux et les leurs en tenant sur son compte le langage qui convient à vos messieurs. D'où je conclus que qui cherche en sincérité de cœur la vérité doit remonter, pour la connoître, au temps où personne n'avoit intérêt à la déguiser. Voilà pourquoi les jugements qu'on portoit jadis sur cet homme font autorité pour moi, et pourquoi ceux que les mêmes gens en peuvent porter aujourd'hui n'en font plus. Si vous avez à cela quelque bonne réponse, vous m'obligerez de m'en faire part; car je n'entreprends point de soutenir ici mon sentiment, ni de vous le faire adopter, et je serai toujours prêt à l'abandonner, quoique à regret, quand je croirai voir la vérité dans le sentiment contraire. Quoi qu'il en soit, il ne s'agit point ici de ce que d'autres ont vu, mais de ce que j'ai vu moi-même ou cru voir. C'est ce que vous demandez, et c'est tout ce que j'ai à vous dire; sauf à vous d'admettre ou rejeter mon opinion quand vous saurez sur quoi je la fonde.

Commençons par le premier abord. Je crus, sur les difficultés auxquelles vous m'aviez préparé, devoir premièrement lui écrire. Voici ma lettre, et voici sa réponse.

LE FRANÇOIS.

Comment! il vous a répondu?

ROUSSEAU.

Dans l'instant même.

LE FRANÇOIS.

Voilà qui est particulier! Voyons donc cette lettre qui lui a fait faire un si grand effort.

ROUSSEAU.

Elle n'est pas bien recherchée, comme vous allez voir.

(*Il lit.*) « J'ai besoin de vous voir, de vous con-
« noître, et ce besoin est fondé sur l'amour de la
« justice et de la vérité. On dit que vous rebutez
« les nouveaux visages. Je ne dirai pas si vous avez
« tort ou raison; mais, si vous êtes l'homme de vos

« livres, ouvrez-moi votre porte avec confiance ;
« je vous en conjure pour moi, je vous le conseille
« pour vous : si vous ne l'êtes pas, vous pouvez
« encore m'admettre sans crainte, je ne vous im-
« portunerai pas long-temps. »

Réponse. « Vous êtes le premier que le motif
« qui vous amène ait conduit ici : car, de tant de
« gens qui ont la curiosité de me voir, pas un n'a
« celle de me connoître ; tous croient me connoître
« assez. Venez donc, pour la rareté du fait. Mais
« que me voulez-vous, et pourquoi me parler de
« mes livres ? Si, les ayant lus, ils ont pu vous lais-
« ser en doute sur les sentiments de l'auteur, ne
« venez pas ; en ce cas je ne suis pas votre homme,
« car vous ne sauriez être le mien. »

La conformité de cette réponse avec mes idées
ne ralentit pas mon zèle. Je vole à lui, je le vois....
Je vous l'avoue ; avant même que je l'abordasse,
en le voyant j'augurai bien de mon projet.

Sur ces portraits de lui, si vantés, qu'on étale
de toutes parts, et qu'on prônoit comme des chefs-
d'œuvre de ressemblance avant qu'il revînt à
Paris, je m'attendois à voir la figure d'un cyclope
affreux comme celui d'Angleterre, ou d'un petit
crispin grimacier comme celui de Fiquet ; et,
croyant trouver sur son visage les traits du caractère que tout le monde lui donne, je m'avertissois
de me tenir en garde contre une première impression si puissante toujours sur moi, et de sus-

pendre, malgré ma répugnance, le préjugé qu'elle alloit m'inspirer.

Je n'ai pas eu cette peine : au lieu du féroce ou doucereux aspect auquel je m'étois attendu, je n'ai vu qu'une physionomie ouverte et simple, qui promettoit et inspiroit de la confiance et de la sensibilité.

LE FRANÇOIS.

Il faut donc qu'il n'ait cette physionomie que pour vous; car généralement tous ceux qui l'abordent se plaignent de son air froid et de son accueil repoussant, dont heureusement ils ne s'embarrassent guère.

ROUSSEAU.

Il est vrai que personne au monde ne cache moins que lui l'éloignement et le dédain pour ceux qui lui en inspirent; mais ce n'est point là son abord naturel, quoique aujourd'hui très-fréquent; et cet accueil dédaigneux que vous lui reprochez est pour moi la preuve qu'il ne se contrefait pas comme ceux qui l'abordent, et qu'il n'y a point de fausseté sur son visage non plus que dans son cœur.

Jean-Jacques n'est assurément pas un bel homme; il est petit, et s'apetisse encore en baissant la tête. Il a la vue courte, de petits yeux enfoncés, des dents horribles; ses traits, altérés par l'âge, n'ont rien de fort régulier : mais tout dément en lui l'idée que vous m'en aviez donnée :

ni le regard, ni le son de la voix, ni l'accent, ni le maintien, ne sont du monstre que vous m'avez peint.

LE FRANÇOIS.

Bon! n'allez-vous pas le dépouiller de ses traits comme de ses livres?

ROUSSEAU.

Mais tout cela va très-bien ensemble, et me paroîtroit assez appartenir au même homme. Je lui trouve aujourd'hui les traits du mentor d'Émile; peut-être dans sa jeunesse lui aurois-je trouvé ceux de Saint-Preux. Enfin, je pense que si sous sa physionomie la nature a caché l'ame d'un scélérat, elle ne pouvoit en effet mieux la cacher.

LE FRANÇOIS.

J'entends; vous voilà livré en sa faveur au même préjugé contre lequel vous vous étiez si bien armé s'il eût été contraire.

ROUSSEAU.

Non; le seul préjugé auquel je me livre ici, parce qu'il me paroît raisonnable, est bien moins pour lui que contre ses bruyants protecteurs. Ils ont eux-mêmes fait faire ces portraits avec beaucoup de dépense et de soin; ils les ont annoncés avec pompe dans les journaux, dans les gazettes; il les ont prônés par-tout : mais, s'ils n'en peignent pas mieux l'original au moral qu'au physique, on le connoîtra sûrement fort mal d'après eux. Voici

un quatrain que Jean-Jacques mit au-dessous d'un
de ces portraits :

> Hommes savants dans l'art de feindre,
> Qui me prêtez des traits si doux,
> Vous aurez beau vouloir me peindre,
> Vous ne peindrez jamais que vous.

LE FRANÇOIS.

Il faut que ce quatrain soit tout nouveau : car il est assez joli, et je n'en avois point entendu parler.

ROUSSEAU.

Il y a plus de six ans qu'il est fait : l'auteur l'a donné et récité à plus de cinquante personnes, qui toutes lui en ont très-fidèlement gardé le secret, qu'il ne leur demandoit pas, et je ne crois pas que vous vous attendiez à trouver ce quatrain dans le *Mercure*. J'ai cru voir, dans toute cette histoire de portraits, des singularités qui m'ont porté à la suivre, et j'y ai trouvé, surtout pour celui d'Angleterre, des circonstances bien extraordinaires. David Hume, étroitement lié à Paris avec vos messieurs sans oublier les dames, devient on ne sait comment, le patron, le zélé protecteur, le bienfaiteur à toute outrance de Jean-Jacques, et fait tant, de concert avec eux, qu'il parvient enfin, malgré toute la répugnance de celui-ci, à l'emmener en Angleterre. Là le premier et le plus important de ses soins est de faire faire par Ramsay, son ami particulier, le portrait de son ami public Jean-

Jacques. Il désiroit ce portrait aussi ardemment qu'un amant bien épris désire celui de sa maîtresse. A force d'importunités il arrache le consentement de Jean-Jacques. On lui fait mettre un bonnet noir, un vêtement bien brun, on le place dans un lieu bien sombre, et là, pour le peindre assis, on le fait tenir debout, courbé, appuyé d'une de ses mains sur une table bien basse, dans une attitude où ses muscles, fortement tendus, altèrent les traits de son visage. De toutes ces précautions devoit résulter un portrait peu flatté, quand il eût été fidèle. Vous jugerez de la ressemblance si jamais vous voyez l'original. Pendant le séjour de Jean-Jacques en Angleterre, ce portrait y a été gravé, publié, vendu partout, sans qu'il lui ait été possible de voir cette gravure. Il revient en France, et il y apprend que son portrait en Angleterre est annoncé, célébré, vanté comme un chef-d'œuvre de peinture, de gravure, et surtout de ressemblance. Il parvient enfin, non sans peine, à le voir; il frémit, et dit ce qu'il en pense : tout le monde se moque de lui, tout le détail qu'il fait paroît la chose la plus naturelle; et, loin d'y voir rien qui puisse faire suspecter la droiture du généreux David Hume, on n'aperçoit que les soins de l'amitié la plus tendre dans ceux qu'il a pris pour donner à son ami Jean-Jacques la figure d'un cyclope affreux. Pensez-vous comme le public à cet égard?

SECOND DIALOGUE.

LE FRANÇOIS.

Le moyen, sur un pareil exposé! J'avoue, au contraire, que ce fait seul, bien avéré, me paroîtroit déceler bien des choses; mais qui m'assurera qu'il est vrai?

ROUSSEAU.

La figure du portrait. Sur la question présente, cette figure ne mentira pas.

LE FRANÇOIS.

Mais ne donnez-vous point aussi trop d'importance à ces bagatelles? Qu'un portrait soit difforme ou peu ressemblant, c'est la chose du monde la moins extraordinaire : tous les jours on grave, on contrefait, on défigure des hommes célèbres, sans que de ces grossières gravures on tire aucune conséquence pareille à la vôtre.

J'en conviens; mais ces copies défigurées sont l'ouvrage de mauvais ouvriers avides, et non les productions d'artistes distingués, ni le fruit du zèle et de l'amitié. On ne les prône pas avec bruit dans toute l'Europe, on ne les annonce pas dans les papiers publics, on ne les étale pas dans les appartements ornés de glaces et de cadres; on les laisse pourrir sur les quais, ou parer les chambres des cabarets et les boutiques des barbiers.

Je ne prétends pas vous donner pour des réalités toutes les idées inquiétantes que fournit à Jean-Jacques l'obscurité profonde dont on s'applique à l'entourer. Les mystères qu'on lui fait de tout ont un aspect si noir, qu'il n'est pas surprenant qu'ils affectent de la même teinte son imagination effarouchée. Mais, parmi les idées outrées et fantastiques que cela peut lui donner, il en est qui, vu la manière extraordinaire dont on procède avec lui, méritent un examen sérieux avant d'être rejetées. Il croit, par exemple, que tous les désastres de sa destinée, depuis sa funeste célébrité, sont les fruits d'un complot formé de longue main, dans un grand secret, entre peu de personnes, qui ont trouvé le moyen d'y faire entrer successivement toutes celles dont ils avoient besoin pour son exécution; les grands, les auteurs, les médecins (cela n'étoit pas difficile), tous les hommes puissants, toutes les femmes galantes, tous les corps accrédités, tous ceux qui disposent de l'administration, tous ceux qui gouvernent les opinions publiques. Il prétend que tous les événements relatifs à lui, qui paroissent accidentels et fortuits, ne sont que de successifs développements concertés d'avance, et tellement ordonnés, que tout ce qui lui doit arriver dans la suite a déjà sa place dans le tableau, et ne doit avoir son effet qu'au moment marqué. Tout cela se rapporte assez à ce que vous m'avez dit vous-même, et à ce que j'ai cru voir sous des noms différents. Selon vous, c'est un système de bienfaisance envers un scélérat; selon lui, c'est un complot d'imposture contre un innocent; selon moi, c'est une ligue dont je ne détermine pas l'objet, mais dont vous ne pouvez nier l'existence, puisque vous-même y êtes entré.

Il pense que du moment qu'on entreprit l'œuvre complète de sa diffamation, pour faciliter le succès de cette entreprise, alors difficile, on résolut de la graduer, de commencer par le rendre odieux et noir, et de finir par le rendre abject, ridicule et méprisable. Vos messieurs, qui n'oublient rien, n'oublièrent pas sa figure; et, après l'avoir éloigné de Paris, travaillèrent à lui en donner une aux yeux du public conforme au caractère dont ils vouloient le gratifier. Il fallut d'abord faire disparoître la gravure qui avoit été faite sur le portrait fait par La Tour : cela fut bientôt fait. Après son départ pour l'Angleterre, sur un modèle qu'on avoit fait faire par Le Moine, on fit faire une gravure telle qu'on la désiroit: mais la figure en étoit hideuse à tel point, que, pour ne pas se découvrir trop ou trop tôt, on fut contraint de supprimer la gravure. On fit faire à Londres, par les bons offices de l'ami Hume, le portrait dont je viens de parler, et, n'épargnant aucun soin de l'art pour en faire valoir la gravure, on la rendit moins difforme que la précédente, mais plus terrible et plus noire mille fois. Ce portrait a fait long-temps, à l'aide de vos messieurs, l'admiration de Paris et de Londres, jusqu'à ce qu'ayant gagné pleinement le premier point, et rendu aux yeux du public l'original aussi noir que la gravure, on en vint au second article;

et, dégradant habilement cet affreux coloris, de l'homme terrible et vigoureux qu'on avoit d'abord peint, on fit peu à peu un petit fourbe, un petit menteur, un petit escroc, un coureur de tavernes et de mauvais lieux. C'est alors que parut le portrait grimacier de Fiquet, qu'on avoit tenu long-temps en réserve, jusqu'à ce que le moment de le publier fût venu, afin que la mine basse et risible de la figure répondît à l'idée qu'on vouloit donner de l'original. C'est alors que parut un petit médaillon en plâtre sur le costume de la gravure angloise, mais dont on avoit eu soin de changer l'air terrible et fier en un souris traître et sardonique comme celui de Panurge achetant les moutons de Dindenaut, ou comme celui des gens qui rencontrent Jean-Jacques dans les rues; et il est certain que depuis lors vos messieurs se sont moins attachés à faire de lui un objet d'horreur qu'un objet de dérision, ce qui toutefois ne paroît pas aller à la fin qu'ils disent avoir de mettre tout le monde en garde contre lui; car on se tient en garde contre les gens qu'on redoute, mais non pas contre ceux qu'on méprise.

Voilà l'idée que l'histoire de ces différents portraits à fait naître à Jean-Jacques; mais toutes ces graduations préparées de si loin ont bien l'air d'être des conjectures chimériques, fruits assez naturels d'une imagination frappée par tant de mystères et de malheurs. Sans donc adopter ni rejeter à présent ces idées, laissons tous ces étranges portraits, et revenons à l'original.

J'avois percé jusqu'à lui; mais que de difficultés me restoient à vaincre dans la manière dont je me proposois de l'examiner! Après avoir étudié l'homme toute ma vie, j'avois cru connoître les hommes; je m'étois trompé. Je ne parvins jamais à en connoître un seul : non qu'en effet ils soient difficiles à connoître; mais je m'y prenois mal; et, toujours interprétant d'après mon cœur ce que je voyois faire aux autres, je leur prêtois les motifs qui m'auroient fait agir à leur place, et je m'abusois toujours. Donnant trop d'attention à leurs discours, et pas assez à leurs œuvres, je les écoutois parler plutôt que je ne les regardois agir; ce qui, dans ce siècle de philosophie et de beaux discours, me les faisoit prendre pour autant de sages, et juger de leurs vertus par leurs sentences. Que si quelquefois leurs actions attiroient mes regards, c'étoit celles qu'ils destinoient à cette fin, lorsqu'ils montoient sur le théâtre pour y faire une œuvre d'éclat qui s'y fît admirer, sans songer, dans ma bêtise, que souvent ils mettoient en avant cette œuvre brillante pour masquer, dans le cours de leur vie, un tissu de bassesses et d'iniquités. Je voyois presque tous ceux qui se piquent de finesse et de pénétration s'abuser en sens contraire par le même principe de juger du cœur d'autrui par le sien. Je les voyois saisir avidement en l'air un trait, un geste, un mot inconsidéré, et, l'interprétant à leur mode, s'applaudir de leur sagacité en prêtant à chaque mouvement fortuit d'un homme un sens subtil qui n'existoit souvent que dans leur esprit. Eh! quel est l'homme d'esprit qui ne dit jamais de sottises? quel est l'honnête homme auquel il n'échappe jamais un propos répréhensible que son cœur n'a point dicté? Si l'on tenoit un registre exact de toutes les fautes que l'homme le plus parfait a commises, et qu'on supprimât soigneusement tout le reste, quelle opinion donneroit-on de cet homme-là? Que dis-je, les fautes! non, les actions les plus innocentes, les gestes les plus indifférents, les discours les plus sensés, tout, dans un observateur qui se passionne, augmente et nourrit le préjugé dans lequel il se complaît, quand il détache chaque mot ou chaque fait de sa place pour le mettre dans le jour qui lui convient.

Je voulois m'y prendre autrement pour étudier à part moi un homme si cruellement, si légèrement, si universellement jugé. Sans m'arrêter à de vains discours, qui peuvent tromper, ou à des signes passagers plus incertains encore, mais si commodes à la légèreté et à la malignité, je résolus de l'étudier par ses inclinations, ses mœurs, ses goûts, ses penchants, ses habitudes; de suivre les détails de sa vie, le cours de son humeur, la pente de ses affections; de le voir agir en l'entendant parler, de le pénétrer, s'il étoit possible, en dedans de lui-même; en un mot, de l'observer moins par des signes équivoques et rapides que par sa constante manière d'être; seule règle infaillible de bien juger du vrai caractère d'un homme, et des passions qu'il peut cacher au fond de son cœur. Mon embarras étoit d'écarter les obstacles que, prévenu par vous, je prévoyois dans l'exécution de ce projet.

Je savois qu'irrité des perfides empressements de ceux qui l'abordent, il ne cherchoit qu'à repousser tous les nouveaux venus; je savois qu'il jugeoit, et, ce me semble, avec assez de raison, de l'intention des gens par l'air ouvert ou réservé qu'ils prenoient avec lui; et, mes engagements m'ôtant le pouvoir de lui rien dire, je devois m'attendre que ces mystères ne le disposeroient pas à la familiarité dont j'avois besoin pour mon dessein. Je ne vis de remède à cela que de lui laisser voir mon projet autant que cela pouvoit s'accorder avec le silence qui m'étoit imposé, et cela même pouvoit me fournir un premier préjugé pour ou contre lui: car si, bien convaincu par ma conduite et par mon langage de la droiture de mes intentions, il s'alarmoit néanmoins de mon dessein, s'inquiétoit de mes regards, cherchoit à donner le change à ma curiosité, et commençoit par se mettre en garde, c'étoit dans mon esprit un homme à demi jugé. Loin de rien voir de semblable, je fus aussi touché que surpris, non de l'accueil que cette idée m'attira de sa part, car il n'y mit aucun empressement ostensible, mais de la joie qu'elle me parut exciter dans son cœur. Ses regards attendris m'en dirent plus que n'auroient fait des caresses. Je le vis à son aise avec moi ; c'étoit le meilleur moyen de m'y mettre avec lui. A la manière dont il me distingua, dès le premier abord, de tous ceux qui l'obsédoient, je compris qu'il n'avoit pas un instant pris le change sur mes motifs. Car, quoique, cherchant tous également à l'observer, ce dessein commun dût donner à tous une allure assez semblable, nos recherches étoient trop différentes par leur objet pour que la distinction n'en fût pas facile à faire. Il vit que tous les autres ne cherchoient, ne vouloient voir que le mal, que j'étois le seul qui, cherchant le bien, ne voulût voir que la vérité, et ce motif, qu'il démêla sans peine, m'attira sa confiance.

Entre tous les exemples qu'il m'a donnés de l'intention de ceux qui l'approchent, je ne vous en citerai qu'un. L'un d'eux s'étoit tellement distingué des autres par de plus affectueuses démonstrations et par un attendrissement poussé jusqu'aux larmes, qu'il crut pouvoir s'ouvrir à lui sans réserve, et lui lire ses *Confessions*. Il lui permit même de l'arrêter dans sa lecture pour prendre note de tout ce qu'il voudroit retenir par préférence. Il remarqua durant cette longue lecture que, n'écrivant presque jamais dans les endroits favorables et honorables, il ne manqua point d'écrire avec soin dans tous ceux où la vérité le forçoit à s'accuser et se charger lui-même. Voilà comment se font les remarques de ces messieurs. Et moi aussi j'ai fait celle-là ; mais je n'ai pas, comme eux, omis les autres ; et le tout m'a donné des résultats bien différents des leurs.

Par l'heureux effet de ma franchise, j'avois l'occasion la plus rare et la plus sûre de bien connoître un homme, qui est de l'étudier à loisir dans sa vie privée, et vivant pour ainsi dire avec lui-même ; car il se livra sans réserve, et me rendit aussi maître chez lui que chez moi.

Une fois admis dans sa retraite, mon premier soin fut de m'informer des raisons qui l'y tenoient confiné. Je savois qu'il avoit toujours fui le grand monde et aimé la solitude ; mais je savois aussi que, dans les sociétés peu nombreuses, il avoit jadis joui des douceurs de l'intimité en homme dont le cœur étoit fait pour elle. Je voulus apprendre pourquoi maintenant, détaché de tout, il s'étoit tellement concentré dans sa retraite, que ce n'étoit plus que par force qu'on parvenoit à l'aborder.

LE FRANÇOIS.

Cela n'étoit-il pas tout clair ? Il se gênoit autrefois parce qu'on ne le connoissoit pas encore. Aujourd'hui que, bien connu de tous, il ne gagneroit plus rien à se contraindre, il se livre tout-à-fait à son horrible misanthropie. Il fuit les hommes parce qu'il les déteste; il vit en loup-garou parce qu'il n'y a rien d'humain dans son cœur.

ROUSSEAU.

Non, cela ne me paroît pas aussi clair qu'à vous; et ce discours, que j'entends tenir à tout le monde, me prouve bien que les hommes le haïssent, mais non pas que c'est lui qui les hait.

LE FRANÇOIS.

Quoi! ne l'avez-vous pas vu, ne le voyez-vous pas tous les jours, recherché de beaucoup de gens, se refuser durement à leurs avances? Comment donc expliquez-vous cela?

ROUSSEAU.

Beaucoup plus naturellement que vous, car la fuite est un effet bien plus naturel de la crainte que de la haine. Il ne fuit point les hommes parce qu'il les hait, mais parce qu'il en a peur. Il ne les fuit pas pour leur faire du mal, mais pour tâcher d'échapper à celui qu'ils lui veulent. Eux au contraire ne le recherchent pas par amitié, mais par haine. Ils le cherchent, et il les fuit; comme dans les sables d'Afrique, où sont peu d'hommes et beaucoup de tigres, les hommes fuient les tigres, et les tigres cherchent les hommes : s'ensuit-il de là que les hommes sont méchants, farouches, et que les tigres sont sociables et humains? Même, quelque opinion que doive avoir Jean-Jacques de ceux qui, malgré celle qu'on a de lui, ne laissent pas de le rechercher, il ne ferme point sa porte à tout le monde ; il reçoit honnêtement ses anciennes connoissances, quelquefois même les nouveaux venus, quand ils ne montrent ni patelinage ni arrogance. Je ne l'ai jamais vu se refuser durement qu'à des avances tyranniques, insolentes et malhonnêtes, qui déceloient clairement l'intention de ceux qui les faisoient. Cette manière ouverte et généreuse de repousser la perfidie et la trahison ne fut jamais l'allure des méchants. S'il ressembloit à ceux qui le recherchent, au lieu de se dérober à leurs avances, il y répondroit pour tâcher de les payer en même monnoie ; et, leur rendant fourberie pour fourberie, trahison pour trahison, il se serviroit de leurs propres armes pour se défendre et se venger d'eux ; mais, loin qu'on l'ait jamais accusé d'avoir tracassé dans les sociétés où il a vécu, ni brouillé ses amis entre eux, ni desservi personne avec qui il fût en liaison, le seul reproche qu'aient pu lui faire ses soi-disant amis a été de les avoir quittés ouvertement, comme il a dû faire, sitôt que, les trouvant faux et perfides, il a cessé de les estimer.

Non, monsieur, le vrai misanthrope, si un être aussi contradictoire pouvoit exister[1], ne fuiroit point dans la solitude : quel mal peut et veut faire

[1] Timon n'étoit point naturellement misanthrope, et même ne méritoit pas ce nom. Il y avoit dans son fait plus de dépit et d'en-

aux hommes celui qui vit seul ? Celui qui les hait veut leur nuire, et pour leur nuire il ne faut pas les fuir. Les méchants ne sont point dans les déserts, ils sont dans le monde. C'est là qu'ils intriguent et travaillent pour satisfaire leur passion, et tourmenter les objets de leur haine. De quelque motif que soit animé celui qui veut s'engager dans la foule et s'y faire jour, il doit s'armer de vigueur pour repousser ceux qui le poussent, pour écarter ceux qui sont devant lui, pour fendre la presse et faire son chemin. L'homme débonnaire et doux, l'homme timide et foible qui n'a point ce courage, et qui tâche de se tirer à l'écart de peur d'être abattu et foulé aux pieds, est donc un méchant, à votre compte ; les autres, plus forts, plus durs, plus ardents à percer, sont les bons ? J'ai vu pour la première fois cette nouvelle doctrine dans un discours publié par le philosophe Diderot, précisément dans le temps que son ami Jean-Jacques s'étoit retiré dans la solitude. *Il n'y a que le méchant,* dit-il, *qui soit seul.* Jusqu'alors on avoit regardé l'amour de la retraite comme un des signes les moins équivoques d'une ame paisible et saine, exempte d'ambition, d'envie, et de toutes les ardentes passions, filles de l'amour-propre, qui naissent et fermentent dans la société. Au lieu de cela, voici, par un coup de plume inattendu, ce goût

fantillage que de véritable méchanceté : c'étoit un fou mécontent qui boudoit contre le genre humain.

paisible et doux, jadis si universellement admiré, transformé tout d'un coup en une rage infernale; voilà tant de sages respectés, et Descartes lui-même, changés dans un instant en autant de misanthropes affreux et de scélérats. Le philosophe Diderot étoit seul, peut-être, en écrivant cette sentence; mais je doute qu'il eût été seul à la méditer, et il prit grand soin de la faire circuler dans le monde. Eh! plût à Dieu que le méchant fût toujours seul! il ne se feroit guère de mal.

Je crois bien que les solitaires qui le sont par force peuvent, rongés de dépit et de regrets dans la retraite où ils sont détenus, devenir inhumains, féroces, et prendre en haine avec leur chaîne tout ce qui n'en est pas chargé comme eux. Mais les solitaires par goût et par choix sont naturellement humains, hospitaliers, caressants. Ce n'est pas parce qu'ils haïssent les hommes, mais parce qu'ils aiment le repos et la paix, qu'ils fuient le tumulte et le bruit. La longue privation de la société la leur rend même agréable et douce, quand elle s'offre à eux sans contrainte. Ils en jouissent alors délicieusement, et cela se voit. Elle est pour eux ce qu'est le commerce des femmes pour ceux qui ne passent pas leur vie avec elles, mais qui dans les courts moments qu'ils y passent y trouvent des charmes ignorés des galants de profession.

Je ne comprends pas comment un homme de bon sens peut adopter un seul moment la sentence du philosophe Diderot; elle a beau être hautaine et tranchante, elle n'en est pas moins absurde et fausse. Eh! qui ne voit au contraire qu'il n'est pas possible que le méchant aime à vivre seul et vis-à-vis de lui-même? Il s'y sentiroit en trop mauvaise compagnie, il y seroit trop mal à son aise, il ne s'y supporteroit pas long-temps, ou bien, sa passion dominante y restant toujours oisive, il faudroit qu'elle s'éteignît et qu'il y redevînt bon. L'amour-propre, principe de toute méchanceté, s'avive et s'exalte dans la société qui l'a fait naître, et où l'on est à chaque instant forcé de se comparer; il languit et meurt faute d'aliment dans la solitude. *Quiconque se suffit à lui-même ne veut nuire à qui que ce soit.* Cette maxime est moins éclatante et moins arrogante, mais plus sensée et plus juste que celle du philosophe Diderot, et préférable au moins, en ce qu'elle ne tend à outrager personne. Ne nous laissons pas éblouir par l'éclat sentencieux dont souvent l'erreur et le mensonge se couvrent : ce n'est pas la foule qui fait la société, et c'est en vain que les corps se rapprochent lorsque les cœurs se repoussent. L'homme vraiment sociable est plus difficile en liaisons qu'un autre; celles qui ne consistent qu'en fausses apparences ne sauraient lui convenir. Il aime mieux vivre loin des méchants sans penser à eux que de les voir et les haïr; il aime mieux fuir son ennemi que de le rechercher pour lui nuire. Celui qui ne connoît d'autre société que celle des cœurs n'ira pas chercher la sienne dans vos cercles. Voilà comment Jean-Jacques a dû penser et se conduire avant la ligue dont il est l'objet; jugez si, maintenant qu'elle existe et qu'elle tend de toutes parts ses piéges autour de lui, il doit trouver du plaisir à vivre avec ses persécuteurs, à se voir l'objet de leur dérision, le jouet de leur haine, la dupe de leurs perfides caresses, à travers lesquelles ils font malignement percer l'air insultant et moqueur qui doit les lui rendre odieuses. Le mépris, l'indignation, la colère, ne sauroient le quitter au milieu de tous ces gens-là. Il les fuit pour s'épargner des sentiments si pénibles; il les fuit parce qu'ils méritent sa haine et qu'il étoit fait pour les aimer.

LE FRANÇOIS.

Je ne puis apprécier vos préjugés en sa faveur, avant d'avoir appris sur quoi vous les fondez. Quant à ce que vous dites à l'avantage des solitaires, cela peut être vrai de quelques hommes singuliers qui s'étoient fait de fausses idées de la sagesse; mais au moins ils donnoient des signes non équivoques du louable emploi de leur temps. Les méditations profondes et les immortels ouvrages dont les philosophes que vous citez ont illustré leur solitude, prouvent assez qu'ils s'y occupoient d'une manière utile et glorieuse, et qu'ils n'y passoient pas uniquement leur temps, comme votre homme, à tramer des crimes et des noirceurs.

ROUSSEAU.

C'est à quoi, ce me semble, il n'y passa pas non plus uniquement le sien. La *Lettre à M. d'Alembert sur les spectacles, Héloïse, Émile, le Contrat social*, les *Essais sur la Paix perpétuelle* et *sur l'Imitation théâtrale*, et d'autres écrits non moins estimables qui n'ont point paru, sont des fruits de la retraite de Jean-Jacques. Je doute qu'aucun philosophe ait médité plus profondément, plus utilement peut-être, et plus écrit en si peu de temps. Appelez-vous tout cela des noirceurs et des crimes?

LE FRANÇOIS.

Je connois des gens aux yeux de qui c'en pourroit bien être : vous savez ce que pensent ou ce que disent nos messieurs de ces livres ; mais avez-vous oublié qu'ils ne sont pas de lui, et que c'est vous-même qui me l'avez persuadé?

ROUSSEAU.

Je vous ai dit ce que j'imaginois pour expliquer des contradictions que je voyois alors, et que je ne vois plus. Mais, si nous continuons à passer ainsi d'un sujet à l'autre, nous perdrons notre objet de vue, et nous ne l'atteindrons jamais. Reprenons avec un peu plus de suite le fil de mes observations, avant de passer aux conclusions que j'en ai tirées.

Ma première attention, après m'être introduit dans la familiarité de Jean-Jacques, fut d'examiner si nos liaisons ne lui faisoient rien changer dans sa manière de vivre ; et j'eus bientôt toute la certitude possible que non seulement il n'y changeoit rien pour moi, mais que de tout temps elle avoit toujours été la même et parfaitement uniforme, quand, maître de la choisir, il avoit pu suivre en liberté son penchant. Il y avoit cinq ans que, de retour à Paris, il avoit recommencé d'y vivre. D'abord, ne voulant se cacher en aucune manière, il avoit fréquenté quelques maisons dans l'intention d'y reprendre ses plus anciennes liaisons, et même d'en former de nouvelles. Mais, au bout d'un an, il cessa de faire des visites, et, reprenant dans la capitale la vie solitaire qu'il menoit depuis tant d'années à la campagne, il partagea son temps entre l'occupation journalière dont il s'étoit fait une ressource, et les promenades champêtres dont il faisoit son unique amusement. Je lui demandai la raison de cette conduite. Il me dit qu'ayant vu toute la génération présente concourir à l'œuvre de ténèbres dont il étoit l'objet, il avoit d'abord mis tous ses soins à chercher quelqu'un qui ne partageât pas l'iniquité publique; qu'après de vaines recherches dans les provinces il étoit venu les continuer à Paris, espérant qu'au moins parmi ses anciennes connoissances il se trouveroit quelqu'un moins dissimulé, moins faux, qui lui donneroit les lumières dont il avoit besoin pour percer cette obscurité; qu'après bien des soins inutiles il n'avoit trouvé, même parmi les plus honnêtes gens, que trahisons, duplicité, mensonge, et que tous, en s'empressant à le recevoir, à le prévenir, à l'attirer, paroissoient si contents de sa diffamation, y contribuoient de si bon cœur, lui faisoient des caresses si fardées, le louoient d'un ton si peu sensible à son cœur, lui prodiguoient l'admiration la plus outrée avec si peu d'estime et de considération, qu'ennuyé de ces démonstrations moqueuses et mensongères, et indigné d'être ainsi le jouet de ses prétendus amis, il cessa de les voir, se retira sans leur cacher son dédain; et, après avoir cherché long-temps sans succès un homme, éteignit sa lanterne et se renferma tout-à-fait au dedans de lui.

C'est dans cet état de retraite absolue que je le trouvai, et que j'entrepris de le connoître. Attentif à tout ce qui pouvoit manifester à mes yeux son intérieur, en garde contre tout jugement précipité, résolu de le juger, non sur quelques mots épars ni sur quelques circonstances particulières, mais sur le concours de ses discours, de ses actions, de ses habitudes, et sur cette constante manière d'être, qui seule décèle infailliblement un caractère, mais qui demande, pour être aperçue, plus de suite, plus de persévérance et moins de confiance au premier coup d'œil, que le tiède amour de la justice, dépouillé de tout autre intérêt, et combattu par les tranchantes décisions de l'amour-propre, n'en inspire au commun des hommes. Il fallut, par conséquent, commencer par tout voir, par tout entendre, par tenir note de tout, avant de prononcer sur rien, jusqu'à ce que j'eusse assemblé des matériaux suffisants pour fonder un jugement solide qui ne fût l'ouvrage ni de la passion ni du préjugé.

Je ne fus pas surpris de le voir tranquille : vous m'aviez prévenu qu'il l'étoit ; mais vous attribuiez cette tranquillité à bassesse d'ame ; elle pouvoit venir d'une cause toute contraire ; j'avois à déterminer la véritable. Cela n'étoit pas difficile ; car, à moins que cette tranquillité ne fût toujours inaltérable, il ne falloit, pour en découvrir la cause, que remarquer ce qui pouvoit la troubler. Si c'étoit la crainte, vous aviez raison ; si c'étoit l'indignation, vous aviez tort. Cette vérification ne fut pas longue, et je sus bientôt à quoi m'en tenir.

Je le trouvai s'occupant à copier de la musique à tant la page. Cette occupation m'avoit paru, comme à vous, ridicule et affectée. Je m'appliquai d'abord à connoître s'il s'y livroit sérieusement ou par jeu, et puis à savoir au juste quel motif la lui avoit fait reprendre, et ceci demandoit plus de recherche et de soin. Il falloit connoître exactement ses ressources et l'état de sa fortune, vérifier ce que vous m'aviez dit de son aisance, examiner sa manière de vivre, entrer dans le détail de son petit ménage, comparer sa dépense et son revenu, en un mot connoître sa situation présente autrement que par son dire et le dire contradictoire de vos messieurs. C'est à quoi je donnai la plus grande attention. Je crus m'apercevoir que cette occupation lui plaisoit, quoiqu'il n'y réussît pas trop bien. Je cherchai la cause de ce bizarre plaisir, et je trouvai qu'elle tenoit au fond de son naturel et de son humeur, dont je n'avois encore aucune idée, et qu'à cette occasion je commençai à pénétrer. Il associoit ce travail à un amusement dans lequel je le suivis avec une égale attention. Ses longs séjours à la campagne lui avoient donné du goût pour l'étude avec plus d'ardeur que de succès; soit que sa mémoire défaillante commençât à lui refuser tout service; soit, comme je crus le remarquer, qu'il se fît de cette occupation plutôt un jeu d'enfant qu'une étude véritable. Il s'attachoit plus à faire de jolis herbiers qu'à classer et caractériser les genres et les espèces. Il employoit un temps et des soins incroyables à dessécher et aplatir des rameaux, à étendre et déployer de petits feuillages, à conserver aux fleurs leurs couleurs naturelles : de sorte que, collant avec soin ces fragments sur des papiers qu'il ornoit de petits cadres, à toute la vérité de la nature il joignoit l'éclat de la miniature et le charme de l'imitation.

Je l'ai vu s'attiédir enfin sur cet amusement, devenu trop fatigant pour son âge, trop coûteux pour sa bourse, et qui lui prenoit un temps nécessaire dont il ne le dédommageoit pas. Peut-être nos liaisons ont-elles contribué à l'en détacher. On

SECOND DIALOGUE.

voit que la contemplation de la nature eut toujours un grand attrait pour son cœur : il y trouvoit un supplément aux attachements dont il avoit besoin ; mais il eût laissé le supplément pour la chose, s'il en avoit eu le choix, et il ne se réduisit à converser avec les plantes qu'après de vains efforts pour converser avec les humains. Je quitterai volontiers, m'a-t-il dit, la société des végétaux pour celle des hommes, au premier espoir d'en retrouver.

Mes premières recherches m'ayant jeté dans les détails de sa vie domestique, je m'y suis particulièrement attaché, persuadé que j'en tirerois pour mon objet des lumières plus sûres que de tout ce qu'il pouvoit avoir dit ou fait en public, et que d'ailleurs je n'avois pas vu moi-même. C'est dans la familiarité d'un commerce intime, dans la continuité de la vie privée, qu'un homme à la longue se laisse voir tel qu'il est, quand le ressort de l'attention sur soi se relâche, et qu'oubliant le reste du monde, on se livre à l'impulsion du moment. Cette méthode est sûre, mais longue et pénible : elle demande une patience et une assiduité que peut soutenir le seul vrai zèle de la justice et de la vérité, et dont on se dispense aisément en substituant quelque remarque fortuite et rapide aux observations lentes mais solides que donne un examen égal et suivi.

J'ai donc regardé s'il régnoit chez lui du désordre ou de la règle, de la gêne ou de la liberté ; s'il étoit sobre ou dissolu, sensuel ou grossier ; si ses goûts étoient dépravés ou sains ; s'il étoit sombre ou gai dans ses repas, dominé par l'habitude ou sujet aux fantaisies, riche ou prodigue dans son ménage, entier, impérieux, tyran dans sa petite sphère d'autorité, ou trop doux peut-être au contraire et trop mou, craignant les dissensions encore plus qu'il n'aime l'ordre, et souffrant pour la paix les choses les plus contraires à son goût et à sa volonté ; comment il supporte l'adversité, le mépris, la haine publique ; quelles sortes d'affections lui sont habituelles ; quels genres de peine ou de plaisir altèrent le plus son humeur. Je l'ai suivi dans sa plus constante manière d'être, dans ces petites inégalités non moins inévitables, non moins utiles peut-être dans le calme de la vie privée, que de légères variations de l'air et du vent dans celui des beaux jours. J'ai voulu voir comment il se fâche et comment il s'apaise ; s'il exhale ou contient sa colère ; s'il est rancunier ou emporté ; facile ou difficile à apaiser ; s'il aggrave ou répare ses torts ; s'il sait endurer et pardonner ceux des autres ; s'il est doux et facile à vivre, ou dur et fâcheux dans le commerce familier ; s'il aime à s'épancher au dehors ou à se concentrer en lui-même ; si son cœur s'ouvre aisément ou se ferme aux caresses ; s'il est toujours prudent, circonspect, maître de lui-même, ou si, se laissant dominer par ses mouvements, il montre indiscrètement chaque sentiment dont il est ému. Je l'ai pris dans les situations d'esprit les plus diverses, les plus contraires qu'il m'a été possible de saisir; tantôt calme et tantôt agité; dans un transport de colère, et dans une effusion d'attendrissement; dans la tristesse et l'abattement de cœur; dans ces courts mais doux moments de joie que la nature lui fournit encore, et que les hommes n'ont pu lui ôter; dans la gaieté d'un repas un peu prolongé; dans ces circonstances imprévues où un homme ardent n'a pas le temps de se déguiser, et où le premier mouvement de la nature prévient toute réflexion. En suivant tous les détails de sa vie, je n'ai point négligé ses discours, ses maximes, ses opinions; je n'ai rien omis pour bien connoître ses vrais sentiments sur les matières qu'il traite dans ses écrits. Je l'ai sondé sur la nature de l'ame, sur l'existence de Dieu, sur la moralité de la vie humaine, sur le vrai bonheur, sur ce qu'il pense de la doctrine à la mode et de ses auteurs, enfin sur tout ce qui peut faire connoître avec les vrais sentiments d'un homme sur l'usage de cette vie et sur sa destination ses vrais principes de conduite. J'ai soigneusement comparé tout ce qu'il m'a dit avec ce que j'ai vu de lui dans la pratique, n'admettant jamais pour vrai que ce que cette épreuve a confirmé.

Je l'ai particulièrement étudié par les côtés qui tiennent à l'amour-propre, bien sûr qu'un orgueil irascible au point d'en avoir fait un monstre doit avoir de fortes et fréquentes explosions difficiles à contenir, et impossibles à déguiser aux yeux d'un homme attentif à l'examiner par ce côté-là, surtout dans la position où je le trouvois.

Par les idées dont un homme pétri d'amour-propre s'occupe le plus souvent, par les sujets favoris de ses entretiens, par l'effet inopiné des nouvelles imprévues, par la manière de s'affecter des propos qu'on lui tient, par les impressions qu'il reçoit de la contenance et du ton des gens qui l'approchent, par l'air dont il entend louer ou décrier ses ennemis ou ses rivaux, par la façon dont il en parle lui-même, par le degré de joie ou de tristesse dont l'affectent leurs prospérités ou leurs revers, on peut à la longue le pénétrer et lire dans son ame, surtout lorsqu'un tempérament ardent lui ôte le pouvoir de réprimer ses premiers mouvements, si tant est néanmoins qu'un tempérament ardent et un violent amour-propre puissent compatir ensemble dans un même cœur. Mais c'est surtout en parlant des talents et des livres que les auteurs se contiennent le moins et se décèlent le mieux : c'est aussi par là que je n'ai pas manqué d'examiner celui-ci. Je l'ai mis souvent et vu mettre par d'autres sur ce chapitre en divers temps et à diverses occasions ; j'ai sondé ce qu'il pensoit de la gloire littéraire, quel prix il donnoit à sa jouissance, et ce qu'il estimoit le plus en fait de réputation, de celle qui brille par les talents, ou de celle moins éclatante que donne un caractère estimable. J'ai voulu voir s'il étoit curieux de l'histoire des réputations naissantes ou déclinantes ; s'il épluchoit malignement celles qui faisoient le plus de bruit ; comment il s'affectoit des succès ou des chutes des livres et des auteurs, et comment il supportoit pour sa part les dures censures des critiques, les malignes louanges des rivaux, et le mépris affecté des brillants écrivains de ce siècle. Enfin je l'ai examiné par tous les sens où mes regards ont pu pénétrer, et sans chercher à rien interpréter selon mon désir, mais éclairant mes observations les unes par les autres pour découvrir la vérité ; je n'ai pas un instant oublié dans mes recherches qu'il y alloit du destin de ma vie à ne pas me tromper dans ma conclusion.

LE FRANÇOIS.

Je vois que vous avez regardé à beaucoup de choses : apprendrai-je enfin ce que vous avez vu ?

ROUSSEAU.

Ce que j'ai vu est meilleur à voir qu'à dire. Ce que j'ai vu me suffit, à moi qui l'ai vu, pour déterminer mon jugement, mais non pas à vous pour déterminer le vôtre sur mon rapport ; car il a besoin d'être vu pour être cru ; et, après la façon dont vous m'aviez prévenu, je ne l'aurois pas cru moi-même sur le rapport d'autrui. Ce que j'ai vu ne sont que des choses bien communes en apparence, mais très-rares en effet. Ce sont des récits qui d'ailleurs conviendroient mal dans ma bouche : et, pour les faire avec bienséance, il faudroit être un autre que moi.

LE FRANÇOIS.

Comment, monsieur! espérez-vous me donner ainsi le change? Remplissez-vous ainsi vos engagements, et ne tirerai-je aucun fruit du conseil que je vous ai donné? Les lumières qu'il vous a procurées ne doivent-elles pas nous être communes? et, après avoir ébranlé la persuasion où j'étois, vous croyez-vous permis de me laisser les doutes que vous avez fait naître, si vous avez de quoi m'en tirer?

ROUSSEAU.

Il vous est aisé d'en sortir à mon exemple, en prenant pour vous-même ce conseil que vous dites m'avoir donné. Il est malheureux pour Jean-Jacques que Rousseau ne puisse dire tout ce qu'il sait de lui. Ces déclarations sont désormais impossibles, parce qu'elles seroient inutiles, et que le courage de les faire ne m'attireroit que l'humiliation de n'être pas cru.

Voulez-vous, par exemple, avoir une idée sommaire de mes observations? Prenez directement et en tout, tant en bien qu'en mal, le contre-pied du Jean-Jacques de vos messieurs, vous aurez très-exactement celui que j'ai trouvé. Le leur est cruel, féroce et dur, jusqu'à la dépravation; le mien est doux et compatissant jusqu'à la foiblesse. Le leur est intraitable, inflexible, et toujours repoussant; le mien est facile et mou, ne pouvant résister aux caresses qu'il croit sincères, et se laissant subjuguer, quand on sait s'y prendre, par les gens mêmes qu'ils n'estime pas. Le leur, misanthrope, farouche, déteste les hommes; le mien, humain jusqu'à l'excès, est trop sensible à leurs peines, s'affecte autant des maux qu'ils se font entre eux que de ceux qu'ils lui font à lui-même. Le leur ne songe qu'à faire du bruit dans le monde aux dépens du repos d'autrui et du sien; le mien préfère le repos à tout, et voudrait être ignoré de toute la terre, pourvu qu'on le laissât en paix dans son coin. Le leur, dévoré d'orgueil et du plus intolérant amour-propre, est tourmenté de l'existence de ses semblables, et voudroit voir tout le genre humain s'anéantir devant lui; le mien, s'aimant sans se comparer, n'est pas plus susceptible de vanité que de modestie; content de sentir ce qu'il est, il ne cherche point quelle est sa place parmi les hommes, et je suis sûr que de sa vie il ne lui entra dans l'esprit de se mesurer avec un autre pour savoir lequel étoit le plus grand ou le plus petit. Le leur est plein de ruse et d'art pour en imposer, voile ses vices avec la plus grande adresse, et cache sa méchanceté sous une candeur apparente; le mien, emporté, violent même dans ses premiers moments plus rapides que l'éclair, passe sa vie à faire de grandes et courtes fautes, et à les expier par de vifs et longs repentirs; au surplus, sans prudence, sans présence d'esprit, et d'une balourdise incroyable, il offense quand il veut plaire, et dans sa naïveté, plutôt étourdie que franche, dit également ce qui lui sert et ce qui lui nuit, sans même en sentir la différence. Enfin, le leur est un esprit diabolique, aigu, pénétrant; le mien, ne pensant qu'avec beaucoup de lenteur et d'efforts, en craint la fatigue, et, souvent n'entendant les choses les plus communes qu'en y rêvant à son aise et seul, peut à peine passer pour un homme d'esprit.

N'est-il pas vrai que, si je multipliois ces oppositions, comme je le pourrois faire, vous les prendriez pour des jeux d'imagination qui n'auroient aucune réalité? Et cependant je ne vous dirois rien qui ne fût, non comme à vous, affirmé par d'autres, mais attesté par ma propre conscience. Cette manière simple, mais peu croyable, de démentir les assertions bruyantes des gens passionnés par les observations paisibles, mais sûres d'un homme impartial, seroit donc inutile et ne produiroit aucun effet. D'ailleurs, la situation de Jean-Jacques à certains égards est même trop incroyable pour pouvoir être dévoilée. Cependant, pour le bien connoître, il faudroit la connoître à fond; il faudroit connoître et ce qu'il endure et ce qui le lui fait supporter. Or tout cela ne peut bien se dire : pour le croire, il faut l'avoir vu.

Mais essayons s'il n'y auroit point quelque autre route aussi droite et moins traversée pour arriver au même but ; s'il n'y auroit point quelque moyen de vous faire sentir tout d'un coup, par une impression simple et immédiate, ce que, dans les opinions où vous êtes, je ne saurois vous persuader en procédant graduellement, sans attaquer sans cesse, par des négations dures, les tranchantes assertions de vos messieurs. Je voudrois tâcher pour cela de vous esquisser ici le portrait de mon Jean-Jacques, tel qu'après un long examen de l'original l'idée s'en est empreinte dans mon esprit. D'abord, vous pourrez comparer ce portrait à celui qu'ils en ont tracé ; juger lequel des deux est le plus lié dans ses parties, et paroît former le mieux un seul tout ; lequel explique le plus naturellement et le plus clairement la conduite de celui qu'il représente, ses goûts, ses habitudes, et tout ce qu'on connoît de lui, non seulement depuis qu'il a fait des livres, mais dès son enfance, et de tous les temps ; après quoi il ne tiendra qu'à vous de vérifier par vous-même si j'ai bien ou mal vu.

LE FRANÇOIS.

Rien de mieux que tout cela. Parlez donc ; je vous écoute.

ROUSSEAU.

De tous les hommes que j'ai connus, celui dont le caractère dérive le plus pleinement de son seul tempérament est Jean-Jacques. Il est ce que l'a fait la nature : l'éducation ne l'a que bien peu modifié. Si, dès sa naissance, ses facultés et ses forces s'étoient tout à coup développées, dès lors on l'eût trouvé tel à peu près qu'il fut dans son âge mûr; et maintenant, après soixante ans de peines et de misère, le temps, l'adversité, les hommes, l'ont encore très-peu changé. Tandis que son corps vieillit et se casse, son cœur reste jeune toujours; il garde encore les mêmes goûts, les mêmes passions de son jeune âge, et jusqu'à la fin de sa vie il ne cessera d'être un vieux enfant.

Mais ce tempérament, qui lui a donné sa forme morale, a des singularités qui, pour être démêlées, demandent une attention plus suivie que le coup d'œil suffisant qu'on jette sur un homme qu'on croit connoître et qu'on a déjà jugé. Je puis même dire que c'est par son extérieur vulgaire, et par ce qu'il a de plus commun, qu'en y regardant mieux je l'ai trouvé le plus singulier. Ce paradoxe s'éclaircira de lui-même à mesure que vous m'écouterez.

Si, comme je vous l'ai dit, je fus surpris au premier abord de le trouver si différent de ce que je me l'étois figuré sur vos récits, je le fus bien plus du peu d'éclat, pour ne pas dire de la bêtise, de ses entretiens : moi qui, ayant eu à vivre avec des gens de lettres, les ai toujours trouvés brillants, élancés, sentencieux comme des oracles, subjuguant tout par leur docte faconde et par la hauteur de leurs décisions. Celui-ci, ne disant guère que des choses communes, et les disant sans précision, sans finesse, et sans force, paroît toujours fatigué de parler, même en parlant peu, soit de la peine d'entendre, souvent même n'entendant point, sitôt qu'on dit des choses un peu fines, et n'y répondant jamais à propos. Que, s'il lui vient par hasard quelque mot heureusement trouvé, il en est si aise, que, pour avoir quelque chose à dire, il le répète éternellement. On le prendroit, dans la conversation, non pour un penseur plein d'idées vives et neuves, pensant avec force et s'exprimant avec justesse, mais pour un écolier embarrassé du choix de ses termes, et subjugué par la suffisance des gens qui en savent plus que lui. Je n'avois jamais vu ce maintien timide et gêné dans nos moindres barbouilleurs de brochures; comment le concevoir dans un auteur qui, foulant aux pieds les opinions de son siècle, sembloit en toute chose moins disposé à recevoir la loi qu'à la faire ? S'il n'eût fait que dire des choses triviales et plates, j'aurois pu croire qu'il faisoit l'imbécile pour dépayser les espions dont il se sent entouré ; mais, quels que soient les gens qui l'écoutent, loin d'user avec eux de la moindre précaution, il lâche étourdiment cent propos inconsidérés, qui donnent sur lui de grandes prises : non qu'au fond ces propos soient répréhensibles, mais parce qu'il est possible de leur donner un mauvais sens, qui, sans lui être venu dans l'esprit, ne manque pas de se présenter par préférence à celui des gens qui l'écoutent, et qui ne cherchent que cela. En un mot, je l'ai presque toujours trouvé pesant à penser, maladroit à dire, se fatiguant sans cesse à chercher le mot propre qui ne lui venoit jamais, et embrouillant des idées déjà peu claires par une mauvaise manière de les exprimer. J'ajoute en passant que si, dans nos premiers entretiens, j'avois pu deviner cet extrême embarras de parler, j'en aurois tiré, sur vos propres arguments, une preuve nouvelle qu'il n'avoit pas fait ses livres : car si, selon vous, déchiffrant si mal la musique, il n'en avoit pu composer, à plus forte raison, sachant si mal parler, il n'avoit pu si bien écrire.

Une pareille ineptie étoit déjà fort étonnante dans un homme assez adroit pour avoir trompé quarante ans, par de fausses apparences, tous ceux qui l'ont approché ; mais ce n'est pas tout. Ce même homme, dont l'œil terne et la physionomie effacée semblent, dans les entretiens indifférents, n'annoncer que de la stupidité, change tout à coup d'air et de maintien, sitôt qu'une matière intéressante pour lui le tire de sa léthargie. On voit sa physionomie éteinte s'animer, se vivifier, devenir parlante, expressive, et promettre de l'esprit. A juger par l'éclat qu'ont encore alors ses yeux à son âge, dans sa jeunesse ils ont dû lancer des éclairs. A son geste impétueux, à sa contenance agitée, on voit que son sang bouillonne, on croiroit que des traits de feu vont sortir de sa bouche : et point du tout ; toute cette effervescence ne produit que des propos communs, confus, mal ordonnés, qui, sans être plus expressifs qu'à l'ordinaire, sont seulement plus inconsidérés. Il élève beaucoup la voix ; mais ce qu'il dit devient plus bruyant sans être plus vigoureux. Quelquefois cependant je lui ai trouvé de l'énergie dans l'expression ; mais ce n'étoit jamais au moment d'une explosion subite : c'étoit seulement lorsque cette explosion, ayant précédé, avoit déjà produit son premier effet. Alors cette émotion prolongée, agissant avec plus de règle, sembloit agir avec plus de force, et lui suggéroit des expressions vigoureuses, pleines du sentiment dont il étoit encore agité. J'ai compris par-là comment cet homme pouvoit, quand son sujet échauffoit son cœur, écrire avec force, quoiqu'il parlât foiblement, et comment sa plume devoit mieux que sa langue parler le langage des passions.

LE FRANÇOIS.

Tout cela n'est pas si contraire que vous pensez aux idées qu'on m'a données de son caractère. Cet embarras d'abord et cette timidité que vous lui attribuez sont reconnus maintenant dans le monde pour être les plus sûres enseignes de l'amour-propre et de l'orgueil.

ROUSSEAU.

D'où il suit que nos petits pâtres et nos pauvres villageoises regorgent d'amour-propre, et que nos brillants académiciens, nos jeunes abbés et nos dames du grand air sont des prodiges de modestie et d'humilité. Oh! malheureuse nation, où toutes les idées de l'aimable et du bon sont renversées, et où l'arrogant amour-propre des gens du monde transforme en orgueil et en vices les vertus qu'ils foulent aux pieds!

LE FRANÇOIS.

Ne vous échauffez pas. Laissons ce nouveau paradoxe sur lequel on peut disputer, et revenons à la sensibilité de notre homme, dont vous convenez vous-même, et qui se déduit de vos observations. D'une profonde indifférence sur tout ce qui ne touche pas son petit individu, il ne s'anime jamais que pour son propre intérêt; mais toutes les fois qu'il s'agit de lui, la violente intensité de son amour-propre doit en effet l'agiter jusqu'au transport; et ce n'est que quand cette agitation se modère qu'il commence d'exhaler sa bile et sa rage, qui, dans les premiers moments, se concentre avec force autour de son cœur.

ROUSSEAU.

Mes observations, dont vous tirez ce résultat,

m'en fournissent un tout contraire. Il est certain qu'il ne s'affecte pas généralement, comme tous nos auteurs, de toutes les questions un peu fines qui se présentent, et qu'il ne suffit pas, pour qu'une discussion l'intéresse, que l'esprit puisse y briller. J'ai toujours vu, j'en conviens, que pour vaincre sa paresse à parler, et l'émouvoir dans la conversation, il falloit un autre intérêt que celui de la vanité du babil; mais je n'ai guère vu que cet intérêt, capable de l'animer, fût son intérêt propre, celui de son individu. Au contraire, quand il s'agit de lui, soit qu'on le cajole par des flatteries, soit qu'on cherche à l'outrager à mots couverts, je lui ai toujours trouvé un air nonchalant et dédaigneux, qui ne montroit pas qu'il fît un grand cas de tous ces discours, ni de ceux qui les lui tenoient, ni de leurs opinions sur son compte; mais l'intérêt plus grand, plus noble qui l'anime et le passionne, est celui de la justice et de la vérité; et je ne l'ai jamais vu écouter de sang froid toute doctrine qu'il crût nuisible au bien public. Son embarras de parler peut souvent l'empêcher de se commettre, lui et la bonne cause, vis-à-vis ces brillants péroreurs qui savent habiller en termes séduisants et magnifiques leur cruelle philosophie; mais il est aisé de voir alors l'effort qu'il fait pour se taire, et combien son cœur souffre à laisser propager des erreurs qu'il croit funestes au genre humain. Défenseur indiscret du foible et de l'opprimé qu'il ne connoît même pas, je l'ai vu souvent rompre impétueusement en visière au puissant oppresseur qui, sans paroître offensé de son audace, s'apprêtoit, sous l'air de la modération, à lui faire payer cher un jour cette incartade : de sorte que, tandis qu'au zèle emporté de l'un on le prend pour un furieux, l'autre, en méditant en secret des noirceurs, paroît un sage qui se possède ; et voilà comment, jugeant toujours sur les apparences, les hommes, le plus souvent, prennent le contre-pied de la vérité.

Je l'ai vu se passionner de même, et souvent jusqu'aux larmes, pour les choses bonnes et belles dont il étoit frappé dans les merveilles de la nature, dans les œuvres des hommes, dans les vertus, dans les talents, dans les beaux-arts, et généralement dans tout ce qui porte un caractère de force, de grâce, ou de vérité, digne d'émouvoir une ame sensible. Mais surtout ce que je n'ai vu qu'en lui seul au monde, c'est un égal attachement pour les productions de ses plus cruels ennemis, et même pour celles qui déposoient contre ses propres idées, lorsqu'il y trouvoit les beautés faites pour toucher son cœur, les goûtant avec le même plaisir, les louant avec le même zèle que si son amour-propre n'en eût point reçu d'atteinte, que si l'auteur eût été son meilleur ami, en s'indignant avec le même feu des cabales faites pour leur ôter, avec les suffrages du public, le prix qui leur étoit dû. Son grand malheur est que tout cela n'est jamais réglé par la prudence, et qu'il se livre impétueusement au mouvement dont il est agité, sans en prévoir l'effet et les suites, ou sans s'en soucier. S'animer modérément n'est pas une chose en sa puissance; il faut qu'il soit de flamme ou de glace : quand il est tiède, il est nul.

Enfin j'ai remarqué que l'activité de son ame duroit peu, qu'elle étoit courte à proportion qu'elle étoit vive, que l'ardeur de ses passions les consumoit, les dévoroit elles-mêmes, et qu'après de fortes et rapides explosions elles s'anéantissoient aussitôt, et le laissoient retomber dans ce premier engourdissement qui le livre au seul empire de l'habitude, et me paroît être son état permanent et naturel.

Voilà le précis des observations d'où j'ai tiré la connoissance de sa constitution physique, et par des conséquences nécessaires, confirmées par sa conduite en toute chose, celles de son vrai caractère. Ces observations, et les autres qui s'y rapportent, offrent pour résultat un tempérament mixte, formé d'éléments qui paroissent contraires; un cœur sensible, ardent, ou très-inflammable; un cerveau compacte et lourd, dont les parties solides et massives ne peuvent être ébranlées que par une agitation du sang vive et prolongée. Je ne cherche point à lever en physicien ces apparentes contradictions; et que m'importe? Ce qui m'importoit étoit de m'assurer de leur réalité, et c'est aussi tout ce que j'ai fait. Mais ce résultat, pour paroître à vos yeux dans tout son jour, a besoin des explications que je vais tâcher d'y joindre.

J'ai souvent ouï reprocher à Jean-Jacques, comme vous venez de faire, un excès de sensibilité, et tirer de là l'évidente conséquence qu'il étoit un monstre. C'est surtout le but d'un nouveau livre anglois intitulé *Recherches sur l'ame*, où, à la faveur de je ne sais combien de beaux détails anatomiques et tout-à-fait concluants, on prouve qu'il n'y a point d'ame, puisque l'auteur n'en a point vu à l'origine des nerfs ; et l'on établit en principe que la sensibilité dans l'homme est la seule cause de ses vices et de ses crimes, et qu'il est méchant en raison de cette sensibilité, quoique, par une exception à la règle, l'auteur accorde que cette même sensibilité peut quelquefois engendrer des vertus. Sans disputer sur la doctrine impartiale du philosophe chirurgien, tâchons de commencer par bien entendre ce mot de *sensibilité*, auquel, faute de notions exactes, on applique à chaque instant des idées si vagues et souvent contradictoires.

La sensibilité est le principe de toute action. Un être, quoique animé, qui ne sentiroit rien, n'agiroit point : car où seroit pour lui le motif d'agir ? Dieu lui-même est sensible, puisqu'il agit. Tous les hommes sont donc sensibles, et peut-être au même degré, mais non pas de la même manière. Il y a une sensibilité physique et organique qui, purement passive, paroît n'avoir pour fin que la conservation de notre corps et celle de notre espèce, par les directions du plaisir et de la douleur. Il y a une autre sensibilité, que j'appelle active et morale, qui n'est autre chose que la faculté d'attacher nos affections à des êtres qui nous sont étrangers. Celle-ci, dont l'étude des paires de nerfs ne donne pas la connoissance, semble offrir dans les ames une analogie assez claire avec la faculté attractive des corps. Sa force est en raison des rapports que nous sentons entre nous et les autres êtres; et, selon la nature de ces rapports, elle agit tantôt positivement par attraction, tantôt négativement par répulsion, comme un aimant par ses pôles. L'action positive ou attirante est l'œuvre simple de la nature qui cherche à étendre et renforcer le sentiment de notre être; la négative ou repoussante, qui comprime et rétrécit celui d'autrui, est une combinaison que la réflexion produit. De la première naissent toutes les passions aimantes et douces; de la seconde, toutes les passions haineuses et cruelles. Veuillez, monsieur, vous rappeler ici, avec les distinctions faites dans nos premiers entretiens entre l'amour de soi-même et l'amour-propre, la manière dont l'un et l'autre agissent sur le cœur humain. La sensibilité positive dérive immédiatement de l'amour de soi. Il est très-naturel que celui qui s'aime cherche à étendre son être et ses jouissances, et à s'approprier par l'attachement ce qu'il sent devoir être un bien pour lui; ceci est une pure affaire de sentiment, où la réflexion n'entre pour rien. Mais sitôt que cet amour absolu dégénère en amour-propre et comparatif, il produit la sensibilité négative, parce qu'aussitôt qu'on prend l'habitude de se mesurer avec d'autres, et de se transporter hors de soi, pour s'assigner la première et meilleure place, il est impossible de ne pas prendre en aversion tout ce qui nous surpasse, tout ce qui nous rabaisse, tout ce qui nous comprime, tout ce qui, étant quelque chose, nous empêche d'être tout. L'amour-propre est toujours irrité ou mécontent, parce qu'il voudroit que chacun nous préférât à tout et à lui-même, ce qui ne se peut; il s'irrite des préférences qu'il sent que d'autres méritent, quand même ils ne les obtiendroient pas; il s'irrite des avantages qu'un autre a sur nous, sans s'apaiser par ceux dont il se sent dédommagé. Le sentiment de l'infériorité à un seul égard empoisonne alors celui de la supériorité à mille autres; et l'on oublie ce qu'on a de plus, pour s'occuper uniquement de ce qu'on a de moins. Vous sentez qu'il n'y a pas à tout cela de quoi disposer l'ame à la bienveillance.

Si vous me demandez d'où naît cette disposition à se comparer, qui change une passion naturelle et bonne en une autre passion factice et mauvaise, je vous répondrai qu'elle vient des relations sociales, du progrès des idées, et de la culture de l'esprit. Tant qu'occupé des seuls besoins absolus on se borne à rechercher ce qui nous est vraiment utile, on ne jette guère sur d'autres un regard oiseux; mais à mesure que la société se resserre par le lien des besoins mutuels, à mesure que l'esprit s'étend, s'exerce et s'éclaire, il prend plus d'activité, il embrasse plus d'objets, saisit plus de rapports, examine, compare; dans ces fréquentes comparaisons, il n'oublie ni lui-même, ni ses semblables, ni la place à laquelle il prétend parmi eux. Dès qu'on a commencé de se mesurer ainsi, l'on ne cesse plus, et le cœur ne sait plus s'occuper désormais qu'à mettre tout le monde au-dessous de nous. Aussi remarque-t-on généralement, en confirmation de cette théorie, que les gens d'esprit, et surtout les gens de lettres, sont de tous les hommes ceux qui ont une plus grande intensité d'amour-propre, les moins portés à aimer, les plus portés à haïr.

Vous me direz peut-être que rien n'est plus commun que des sots pétris d'amour-propre. Cela n'est vrai qu'en distinguant. Fort souvent les sots sont vains, mais rarement ils sont jaloux, parce que, se croyant bonnement à la première place, ils sont toujours très-contents de leur lot. Un homme d'esprit n'a guère le même bonheur, il sent parfaitement et ce qui lui manque et l'avantage qu'en fait de mérite ou de talents un autre peut avoir sur lui. Il n'avoue cela qu'à lui-même, mais il le sent en dépit de lui, et voilà ce que l'amour-propre ne pardonne point.

Ces éclaircissements m'ont paru nécessaires pour jeter du jour sur ces imputations de sensibilité, tournées par les uns en éloges et par les autres en reproches, sans que les uns ni les autres sachent trop ce qu'ils veulent dire par-là, faute d'avoir conçu qu'il est des genres de sensibilité de natures différentes et même contraires qui ne sauroient s'allier ensemble dans un même individu. Passons maintenant à l'application.

Jean-Jacques m'a paru doué de la sensibilité physique à un assez haut degré. Il dépend beaucoup de ses sens, et il en dépendroit bien davantage si la sensibilité morale n'y faisoit souvent diversion; et c'est même encore souvent par celle-ci que l'autre l'affecte si vivement. De beaux sons, un beau ciel, un beau paysage, un beau lac, des fleurs, des parfums, de beaux yeux, un doux regard, tout cela ne réagit si fort sur ses sens qu'après avoir percé par quelque côté jusqu'à son cœur. Je l'ai vu faire deux lieues par jour durant presque tout un printemps pour aller écouter à Berci le rossignol à son aise; il falloit l'eau, la verdure, la solitude, et les bois, pour rendre le chant de cet oiseau touchant à son oreille, et la campagne elle-même auroit moins de charmes à ses yeux s'il n'y voyoit les soins de la mère commune qui se plaît à parer le séjour de ses enfants. Ce qu'il y a de mixte dans la plupart de ses sensations les tempère, et ôtant à celles qui sont purement matérielles l'attrait séducteur des autres, fait que toutes agissent sur lui plus modérément. Ainsi sa sensualité, quoique vive, n'est jamais fougueuse, et, sentant moins les privations que les jouissances, il pourroit se dire en un sens plutôt tempérant que sobre. Cependant l'abstinence totale peut lui coûter quand l'imagination le tourmente, au lieu que la modération ne lui coûte plus rien dans ce qu'il possède, parce qu'alors l'imagination n'agit plus. S'il aime à jouir, c'est seulement après avoir désiré ; et il n'attend pas pour cesser que le désir cesse, il suffit qu'il soit attiédi. Ses goûts sont sains, délicats même, mais non pas raffinés. Le bon vin, les bons mets, lui plaisent fort; mais il aime par préférence ceux qui sont simples, communs, sans apprêt, mais choisis dans leur espèce, et ne fait aucun cas en aucune chose du prix que donne uniquement la rareté. Il hait les mets fins et la chère trop recherchée. Il entre bien rarement chez lui du gibier, et il n'y en entreroit jamais s'il y étoit mieux le maître. Ses repas, ses festins, sont d'un plat unique et toujours le même jusqu'à ce qu'il soit achevé. En un mot, il est sensuel plus qu'il ne faudroit peut-être, mais pas assez pour n'être que cela. On dit du mal de ceux qui le sont ; cependant ils suivent dans toute sa simplicité l'instinct de la nature, qui nous porte à rechercher ce qui nous flatte et à fuir ce qui nous répugne : je ne vois pas quel mal produit un pareil penchant. L'homme sensuel est l'homme de la nature ; l'homme réfléchi est celui de l'opinion : c'est celui-ci qui est dangereux ; l'autre ne peut jamais l'être, quand même il tomberoit dans l'excès. Il est vrai qu'il faut borner ce mot de sensualité à l'acception que je lui donne, et ne pas l'étendre à ces voluptueux de parade qui se font une vanité de l'être, ou qui, pour vouloir passer les limites du plaisir, tombent dans la dépravation, ou qui, dans les raffinements du luxe, cherchant moins les charmes de la jouissance que ceux de l'exclusion, dédaignent les plaisirs dont tout homme a le choix, et se bornent à ceux qui font envie au peuple.

Jean-Jacques, esclave de ses sens, ne s'affecte pas néanmoins de toutes les sensations ; et pour qu'un objet lui fasse impression, il faut qu'à la simple sensation se joigne un sentiment distinct de plaisir ou de peine qui l'attire ou qui le repousse. Il en est de même des idées qui peuvent frapper son cerveau ; si l'impression n'en pénètre jusqu'à son cœur, elle est nulle. Rien d'indifférent pour lui ne peut rester dans sa mémoire, et à peine peut-on dire qu'il aperçoive ce qu'il ne fait qu'apercevoir. Tout cela fait qu'il n'y eut jamais sur la terre d'homme moins curieux des affaires d'autrui, et de ce qui ne le touche en aucune sorte, ni de plus mauvais observateur, quoiqu'il ait cru long-temps en être un très-bon, parce qu'il croyoit toujours bien voir quand il ne faisoit que sentir vivement. Mais celui qui ne sait voir que les objets qui le touchent en détermine mal les rapports, et quelque délicat que soit le toucher d'un aveugle, il ne lui tiendra jamais lieu de deux bons yeux. En un mot, tout ce qui n'est que de pure curiosité, soit dans les arts, soit dans le monde, soit dans la nature, ne tente ni ne flatte Jean-Jacques en aucune sorte, et jamais on ne le verra s'en occuper volontairement un seul moment. Tout cela tient encore à cette paresse de penser qui, déjà trop contrariée pour son propre compte, l'empêche d'être affecté des objets indifférents. C'est aussi par-là qu'il faut expliquer ces distractions continuelles qui, dans les conversations ordinaires, l'empêchent d'entendre presque rien de ce qui se dit, et vont quelquefois jusqu'à la stupidité. Ces distractions ne viennent pas de ce qu'il pense à autre chose, mais de ce qu'il ne pense à rien, et qu'il ne peut supporter la fatigue d'écouter ce qu'il lui importe peu de savoir : il paroît distrait sans l'être, et n'est exactement qu'engourdi.

De là les imprudences et les balourdises qui lui échappent à tout moment, et qui lui ont fait plus de mal que ne lui en auroient fait les vices les plus odieux : car ces vices l'auroient forcé d'être attentif sur lui-même pour les déguiser aux yeux d'autrui. Les gens adroits, faux, malfaisants, sont toujours en garde et ne donnent aucune prise sur eux par leurs discours. On est bien moins soigneux de cacher le mal quand on sent le bien qui le rachète, et qu'on ne risque rien à se montrer tel qu'on est. Quel est l'honnête homme qui n'ait ni vice ni défaut, et qui, se mettant toujours à découvert, ne dise et ne fasse jamais des choses répréhensibles? L'homme rusé qui ne se montre que tel qu'il veut qu'on le voie n'en paroît point faire et n'en dit jamais, du moins en public; mais défions-nous des gens parfaits. Même indépendamment des imposteurs qui le défigurent, Jean-Jacques eût toujours difficilement paru ce qu'il vaut, parce qu'il ne sait pas mettre son prix en montre, et que sa maladresse y met incessamment ses défauts. Tels sont en lui les effets bons et mauvais de la sensibilité physique.

Quant à la sensibilité morale, je n'ai connu aucun homme qui en fût autant subjugué ; mais c'est ici qu'il faut s'entendre : car je n'ai trouvé en lui que celle qui agit positivement, qui vient de la nature, et que j'ai ci-devant décrite. Le besoin d'attacher son cœur, satisfait avec plus d'empressement que de choix, a causé tous les malheurs de sa vie ; mais quoiqu'il s'anime assez fréquemment et souvent très-vivement, je ne lui ai jamais vu de ces démonstrations affectées et convulsives, de ces singeries à la mode dont on nous fait des maladies de nerfs. Ses émotions s'aperçoivent, quoiqu'il ne s'agite pas : elles sont naturelles et simples comme son caractère; il est, parmi tous ces énergumènes de sensibilité, comme une belle femme sans rouge, qui, n'ayant que les couleurs de la nature, paroît pâle au milieu des visages fardés. Pour la sensibilité répulsive qui s'exalte dans la société, et dont je distingue l'impression vive et rapide du premier moment qui produit la colère et non pas la haine, je ne lui en ai trouvé des vestiges que par le côté qui tient à l'instinct moral, c'est-à-dire que la haine de l'injustice et de la méchanceté peut bien lui rendre odieux l'homme injuste et le méchant, mais sans qu'il se mêle à cette aversion rien de personnel qui tienne à l'amour-propre. Rien de celui d'auteur et d'homme de lettres ne se fait sentir en lui. Jamais sentiment de haine et de jalousie contre aucun homme ne prit racine au fond de son cœur; jamais on ne l'ouït dépriser ni rabaisser les hommes célèbres pour nuire à leur réputation. De sa vie il n'a tenté, même dans ses courts succès, de se faire ni parti, ni prosélytes, ni de primer nulle part. Dans toutes les sociétés où il a vécu, il a toujours laissé donner le ton par d'autres, s'attachant lui-même des premiers à leur char, parce qu'il leur trouvoit du mérite, et que leur esprit épargnoit de la peine au sien; tellement que dans aucune de ces sociétés on ne s'est jamais douté des talents prodigieux dont le public le gratifie aujourd'hui pour en faire les instruments de ses crimes ; et maintenant encore s'il vivoit parmi des gens non prévenus, qui ne sussent point qu'il a fait des livres, je suis sûr que, loin de l'en croire capable, tous s'accorderoient à ne lui trouver ni goût ni vocation pour ce métier.

Ce même naturel ardent et doux se fait constamment sentir dans tous ses écrits comme dans ses discours. Il ne cherche ni n'évite de parler de ses ennemis. Quand il en parle, c'est avec une fierté sans dédain, avec une plaisanterie sans fiel, avec des reproches sans amertume, avec une franchise sans malignité. Et de même il ne parle de ses rivaux de gloire qu'avec des éloges mérités sous lesquels aucun venin ne se cache ; ce qu'on ne dira sûrement pas de ceux qu'ils font quelquefois de lui. Mais ce que j'ai trouvé en lui de plus rare pour un auteur, et même pour tout homme sensible, c'est la tolérance la plus parfaite en fait de sentiments et d'opinions, et l'éloignement de tout esprit de parti, même en sa faveur ; voulant dire en liberté son avis et ses raisons quand la chose le demande, et même, quand son cœur s'échauffe, y mettant de la passion ; mais ne blâmant pas plus qu'on n'adopte pas son sentiment qu'il ne souffre qu'on le lui veuille ôter, et laissant à chacun la même liberté de penser qu'il réclame pour lui-même. J'entends tout le monde parler de tolérance, mais je n'ai connu de vrai tolérant que lui seul.

Enfin l'espèce de sensibilité que j'ai trouvée en lui peut rendre peu sages et très-malheureux ceux qu'elle gouverne, mais elle n'en fait ni des cerveaux brûlés ni des monstres : elle en fait seulement des hommes inconséquents et souvent en contradiction avec eux-mêmes, quand unissant comme celui-ci un cœur vif et un esprit lent, ils commencent par ne suivre que leurs penchants et finissent par vouloir rétrograder, mais trop tard, quand leur raison plus tardive les avertit enfin qu'ils s'égarent.

Cette opposition entre les premiers éléments de sa constitution se fait sentir dans la plupart des qualités qui en dérivent et dans toute sa conduite. Il y a peu de suite dans ses actions, parce que ses mouvements naturels et ses projets réfléchis ne le menant jamais sur la même ligne, les premiers le détournent à chaque instant de la route qu'il s'est tracée, et qu'en agissant beaucoup il n'avance point. Il n'y a rien de grand, de beau, de généreux dont par élans il ne soit capable ; mais il se lasse bien vite, et retombe aussitôt dans son inertie : c'est en vain que les actions nobles et belles sont quelques instants dans son courage, la paresse et la timidité qui succèdent bientôt le retiennent, l'anéantissent ; et voilà comment, avec des sentiments quelquefois élevés et grands, il fut toujours petit et nul par sa conduite.

Voulez-vous donc connoître à fond sa conduite et ses mœurs, étudiez bien ses inclinations et ses goûts; cette connoissance vous donnera l'autre parfaitement; car jamais homme ne se conduisit moins sur des principes et des règles, et ne suivit plus aveuglément ses penchants. Prudence, raison, précaution, prévoyance, tout cela ne sont pour lui que des mots sans effet. Quand il est tenté, il succombe; quand il ne l'est pas, il reste dans sa langueur. Par-là vous voyez que sa conduite doit être inégale et sautillante, quelques instants impétueuse, et presque toujours molle ou nulle. Il ne marche pas; il fait des bonds, et retombe à la même place; son activité même ne tend qu'à le ramener à celle dont la force des choses le tire; et s'il n'étoit poussé que par son plus constant désir, il resteroit toujours immobile. Enfin jamais il n'exista d'être plus sensible à l'émotion et moins formé pour l'action.

Jean-Jacques n'a pas toujours fui les hommes, mais il a toujours aimé la solitude. Il se plaisoit avec les amis qu'il croyoit avoir, mais il se plaisoit encore plus avec lui-même. Il chérissoit leur société, mais il avoit quelquefois besoin de se recueillir, et peut-être eût-il encore mieux aimé vivre toujours seul que toujours avec eux. Son affection pour le roman de *Robinson* m'a fait juger qu'il ne se fût pas cru si malheureux que lui, confiné dans son île déserte. Pour un homme sensible, sans ambition et sans vanité, il est moins cruel et moins difficile de vivre seul dans un désert que seul parmi ses semblables. Du reste, quoique cette inclination pour la vie retirée et solitaire n'ait certainement rien de méchant et de misanthrope, elle est néanmoins si singulière, que je ne l'ai jamais trouvée à ce point qu'en lui seul, et qu'il en falloit absolument démêler la cause précise, ou renoncer à bien connoître l'homme dans lequel je la remarquois.

J'ai bien vu d'abord que la mesure des sociétés ordinaires où règne une familiarité apparente et une réserve réelle ne pouvoit lui convenir. L'impossibilité de flatter son langage et de cacher les mouvements de son cœur mettoit de son côté un désavantage énorme vis-à-vis du reste des hommes, qui, sachant cacher ce qu'ils sentent et ce qu'ils sont, se montrent uniquement comme il leur convient qu'on les voie. Il n'y avoit qu'une intimité parfaite qui pût entre eux et lui rétablir l'égalité. Mais quand il l'y a mise, ils n'en ont mis eux que l'apparence; elle étoit de sa part une imprudence, et de la leur une embûche; et cette tromperie, dont il fut la victime, une fois sentie, a dû pour jamais le tenir éloigné d'eux.

Mais enfin, perdant les douceurs de la société humaine, qu'a-t-il substitué qui pût l'en dédommager et lui faire préférer ce nouvel état à l'autre malgré ses inconvénients? Je sais que le bruit du monde effarouche les cœurs aimants et tendres, qu'ils se resserrent et se compriment dans la foule, qu'ils se dilatent et s'épanchent entre eux, qu'il n'y a de véritable effusion que dans le tête-à-tête, qu'enfin cette intimité délicieuse qui fait la véritable jouissance de l'amitié ne peut guère se former et se nourrir que dans la retraite; mais je sais aussi qu'une solitude absolue est un état triste et contraire à la nature; les sentiments affectueux nourrissent l'ame, la communication des idées avive l'esprit. Notre plus douce existence est relative et collective, et notre vrai *moi* n'est pas tout entier en nous. Enfin, telle est la constitution de l'homme en cette vie qu'on n'y parvient jamais à bien jouir de soi sans le concours d'autrui. Le solitaire Jean-Jacques devroit donc être sombre, taciturne, et vivre toujours mécontent. C'est en effet ainsi qu'il paroît dans tous ses portraits, et c'est ainsi qu'on me l'a toujours dépeint depuis ses malheurs; même on lui fait dire dans une lettre imprimée qu'il n'a ri dans toute sa vie que deux fois qu'il cite, et toutes deux d'un rire de méchanceté. Mais on me parloit jadis de lui tout autrement, et je l'ai vu tout autre lui-même sitôt qu'il s'est mis à son aise avec moi. J'ai surtout été frappé de ne lui trouver jamais l'esprit si gai, si serein, que quand on l'avoit laissé seul et tranquille, ou au retour de sa promenade solitaire, pourvu que ce ne fût pas un flagorneur qui l'accostât. Sa conversation étoit alors encore plus ouverte et douce qu'à l'ordinaire, comme seroit celle d'un homme qui sort d'avoir du plaisir. De quoi s'occupoit-il donc ainsi seul, lui qui, devenu la risée et l'horreur de ses contemporains, ne voit dans sa triste destinée que des sujets de larmes et de désespoir?

O Providence! ô nature! trésor du pauvre, ressource de l'infortuné; celui qui sent, qui connoît vos saintes lois et s'y confie, celui dont le cœur est en paix et dont le corps ne souffre pas, grâce à vous, n'est point tout entier en proie à l'adversité. Malgré tous les complots des hommes, tous les succès des méchants, il ne peut être absolument misérable. Dépouillé par des mains cruelles de tous les biens de cette vie, l'espérance l'en dédommage dans l'avenir, l'imagination les lui rend dans l'instant même; d'heureuses fictions lui tiennent lieu d'un bonheur réel; et que dis-je! lui seul est solidement heureux, puisque les biens terrestres peuvent à chaque instant échapper en mille manières à celui qui croit les tenir; mais rien ne peut ôter ceux de l'imagination à quiconque sait en jouir. Il les possède sans risque et sans crainte; la fortune et les hommes ne sauroient l'en dépouiller.

Foible ressource, allez-vous dire, que des visions contre une grande adversité! Eh! monsieur, ces visions ont plus de réalité peut-être que tous les biens apparents dont les hommes font tant de cas, puisqu'ils ne portent jamais dans l'ame un vrai sentiment de bonheur, et que ceux qui les possèdent sont également forcés de se jeter dans l'avenir, faute de trouver dans le présent des jouissances qui les satisfassent.

Si l'on vous disoit qu'un mortel, d'ailleurs très-infortuné, passe régulièrement cinq ou six heures par jour dans des sociétés délicieuses, composées d'hommes justes, vrais, gais, aimables, simples avec de grandes lumières, doux avec de grandes vertus; de femmes charmantes et sages, pleines de sentiments et de grâces, modestes sans grimace, badines sans étourderie, n'usant de l'ascendant de leur sexe et de l'empire de leurs charmes que pour nourrir entre les hommes l'émulation des grandes choses et le zèle de la vertu; que ce mortel, connu, estimé, chéri dans ces sociétés d'élite, y vit, avec tout ce qui les compose, dans un commerce de confiance, d'attachement, de familiarité; qu'il y trouve à son choix des amis sûrs, des maîtresses fidèles, de tendres et solides amies, qui valent peut-être encore mieux : pensez-vous que la moitié de chaque jour ainsi passée ne rachèteroit pas bien les peines de l'autre moitié? Le souvenir toujours présent d'une si douce vie et l'espoir assuré de son retour prochain n'adouciroient-ils pas bien encore l'amertume du reste du temps? et croyez-vous qu'à tout prendre l'homme le plus heureux de la terre compte dans le même espace plus de moments aussi doux? Pour moi, je pense, et vous penserez, je m'assure, que cet homme pourroit se flatter, malgré ses peines, de passer de cette manière une vie aussi pleine de bonheur et de jouissance que tel autre mortel que ce soit. Hé bien! monsieur, tel est l'état de Jean-Jacques au milieu de ses afflictions et de ses fictions; de ce Jean-Jacques, si cruellement, si obstinément, si indignement noirci, flétri, diffamé, et qu'avec des soucis, des soins, des frais énormes, ses adroits, ses puissants persécuteurs travaillent depuis si long-temps sans relâche à rendre le plus malheureux des êtres. Au milieu de tous leurs succès, il leur échappe; et, se réfugiant dans les régions éthérées, il y vit heureux en dépit d'eux : jamais, avec toutes leurs machines, ils ne le poursuivront jusque-là.

Les hommes, livrés à l'amour-propre et à son triste cortége, ne connoissent plus le charme et l'effet de l'imagination. Ils pervertissent l'usage de cette faculté consolatrice : au lieu de s'en servir pour adoucir le sentiment de leurs maux, ils ne s'en servent que pour l'irriter. Plus occupés des objets qui les blessent que de ceux qui les flattent, ils voient partout quelque sujet de peine, ils gardent toujours quelque souvenir attristant, et, quand ensuite ils méditent dans la solitude sur ce qui les a le plus affectés, leurs cœurs ulcérés remplissent leur imagination de mille objets funestes. Les concurrences, les préférences, les jalousies, les rivalités, les offenses, les vengeances, les mécontentements de toute espèce, l'ambition, les désirs, les projets, les moyens, les obstacles, remplissent de pensées inquiétantes les heures de leurs courts loisirs; et si quelque image agréable ose y paroître avec l'espérance, elle en est effacée ou obscurcie par cent images pénibles que le doute du succès vient bientôt y substituer.

Mais celui qui, franchissant l'étroite prison de l'intérêt personnel et des petites passions terrestres, s'élève sur les ailes de l'imagination au-dessus des vapeurs de notre atmosphère; celui qui, sans épuiser sa force et ses facultés à lutter contre la fortune et la destinée, sait s'élancer dans les régions éthérées, y planer, et s'y soutenir par de sublimes contemplations, peut de là braver les coups du sort et des insensés jugements des hommes. Il est au-dessus de leurs atteintes; il n'a pas besoin de leur suffrage pour être sage, ni de leur faveur pour être heureux. Enfin tel est en nous l'empire de l'imagination, et telle en est l'influence, que d'elle naissent non seulement les vertus et les vices, mais les biens et les maux de la vie humaine, et que c'est principalement la manière dont on s'y livre qui rend les hommes bons ou méchants, heureux ou malheureux ici-bas.

Un cœur actif et un naturel paresseux doivent

inspirer le goût de la rêverie. Ce goût perce et devient une passion très-vive, pour peu qu'il soit secondé par l'imagination. C'est ce qui arrive très-fréquemment aux Orientaux; c'est ce qui est arrivé à Jean-Jacques, qui leur ressemble à bien des égards. Trop soumis à ses sens pour pouvoir, dans les jeux de la sienne, en secouer le joug, il ne s'élèveroit pas sans peine à des méditations purement abstraites, et ne s'y soutiendroit pas long-temps. Mais cette foiblesse d'entendement lui est peut-être plus avantageuse que ne seroit une tête plus philosophique. Le concours des objets sensibles rend ses méditations moins sèches, plus douces, plus illusoires, plus appropriées à lui tout entier. La nature s'habille pour lui des formes les plus charmantes, se peint à ses yeux des couleurs les plus vives, se peuple pour son usage d'êtres selon son cœur; et lequel est le plus consolant, dans l'infortune, de profondes conceptions qui fatiguent, ou de riantes fictions qui ravissent et transportent celui qui s'y livre au sein de la félicité? Il raisonne moins, il est vrai; mais il jouit davantage : il ne perd pas un moment pour la jouissance; et sitôt qu'il est seul, il est heureux.

La rêverie, quelque douce qu'elle soit, épuise et fatigue à la longue, elle a besoin de délassement. On le trouve en laissant reposer sa tête et livrant uniquement ses sens à l'impression des objets extérieurs. Le plus indifférent spectacle a sa douceur par le relâche qu'il nous procure; et, pour peu que l'impression ne soit pas tout-à-fait nulle, le mouvement léger dont elle nous agite suffit pour nous préserver d'un engourdissement léthargique, et nourrir en nous le plaisir d'exister, sans donner de l'exercice à nos facultés. Le contemplatif Jean-Jacques, en tout autre temps si peu attentif aux objets qui l'entourent, a souvent grand besoin de ce repos, et le goûte alors avec une sensualité d'enfant dont nos sages ne se doutent guère. Il n'aperçoit rien, sinon quelque mouvement à son oreille ou devant ses yeux; mais c'en est assez pour lui. Non seulement une parade de foire, une revue, un exercice, une procession, l'amusent; mais la grue, le cabestan, le mouton, le jeu d'une machine quelconque, un bateau qui passe, un moulin qui tourne, un bouvier qui laboure, des joueurs de boule ou de battoir, la rivière qui court, l'oiseau qui vole, attachent ses regards. Il s'arrête même à des spectacles sans mouvement, pour peu que la variété y supplée. Des colifichets en étalage, des bouquins ouverts sur les quais, et dont il ne lit que les titres, des images contre les murs, qu'il parcourt d'un œil stupide, tout cela l'arrête et l'amuse quand son imagination fatiguée a besoin de repos. Mais nos modernes sages, qui le suivent et l'épient dans tout ce badaudage, en tirent des conséquences à leur mode sur les motifs de son attention, et toujours dans l'aimable caractère dont ils l'ont obligeamment gratifié. Je le vis un jour assez long-temps arrêté devant une gravure. Des jeunes gens inquiets de savoir ce qui l'occupoit si fort, mais assez polis, contre l'ordinaire, pour ne pas s'aller interposer entre l'objet et lui, attendirent avec une risible impatience. Sitôt qu'il partit, ils coururent à la gravure, et trouvèrent que c'étoit le plan des attaques du fort de Kehl. Je les vis ensuite long-temps et vivement occupés d'un entretien fort animé, dans lequel je compris qu'ils fatiguoient leur Minerve à chercher quel crime on pouvoit méditer en regardant le plan des attaques du fort de Kehl.

Voilà, monsieur, une grande découverte, et dont je me suis beaucoup félicité, car je la regarde comme la clef des autres singularités de cet homme. De cette pente aux douces rêveries j'ai vu dériver tous les goûts, tous les penchants, toutes les habitudes de Jean-Jacques, ses vices même et les vertus qu'il peut avoir. Il n'a guère assez de suite dans ses idées pour former de vrais projets; mais, enflammé par la longue contemplation d'un objet, il fait parfois dans sa chambre de fortes et promptes résolutions qu'il oublie ou qu'il abandonne avant d'être arrivé dans la rue. Toute la vigueur de sa volonté s'épuise à résoudre; il n'en a plus pour exécuter. Tout suit en lui d'une première inconséquence. La même opposition qu'offrent les éléments de sa constitution se retrouve dans ses inclinations, dans ses mœurs et dans sa conduite. Il est actif, ardent, laborieux, infatigable; il est indolent, paresseux, sans vigueur: il est fier, audacieux, téméraire; il est craintif, timide, embarrassé: il est froid, dédaigneux, rebutant jusqu'à la dureté; il est doux, caressant, facile jusqu'à la foiblesse, et ne sait pas se défendre de faire ou souffrir ce qui lui plaît le moins. En un mot, il passe d'une extrémité à l'autre avec une incroyable rapidité, sans même remarquer ce passage, ni se souvenir de ce qu'il étoit l'instant auparavant; et, pour rapporter ces effets divers à leurs causes primitives, il est lâche et mou tant que la seule raison l'excite, il devient tout de feu sitôt qu'il est animé par quelque passion. Vous me direz que c'est comme cela que sont tous les hommes. Je pense tout le contraire, et vous ne penseriez pas ainsi vous-même si j'avois mis le mot *intérêt* à la place du mot *raison*, qui dans le fond signifie ici la même chose; car qu'est-ce que la raison pratique, si ce n'est le sacrifice d'un bien présent et passager aux moyens de s'en procurer un jour de plus grands ou de plus solides? et qu'est-ce que l'intérêt, si ce n'est l'augmentation et l'extension continuelle de ces mêmes moyens? L'homme intéressé songe moins à jouir qu'à multiplier pour lui l'instrument des jouissances. Il n'a point proprement de passions, non plus que l'avare, ou il les surmonte, et travaille uniquement par un excès de prévoyance à se mettre en état de satisfaire à son aise celles qui pourront lui venir un jour. Les véritables passions, plus rares qu'on ne pense parmi les hommes, le deviennent de jour en jour davantage ; l'intérêt les élime, les atténue, les engloutit toutes, et la vanité, qui n'est qu'une bêtise de l'amour-propre, aide encore à les étouffer. La devise du baron de Feneste se lit en gros caractères sur toutes les actions des hommes de nos jours : *C'est pour paroître.* Ces dispositions habituelles ne sont guère propres à laisser agir les vrais mouvements du cœur.

Pour Jean-Jacques, incapable d'une prévoyance un peu suivie, et tout entier à chaque sentiment qui l'agite, il ne connoît pas même pendant sa durée qu'il puisse jamais cesser d'en être affecté. Il ne pense à son intérêt, c'est-à-dire à l'avenir, que dans un calme absolu ; mais il tombe alors dans un tel engourdissement, qu'autant vaudroit qu'il n'y pensât point du tout. Il peut bien dire, au contraire de ces gens de l'Évangile et de ceux de nos jours, qu'où est le cœur là est aussi son trésor. En un mot, son ame est forte ou foible à l'excès, selon les rapports sous lesquels on l'envisage. Sa force n'est pas dans l'action, mais dans la résistance ; toutes les puissances de l'univers ne feroient pas fléchir un instant les directions de sa volonté. L'amitié seule eût eu le pouvoir de l'égarer, il est à l'épreuve de tout le reste. Sa foiblesse ne consiste pas à se laisser détourner de son but, mais à manquer de vigueur pour l'atteindre, et à se laisser arrêter tout court par le premier obstacle qu'elle rencontre, quoique facile à surmonter. Jugez si ces dispositions le rendroient propre à faire son chemin dans le monde, où l'on ne marche que par zig-zag.

Tout a concouru dès ses premières années à détacher son ame des lieux qu'habitoit son corps, pour l'élever et la fixer dans ces régions éthérées dont je vous parlois ci-devant. Les hommes illustres de Plutarque furent sa première lecture dans un âge où rarement les enfants savent lire. Les traces de ces hommes antiques firent en lui des impressions qui jamais n'ont pu s'effacer. A ces lectures succéda celle de *Cassandre* et des vieux romans, qui, tempérant sa fierté romaine, ouvrirent ce cœur naissant à tous les sentiments expansifs et tendres auxquels il n'étoit déjà que trop disposé. Dès-lors il se fit des hommes et de la société des idées romanesques et fausses, dont tant d'expériences funestes n'ont jamais bien pu le guérir. Ne trouvant rien autour de lui qui réalisât ses idées, il quitta sa patrie encore jeune adolescent, et se lança dans le monde avec confiance, y cherchant les Aristides, les Lycurgues et les Astrées dont il le croyoit rempli. Il passa sa vie à jeter son cœur dans ceux qu'il crut s'ouvrir pour le recevoir, à croire avoir trouvé ce qu'il cherchoit, et à se désabuser. Durant sa jeunessse, il trouva des ames bonnes et simples, mais sans chaleur et sans énergie. Dans son âge mûr, il trouva des esprits vifs, éclairés et fins, mais faux, doubles et méchants, qui parurent l'aimer tant qu'ils eurent la première place, mais qui, dès qu'ils s'en crurent offusqués, n'usèrent de sa confiance que pour l'accabler d'opprobres et de malheurs. Enfin, se voyant devenu la risée et le jouet de son siècle, sans savoir comment ni pourquoi, il comprit que, vieillissant dans la haine publique, il n'avoit plus rien à espérer des hommes; et, se détrompant trop tard des illusions qui l'avoient abusé si long-temps, il se livra tout entier à celles qu'il pouvoit réaliser tous les jours, et finit par nourrir de ses seules chimères son cœur, que le besoin d'aimer avoit toujours dévoré. Tous ses goûts, toutes ses passions ont ainsi leurs objets dans une autre sphère. Cet homme tient moins à celle-ci qu'aucun autre mortel qui me soit connu. Ce n'est pas de quoi se faire aimer de ceux qui l'habitent, et qui, se sentant dépendre de tout le monde, veulent aussi que tout le monde dépende d'eux.

Ces causes, tirées des événements de sa vie, auroient pu seules lui faire fuir la foule et rechercher la solitude. Les causes naturelles, tirées de sa constitution, auroient dû seules produire aussi le même effet. Jugez s'il pouvoit échapper au concours de ces différentes causes, pour le rendre ce qu'il est aujourd'hui. Pour mieux sentir cette nécessité, écartons un moment tous les faits, ne supposons connu que le tempérament que je vous ai décrit, et voyons ce qui devroit naturellement en résulter dans un être fictif dont nous n'aurions aucune autre idée.

Doué d'un cœur très-sensible, et d'une imagination très-vive, mais lent à penser, arrangeant difficilement ses pensées, et plus difficilement ses paroles, il fuira les situations qui lui sont pénibles, et recherchera celles qui lui sont commodes; il se complaira dans le sentiment de ses avantages, il en jouira tout à son aise dans des rêveries délicieuses; mais il aura la plus forte répugnance à étaler sa gaucherie dans les assemblées; et l'inutile effort d'être toujours attentif à ce qui se dit, et d'avoir toujours l'esprit présent et tendu pour y répondre, lui rendra les sociétés indifférentes aussi fatigantes que déplaisantes. La mémoire et la réflexion renforceront encore cette répugnance en lui faisant entendre, après coup, des multitudes de choses qu'il n'a pu d'abord entendre, et auxquelles, forcé de répondre à l'instant, il a répondu de travers, faute d'avoir le temps d'y penser. Mais, né pour de vrais attachements, la société des cœurs et l'intimité lui seront très-précieuses; et il se sentira d'autant plus à son aise avec ses amis, que, bien connu d'eux ou croyant l'être, il n'aura pas peur qu'ils le jugent sur les sottises qui peuvent lui échapper dans le rapide bavardage de la conversation. Aussi le plaisir de vivre avec eux exclusivement se marquera-t-il sensiblement dans ses yeux et dans ses manières; mais l'arrivée d'un survenant fera disparoître à l'instant sa confiance et sa gaieté.

Sentant ce qu'il vaut en dedans, le sentiment de son invincible ineptie au dehors pourra lui donner souvent du dépit contre lui-même et quelquefois contre ceux qui le forceront de la montrer. Il devra prendre en aversion tout ce flux de compliments qui ne sont qu'un art de s'en attirer à soi-même, et de provoquer une escrime en paroles; art surtout employé par les femmes et chéri d'elles, sûres de l'avantage qui doit leur en revenir. Par conséquent, quelque penchant qu'ait notre homme à la tendresse, quelque goût qu'il ait naturellement pour les femmes, il n'en pourra souffrir le commerce ordinaire, où il faut fournir un perpétuel tribut de gentillesses qu'il se sent hors d'état de payer. Il parlera peut-être aussi bien qu'un autre le langage de l'amour dans le tête-à-tête, mais plus mal que qui que ce soit celui de la galanterie dans un cercle.

Les hommes, qui ne peuvent juger d'autrui que par ce qu'ils en aperçoivent, ne trouvant rien en lui que de médiocre et de commun tout au plus, l'estimeront au-dessous de son prix. Ses yeux, animés par intervalles, promettroient en vain ce qu'il seroit hors d'état de tenir. Ils brilleroient en vain quelquefois d'un feu bien différent de celui de l'esprit : ceux qui ne connoissent que celui-ci, ne le trouvant point en lui, n'iroient pas plus loin ; et, jugeant de lui sur cette apparence, ils diroient : C'est un homme d'esprit en peinture, c'est un sot en original. Ses amis mêmes pourroient se tromper comme les autres sur sa mesure ; et, si quelque évènement imprévu les forçoit enfin de reconnoître en lui plus de talent et d'esprit qu'ils ne lui en avoient d'abord accordé, leur amour-propre ne lui pardonneroit point leur première erreur sur son compte, et ils pourroient le haïr toute leur vie, uniquement pour n'avoir pas su d'abord l'apprécier.

Cet homme, enivré par ses contemplations des charmes de la nature, l'imagination pleine de types de vertus, de beautés, de perfections de toute espèce, chercheroit long-temps dans le monde des sujets où il trouvât tout cela. A force de désirer, il croiroit souvent trouver ce qu'il cherche ; les moindres apparences lui paroîtroient des qualités réelles ; les moindres protestations lui tiendroient lieu de preuves ; dans tous ses attachements il croiroit toujours trouver le sentiment qu'il y porteroit lui-même ; toujours trompé dans son attente, et toujours caressant son erreur, il passeroit sa jeunesse à croire avoir réalisé ses fictions ; à peine l'âge mûr et l'expérience les lui montreroient enfin pour ce qu'elles sont, et, malgré les erreurs, les les fautes et les expiations d'une longue vie, il n'y auroit peut-être que le concours des plus cruels malheurs qui pût détruire son illusion chérie, et lui faire sentir que ce qu'il cherche ne se trouve point sur la terre, ou ne s'y trouve que dans un ordre de choses bien différent de celui où il l'a cherché.

La vie contemplative dégoûte de l'action. Il n'y a point d'attrait plus séducteur que celui des fictions d'un cœur aimant et tendre, qui, dans l'univers qu'il se crée à son gré, se dilate, s'étend à son aise, délivré des dures entraves qui le compriment dans celui-ci. La réflexion, la prévoyance, mère des soucis et des peines, n'approchent guère d'une ame enivrée des charmes de la contemplation. Tous les soins fatigants de la vie active lui deviennent insupportables, et lui semblent superflus; et pourquoi se donner tant de peines, dans l'espoir éloigné d'un succès si pauvre, si incertain, tandis qu'on peut dès l'instant même, dans une délicieuse rêverie, jouir à son aise de toute la félicité dont on sent en soi la puissance et le besoin? Il deviendroit donc indolent, paresseux par goût, par raison même, quand il ne le seroit pas par tempérament. Que si, par intervalle, quelque projet de gloire ou d'ambition pouvoit l'émouvoir, il le suivroit d'abord avec ardeur, avec impétuosité; mais la moindre difficulté, le moindre obstacle l'arrêteroit, le rebuteroit, le rejetteroit dans l'inaction. La seule incertitude du succès le détacheroit de toute entreprise douteuse. Sa nonchalance lui montreroit de la folie à compter sur quelque chose ici-bas, à se tourmenter pour un avenir si précaire, et de la sagesse à renoncer à la prévoyance, pour s'attacher uniquement au présent, qui seul est en notre pouvoir.

Ainsi livré par système à sa douce oisiveté, il rempliroit ses loisirs de jouissances à sa mode, et, négligeant ces foules de prétendus devoirs que la sagesse humaine prescrit comme indispensables, il passeroit pour fouler aux pieds les bienséances, parce qu'il dédaigneroit les simagrées. Enfin, loin de cultiver sa raison, pour apprendre à se conduire prudemment parmi les hommes, il n'y chercheroit en effet que de nouveaux motifs de vivre éloigné d'eux, et de se livrer tout entier à ses fictions.

Cette humeur indolente et voluptueuse, se fixant toujours sur des objets riants, le détourneroit par conséquent des idées pénibles et déplaisantes. Les souvenirs douloureux s'effaceroient très-promptement de son esprit; les auteurs de ses maux n'y tiendroient pas plus de place que ces maux mêmes; et tout cela, parfaitement oublié dans très-peu de temps, seroit bientôt pour lui comme nul, à moins que le mal ou l'ennemi qu'il auroit encore à craindre ne lui rappelât ce qu'il en auroit déjà souffert. Alors il pourroit être extrêmement effarouché des maux à venir, moins précisément à cause de ces maux que par le trouble du repos, la privation du loisir, la nécessité d'agir de manière ou d'autre, qui s'ensuivroient inévitablement, et qui alarmeroient plus sa paresse que la crainte du mal n'épouvanteroit son courage. Mais tout cet effroi subit et momentané seroit sans suite et stérile en effet. Il craindroit moins la souffrance que l'action. Il aimeroit mieux voir augmenter ses maux et rester tranquille, que de se tourmenter pour les adoucir; disposition qui donneroit beau jeu aux ennemis qu'il pourroit avoir.

J'ai dit que Jean-Jacques n'étoit pas vertueux : notre homme ne le seroit pas non plus; et comment, foible et subjugué par ses penchants, pourroit-il l'être, n'ayant toujours pour guide que son propre cœur, jamais son devoir ni sa raison? Comment la vertu, qui n'est que travail et combat, règneroit-elle au sein de la mollesse et des doux loisirs? Il seroit bon, parce que la nature l'auroit fait tel; il feroit du bien, parce qu'il lui seroit doux d'en faire : mais s'il s'agissoit de combattre ses plus chers désirs et de déchirer son cœur pour remplir son devoir, le feroit-il aussi? J'en doute. La loi de la nature, sa voix du moins, ne s'étend pas jusque-là. Il en faut une autre alors qui commande, et que la nature se taise.

Mais se mettroit-il aussi dans ces situations violentes d'où naissent des devoirs si cruels? J'en doute encore plus. Du tumulte des sociétés naissent des multitudes de rapports nouveaux et souvent opposés, qui tiraillent en sens contraire ceux qui marchent avec ardeur dans la route sociale. A peine ont-ils alors d'autre bonne règle de justice que de résister à tous leurs penchants, et de faire toujours le contraire de ce qu'ils désirent, par cela seul qu'ils le désirent. Mais celui qui se tient à l'écart, et fuit ces dangereux combats, n'a pas besoin d'adopter cette morale cruelle, n'étant point entraîné par le torrent, ni forcé de céder à sa fougue impétueuse, ou de se roidir pour y résister : il se trouve naturellement soumis à ce grand précepte de morale, mais destructif de tout l'ordre social, de ne se mettre jamais en situation à pouvoir trouver son avantage dans le mal d'autrui. Celui qui veut suivre ce précepte à la rigueur n'a point d'autre moyen pour cela que de se retirer tout-à-fait de la société, et celui qui en vit séparé suit par cela seul ce précepte sans avoir besoin d'y songer.

Notre homme ne sera donc pas vertueux, parce qu'il n'aura pas besoin de l'être; et, par la même raison, il ne sera ni vicieux, ni méchant, car l'indolence et l'oisiveté, qui dans la société sont un si grand vice, n'en sont plus un dans quiconque a su renoncer à ses avantages pour n'en pas supporter les travaux. Le méchant n'est méchant qu'à cause du besoin qu'il a des autres, que ceux-ci ne le favorisent pas assez, que ceux-là lui font obstacle, et qu'il ne peut ni les employer ni les écarter à son gré. Le solitaire n'a besoin que de sa subsistance, qu'il aime mieux se procurer par son travail dans la retraite, que par ses intrigues dans le monde, qui seroient un bien plus grand travail pour lui. Du reste, il n'a besoin d'autrui que parce que son cœur a besoin d'attachement; il se donne des amis imaginaires, pour n'en avoir pu trouver de réels; il ne fuit les hommes qu'après avoir vainement cherché parmi eux ce qu'il doit aimer.

Notre homme ne sera pas vertueux, parce qu'il sera foible, et que la vertu n'appartient qu'aux ames fortes. Mais cette vertu à laquelle il ne peut atteindre, qui est-ce qui l'admirera, la chérira, l'adorera plus que lui? qui est-ce qui, avec une imagination plus vive, s'en peindra mieux le divin simulacre? qui est-ce qui, avec un cœur plus tendre, s'enivrera plus d'amour pour elle? Ordre, harmonie, beauté, perfection, sont les objets de ses plus douces méditations. Idolâtre du beau dans tous les genres, resteroit-il froid uniquement pour la suprême beauté? Non; elle ornera de ses charmes immortels toutes ces images chéries qui remplissent son ame, qui repaissent son cœur. Tous ses premiers mouvements seront vifs et purs; les seconds auront sur lui peu d'empire. Il voudra toujours ce qui est bien, il le fera quelquefois; et si souvent il laisse éteindre sa volonté par sa foiblesse, ce sera pour retomber dans sa langueur. Il cessera de bien faire, il ne commencera pas même lorsque la grandeur de l'effort épouvantera sa paresse; mais jamais il ne fera volontairement ce qui est mal. En un mot, s'il agit rarement comme il doit, plus rarement encore il agira comme il ne doit pas, et toutes ses fautes, même les plus graves, ne seront que des péchés d'omission : mais c'est par-là précisément qu'il sera le plus en scandale aux hommes, qui, ayant mis toute la morale en petites formules, comptent pour rien le mal dont on s'abstient, pour tout l'étiquette des petits procédés, et sont bien plus attentifs à remarquer les devoirs auxquels on manque qu'à tenir compte de ceux qu'on remplit.

Tel sera l'homme doué du tempérament dont j'ai parlé, tel j'ai trouvé celui que je viens d'étudier. Son ame, forte en ce qu'elle ne se laisse point détourner de son objet, mais foible pour surmonter les obstacles, ne prend guère de mauvaises directions, mais suit lâchement la bonne. Quand il est quelque chose, il est bon, mais plus souvent il est nul : et c'est pour cela même que, sans être persévérant, il est ferme; que les traits de l'adversité ont moins de prise sur lui qu'ils n'auroient sur tout autre homme : et que, malgré tous ses malheurs, ses sentiments sont encore plus affectueux que douloureux. Son cœur, avide de bonheur et de joie, ne peut garder nulle impression pénible. La douleur peut le déchirer un moment sans pouvoir y prendre racine. Jamais idée affligeante n'a pu long-temps l'occuper. Je l'ai vu, dans les plus grandes calamités de sa malheureuse vie, passer rapidement de la plus profonde affliction à la plus pure joie, et cela sans qu'il restât pour le moment dans son ame aucune trace des douleurs qui venoient de la déchirer, qui l'alloient déchirer encore, et qui constituoient pour lors son état habituel.

Les affections auxquelles il a le plus de pente se distinguent même par des signes physiques. Pour peu qu'il soit ému, ses yeux se mouillent à l'instant. Cependant jamais la seule douleur ne lui fit verser une larme ; mais tout sentiment tendre et doux, ou grand et noble, dont la vérité passe à son cœur, lui en arrache infailliblement. Il ne sauroit pleurer que d'attendrissement ou d'admiration ; la tendresse et la générosité sont les deux cordes sensibles par lesquelles on peut vraiment l'affecter. Il peut voir ses malheurs d'un œil sec, mais il pleure en pensant à son innocence et au prix qu'avoit mérité son cœur.

Il est des malheurs auxquels il n'est pas même permis à un honnête homme d'être préparé. Tels sont ceux qu'on lui destinoit. En le prenant au dépourvu, ils ont commencé par l'abattre : cela

devoit être ; mais il n'ont pu le changer. Il a
quelques instants se laisser dégrader jusqu'à la [bas]
sesse, jusqu'à la lâcheté, jamais jusqu'à l'injust[ice,]
jusqu'à la fausseté, jusqu'à la trahison. Reven[u de]
cette première surprise, il s'est relevé et vraise[m-]
blablement ne se laissera plus abattre, parce [que]
son naturel a repris le dessus ; que connoiss[ant]
enfin les gens auxquels il a affaire, il est prépa[ré à]
tout, et qu'après avoir épuisé sur lui tous les tr[aits]
de leur rage, ils se sont mis hors d'état de lui f[aire]
pis.

Je l'ai vu dans une position unique et pres[que]
incroyable, plus seul au milieu de Paris que [Ro-]
binson dans son île, et séquestré du commerce [des]
hommes par la foule même empressée à l'ent[ou-]
rer, pour empêcher qu'il ne se lie avec person[ne.]
Je l'ai vu concourir volontairement avec ses p[er-]
sécuteurs à se rendre sans cesse plus isolé ;
tandis qu'ils travailloient sans relâche à le t[enir]
séparé des autres hommes, s'éloigner des autre[s et]
d'eux-mêmes de plus en plus. Ils veulent re[ster]
pour lui servir de barrière, pour veiller à t[ous]
ceux qui pourroient l'approcher, pour les tromp[er,]
les gagner ou les écarter, pour observer ses [dis-]
cours, sa contenance, pour jouir à longs traits [du]
doux aspect de sa misère, pour chercher d'un [œil]
curieux s'il reste quelque place en son cœur déch[iré]
où ils puissent porter encore quelque atteinte. [De]
son côté, il voudroit les éloigner, ou plutôt s[e]

éloigner, parce que leur malignité, leur duplicité, leurs vues cruelles blessent ses yeux de toutes parts, et que le spectacle de la haine l'afflige et le déchire encore plus que ses effets. Ses sens le subjuguent alors; et, sitôt qu'ils sont frappés d'un objet de peine, il n'est plus maître de lui. La présence d'un malveillant le trouble au point de ne pouvoir déguiser son angoisse. S'il voit un traître le cajoler pour le surprendre, l'indignation le saisit, perce de toutes parts dans son accent, dans son regard, dans son geste. Que le traître disparoisse, à l'instant il est oublié; et l'idée des noirceurs que l'un va brasser ne sauroit occuper l'autre une minute à chercher les moyens de s'en défendre. C'est pour écarter de lui cet objet de peine, dont l'aspect le tourmente, qu'il voudroit être seul : il voudroit être seul pour vivre à son aise avec les amis qu'il s'est créés; mais tout cela n'est qu'une raison de plus à ceux qui en prennent le masque pour l'obséder plus étroitement. Ils ne voudroient pas même, s'il leur étoit possible, lui laisser dans cette vie la ressource des fictions.

Je l'ai vu, serré dans leurs lacs, se débattre trèspeu pour en sortir, entouré de mensonges et de ténèbres, attendre sans murmure la lumière et la vérité; enfermé vif dans un cercueil, s'y tenir assez tranquille, sans même invoquer la mort. Je l'ai vu pauvre, passant pour riche; vieux, passant pour jeune; doux, passant pour féroce; complaisant et foible, passant pour inflexible et dur ; gai, passant pour sombre; simple enfin jusqu'à la bêtise, passant pour rusé jusqu'à la noirceur. Je l'ai vu livré par vos messieurs à la dérision publique, flagorné, persiflé, moqué des honnêtes gens, servir de jouet à la canaille ; le voir, le sentir, en gémir, déplorer la misère humaine, et supporter patiemment son état.

Dans cet état, devoit-il se manquer à lui-même, au point d'aller chercher dans la société des indignités peu déguisées dont on se plaisoit à l'y charger? devoit-il s'aller donner en spectacle à ces barbares, qui, se faisant de ses peines un objet d'amusement, ne cherchoient qu'à lui serrer le cœur par toutes les étreintes de la détresse et de la douleur qui pouvoient lui être les plus sensibles? Voilà ce qui lui rendit indispensable la manière de vivre à laquelle il s'est réduit, ou, pour mieux dire, à laquelle on l'a réduit; car c'est à quoi l'on en vouloit venir, et l'on s'est attaché à lui rendre si cruelle et si déchirante la fréquentation des hommes, qu'il fut forcé d'y renoncer enfin tout-à-fait. *Vous me demandez*, disoit-il, *pourquoi je fuis les hommes ; demandez-le à eux-mêmes, ils le savent encore mieux que moi.* Mais une ame expansive change-t-elle ainsi de nature, et se détache-t-elle ainsi de tout? Tous ses malheurs ne viennent que de ce besoin d'aimer qui dévora son cœur dès son enfance, et qui l'inquiète et le trouble encore au point que, resté seul sur la terre, il attend le moment d'en sortir pour voir réaliser enfin ses visions favorites, et retrouver, dans un meilleur ordre de choses, une patrie et des amis.

Il atteignit et passa l'âge mur sans songer à faire des livres, et sans sentir un instant le besoin de cette célébrité fatale qui n'étoit pas faite pour lui, dont il n'a goûté que les amertumes, et qu'on lui a fait payer si cher. Ses visions chéries lui tenoient lieu de tout, et, dans le feu de la jeunesse, sa vive imagination, surchargée, accablée d'objets charmants qui venoient incessamment la remplir, tenoit son cœur dans une ivresse continuelle qui ne lui laissoit ni le pouvoir d'arranger ses idées, ni celui de les fixer, ni le temps de les écrire, ni le désir de les communiquer. Ce ne fut que quand ces grands mouvements commencèrent à s'apaiser, quand ses idées prenant une marche plus réglée et plus lente, il en put suivre assez la trace pour la marquer; ce fut, dis-je, alors seulement que l'usage de la plume lui devint possible; et qu'à l'exemple et à l'instigation des gens de lettres avec lesquels il vivoit alors, il lui vint en fantaisie de communiquer au public ces mêmes idées dont il s'étoit long-temps nourri lui-même, et qu'il crut être utiles au genre humain. Ce fut même en quelque façon par surprise, et sans en avoir formé le projet, qu'il se trouva jeté dans cette funeste carrière, où dès-lors peut-être on creusoit déjà sous ses pas ces gouffres de malheur dans lesquels on l'a précipité.

Dès sa jeunesse, il s'étoit souvent demandé pourquoi il ne trouvoit pas tous les hommes bons, sages, heureux, comme ils lui sembloient faits pour l'être ; il cherchoit dans son cœur l'obstacle qui les en empêchoit, et ne le trouvoit pas. Si tous les hommes, se disoit-il, me ressembloient, il règneroit sans doute une extrême langueur dans leur industrie, ils auroient peu d'activité, et n'en auroient que par brusques et rares secousses, mais ils vivroient entre eux dans une très-douce société. Pourquoi n'y vivent-ils pas ainsi ? pourquoi, toujours accusant le ciel de leurs misères, travaillent-ils sans cesse à les augmenter ? En admirant les progrès de l'esprit humain, il s'étonnoit de voir croître en même proportion les calamités publiques. Il entrevoyoit une secrète opposition entre la constitution de l'homme et celle de nos sociétés ; mais c'étoit plutôt un sentiment sourd, une notion confuse, qu'un jugement clair et développé. L'opinion publique l'avoit trop subjugué lui-même pour qu'il osât réclamer contre de si unanimes décisions.

Une malheureuse question d'académie, qu'il lut dans un *Mercure,* vint tout à coup dessiller ses yeux, débrouiller ce chaos dans sa tête, lui montrer un autre univers, un véritable âge d'or, des sociétés d'hommes simples, sages, vertueux, et réaliser en espérance toutes ses visions par la destruction des préjugés qui l'avoient subjugué lui-même, mais dont il crut en ce moment voir découler les vices et les misères du genre humain. De la vive effervescence qui se fit alors dans son ame sortirent des étincelles de génie qu'on a vues briller dans ses écrits durant dix ans de délire et de fièvre, mais dont aucun vestige n'avoit paru jusqu'alors, et qui vraisemblablement n'auroient plus brillé dans la suite, si, cet accès passé, il eût voulu continuer d'écrire. Enflammé par la contemplation de ces grands objets, il les avoit toujours présents à sa pensée; et, les comparant à l'état réel des choses, il les voyoit chaque jour sous des rapports tout nouveaux pour lui. Bercé du ridicule espoir de faire enfin triompher des préjugés et du mensonge la raison, la vérité, et de rendre les hommes sages en leur montrant leur véritable intérêt, son cœur, échauffé par l'idée du bonheur futur du genre humain et par l'honneur d'y contribuer, lui dictoit un langage digne d'une si grande entreprise. Contraint par là de s'occuper fortement et long-temps du même sujet, il assujettit sa tête à la fatigue de la réflexion : il apprit à méditer profondément; et, pour un moment il étonna l'Europe par des productions dans lesquelles les ames vulgaires ne virent que de l'éloquence et de l'esprit, mais où celles qui habitent nos régions éthérées reconnurent avec joie une des leurs.

LE FRANÇOIS.

Je vous ai laissé parler sans vous interrompre ; mais permettez qu'ici je vous arrête un moment.....

ROUSSEAU.

Je devine... une contradiction, n'est-ce pas?

LE FRANÇOIS.

Non, j'en ai vu l'apparence. On dit que cette apparence est un piége que Jean-Jacqus s'amuse à tendre aux lecteurs étourdis.

ROUSSEAU.

Si cela est, il en est bien puni par les lecteurs de mauvaise foi qui font semblant de s'y prendre, pour l'accuser de ne savoir ce qu'il dit.

LE FRANÇOIS.

Je ne suis point de cette dernière classe, et je tâche de ne pas être de l'autre. Ce n'est donc point une contradiction qu'ici je vous reproche, mais c'est un éclaircissement que je vous demande. Vous étiez ci-devant persuadé que les livres qui portent le nom de Jean-Jacques n'étoient pas plus de lui que cette traduction du Tasse si fidèle et si coulante qu'on répand avec tant d'affectation sous son nom[1] ; maintenant vous paroissez croire le

[1] * Cette traduction, qui parut en 1774 sans nom de traducteur, et qui en effet fut pendant quelque temps attribuée à Rousseau, est de feu M. Lebrun. Elle a été réimprimée en 1813.

contraire. Si vous avez en effet changé d'opinion, veuillez m'apprendre sur quoi ce changement est fondé.

ROUSSEAU.

Cette recherche fut le premier objet de mes soins. Certain que l'auteur de ces livres et le monstre que vous m'avez peint ne pouvoient être le même homme, je me bornois, pour lever mes doutes, à résoudre cette question. Cependant je suis, sans y songer, parvenu à la résoudre par la méthode contraire. Je voulois premièrement connoître l'auteur pour me décider sur l'homme, et c'est par la connoissance de l'homme que je me suis décidé sur l'auteur.

Pour vous faire sentir comment une de ces deux recherches m'a dispensé de l'autre, il faut reprendre les détails dans lesquels je suis entré pour cet effet : vous déduirez de vous-même et très-aisément les conséquences que j'en ai tirées.

Je vous ai dit que je l'avois trouvé copiant de la musique à dix sous la page : occupation peu sortable à la dignité d'auteur, et qui ne ressembloit guère à celles qui lui ont acquis tant de réputation, tant en bien qu'en mal. Ce premier article m'offroit déjà deux recherches à faire : l'une, s'il se livroit à ce travail tout de bon ou seulement pour donner le change au public sur ses véritables occupations ; l'autre, s'il avoit réellement besoin de ce métier pour vivre, ou si c'étoit une affectation de simplicité ou de pauvreté pour faire l'Épictète et le Diogène, comme l'assurent vos messieurs.

J'ai commencé par examiner son ouvrage, bien sûr que s'il n'y vaquoit que par manière d'acquit, j'y verrois des traces de l'ennui qu'il doit lui donner depuis si long-temps. Sa note mal formée m'a paru faite pesamment, lentement, sans facilité, sans grâce, mais avec exactitude. On voit qu'il tâche de suppléer aux dispositions qui lui manquent à force de travail et de soins. Mais ceux qu'il y met, ne s'apercevant que par l'examen, et n'ayant leur effet que dans l'exécution, sur quoi les musiciens, qui ne l'aiment pas, ne sont pas toujours sincères, ne compensent pas aux yeux du public les défauts qui d'abord sautent à la vue.

N'ayant l'esprit présent à rien, il ne l'a pas non plus à son travail, surtout forcé, par l'affluence des survenants, de l'associer avec le babil. Il fait beaucoup de fautes, et il les corrige ensuite en grattant son papier avec une perte de temps et des peines incroyables. J'ai vu des pages presque entières qu'il avoit mieux aimé gratter ainsi que de recommencer la feuille, ce qui auroit été bien plus tôt fait ; mais il entre dans son tour d'esprit, laborieusement paresseux, de ne pouvoir se résoudre à refaire à neuf ce qu'il a fait une fois quoique mal. Il met à le corriger une opiniâtreté qu'il ne peut satisfaire qu'à force de peine et de temps. Du reste le plus long, le plus ennuyeux de son travail ne sauroit lasser sa patience; et souvent, faisant faute sur faute, je l'ai vu gratter et regratter jusqu'à percer le papier, sur lequel ensuite il colloit des pièces. Rien ne m'a fait juger que ce travail l'ennuyât; et il paroît, au bout de six ans, s'y livrer avec le même goût et le même zèle que s'il ne faisoit que de commencer.

J'ai su qu'il tenoit registre de son travail, j'ai désiré de voir ce registre; il me l'a communiqué. J'y ai vu que dans ces six ans il avoit écrit en simple copie plus de six mille pages de musique, dont une partie, musique de harpe et de clavecin, ou solo et concerto de violon, très-chargés et en plus grand papier, demande une grande at- attention et prend un temps considérable. Il a inventé, outre sa note par chiffres, une nouvelle manière de copier la musique ordinaire qui la rend plus commode à lire; et, pour prévenir et résoudre toutes les difficultés, il a écrit de cette manière une grande quantité de pièces de toute espèce, tant en partition qu'en parties séparées[1].

Outre ce travail et son opéra de *Daphnis et Chloé*, dont un acte entier est fait et une bonne partie du reste bien avancée, et *le Devin du vil-*

---

[1] * Cette nouvelle manière de copier la musique est exposée assez en détail dans sa *Lettre au docteur Burney*. D'ailleurs, quoiqu'il annonce avoir écrit de cette manière *une grande quantité de pièces*, on n'en trouve point dans le recueil de sa musique manuscrite déposée à la Bibliothèque royale.

lage, sur lequel il a refait à neuf une seconde musique presque en entier, il a, dans le même intervalle, composé plus de cent morceaux de musique en divers genres, la plupart vocale avec des accompagnements, tant pour obliger les personnes qui lui ont fourni les paroles que pour son propre amusement. Il a fait et distribué des copies de cette musique tant en partition qu'en parties séparées transcrite sur les originaux qu'il a gardés. Qu'il ait composé ou pillé toute cette musique, ce n'est pas de quoi il s'agit ici. S'il ne l'a pas composée, toujours est-il certain qu'il l'a écrite et notée plusieurs fois de sa main. S'il ne l'a pas composée, que de temps ne lui a-t-il pas fallu, pour chercher, pour choisir dans les musiques déjà toutes faites celles qui convenoient aux paroles qu'on lui fournissoit, ou pour l'y ajuster si bien qu'elle y fût parfaitement appropriée, mérite qu'a particulièrement la musique qu'il donne pour sienne! Dans un pareil pillage il y a moins d'invention sans doute, mais il y a plus d'art, de travail, surtout de consommation de temps, et c'étoit là pour lors l'unique objet de ma recherche.

Tout ce travail qu'il a mis sous mes yeux, soit en nature, soit par articles exactement détaillés, fait ensemble plus de huit mille pages de musique, toute écrite de sa main depuis son retour à Paris.

Ces occupations ne l'ont pas empêché de se livrer à l'amusement de la botanique, à laquelle il a

SECOND DIALOGUE.

donné pendant plusieurs années la meilleure partie de son temps. Dans de grandes et fréquentes herborisations il a fait une immense collection de plantes; il les a desséchées avec des soins infinis; il les a collées avec une grande propreté sur des papiers qu'il ornoit de cadres rouges. Il s'est appliqué à conserver la figure et la couleur des fleurs et des feuilles, au point de faire de ces herbiers ainsi préparés des recueils de miniatures. Il en a donné, envoyé à diverses personnes, et ce qui lui reste [1] suffiroit pour persuader à ceux qui savent combien ce travail exige de temps et de patience qu'il en fait son unique occupation.

LE FRANÇOIS.

Ajoutez le temps qu'il lui a fallu pour étudier à fond les propriétés de toutes ces plantes, pour les piler, les extraire, les distiller, les préparer de manière à en tirer les usages auxquels il les destine; car enfin, quelque prévenu pour lui que vous puissiez être, vous comprenez bien, je pense, qu'on n'étudie pas la botanique pour rien.

ROUSSEAU.

Sans doute je comprends que le charme de l'étude de la nature est quelque chose pour toute ame sensible, et beaucoup pour un solitaire. Quant aux préparations dont vous parlez, et qui n'ont nul rapport à la botanique, je n'en ai pas vu chez lui le

[1] Ce reste a été donné presque en entier à M. Malthus, qui a acheté mes livres de botanique.

moindre vestige; je ne me suis point aperçu qu'il eût fait aucune étude des propriétés des plantes, ni même qu'il y crût beaucoup. « Je connois, m'a-« t-il dit, l'organisation végétale et la structure « des plantes sur le rapport de mes yeux, sur la « foi de la nature, qui me la montre et qui ne « ment point; mais je ne connois leurs vertus que « sur la foi des hommes, qui sont ignorants et « menteurs : leur autorité a généralement sur moi « trop peu d'empire pour que je lui en donne « beaucoup en cela. D'ailleurs cette étude, vraie « ou fausse, ne se fait pas en plein champ comme « celle de la botanique, mais dans des laboratoires « et chez les malades ; elle demande une vie ap-« pliquée et sédentaire qui ne me plaît ni ne me « convient. » En effet, je n'ai rien vu chez lui qui montrât ce goût de pharmacie. J'y ai vu seulement des cartons remplis des rameaux de plantes dont je viens de vous parler, et des graines distribuées dans de petites boîtes classées comme les plantes qui les fournissent, selon le système de Linnæus.

LE FRANÇOIS.

Ah! de petites boîtes! Eh bien! monsieur, ces petites boîtes, à quoi servent-elles? qu'en dites-vous?

ROUSSEAU.

Belle demande! A empoisonner les gens à qui il fait avaler en bol toutes ces graines. Par exemple, vous avalerez par mégarde une once ou deux de graines de pavot, qui vous endormira pour toujours, et du reste comme cela. C'est encore la même chose à peu près dans les plantes; il vous les fait brouter comme du fourrage, ou bien il vous en fait boire le jus dans des sauces.

LE FRANÇOIS.

Eh! non, monsieur; on sait bien que ce n'est pas de la sorte que la chose peut se faire, et nos médecins qui l'ont voulu décider ainsi se sont fait tort chez les gens instruits. Une écuellée de jus de ciguë ne suffit pas à Socrate; il en fallut une seconde; il faudroit donc que Jean-Jacques fît boire à son monde des bassins de jus d'herbes ou manger des litrons de graines. Oh! que ce n'est pas ainsi qu'il s'y prend! Il sait, à force d'opérations, de manipulations, concentrer tellement les poisons des plantes, qu'ils agissent plus fortement que ceux mêmes des minéraux. Il les escamote, et vous les fait avaler sans qu'on s'en aperçoive; il les fait même agir de loin comme la poudre de sympathie; et, comme le basilic; il sait empoisonner les gens en les regardant. Il a suivi jadis un cours de chimie, rien n'est plus certain. Or vous comprenez bien ce que c'est, ce que ce peut être, qu'un homme qui n'est ni médecin ni apothicaire, et qui néanmoins suit des cours de chimie et cultive la botanique. Vous dites cependant n'avoir vu chez lui nuls vestiges de préparations chimiques. Quoi! point d'alambics, de fourneaux, de chapiteaux, de cornues ! rien qui ait rapport à un laboratoire !

ROUSSEAU.

Pardonnez-moi, vraiment ; j'ai vu dans sa petite cuisine un réchaud, des cafetières de fer-blanc, des plats, des pots, des écuelles de terre.

LE FRANÇOIS.

Des plats, des pots, des écuelles ! Eh ! mais vraiment ! voilà l'affaire. Il n'en faut pas davantage pour empoisonner tout le genre humain.

ROUSSEAU.

Témoin Mignot et ses successeurs.

LE FRANÇOIS.

Vous me direz que les poisons qu'on prépare dans des écuelles doivent se manger à la cuillère, et que les potages ne s'escamotent pas.....

ROUSSEAU.

Oh ! non ; je ne vous dirai point tout cela, je vous jure, ni rien de semblable : je me contenterai d'admirer. O la savante, la méthodique marche que d'apprendre la botanique pour se faire empoisonner ! C'est comme si l'on apprenoit la géométrie pour se faire assassin.

LE FRANÇOIS.

Je vous vois sourire bien dédaigneusement. Vous passionneriez-vous toujours pour cet homme-là ?

ROUSSEAU.

Me passionner ! moi ! Rendez-moi plus de justice, et soyez même assuré que jamais Rousseau ne défendra Jean-Jacques accusé d'être un empoisonneur.

LE FRANÇOIS.

Laissons donc tous ces persiflages, et reprenez vos récits. J'y prête une oreille attentive : ils m'intéressent de plus en plus.

ROUSSEAU.

Ils vous intéresseroient davantage encore, j'en suis très-sûr, s'il m'étoit possible ou permis ici de tout dire. Ce seroit abuser de votre attention que de l'occuper à tous les soins que j'ai pris pour m'assurer du véritable emploi de son temps, de la nature de ses occupations, et de l'esprit dans lequel il s'y livre. Il vaut mieux me borner à des résultats, et vous laisser le soin de tout vérifier par vous-même, si ces recherches vous intéressent assez pour cela.

Je dois pourtant ajouter aux détails dans lesquels je viens d'entrer que Jean-Jacques, au milieu de tout ce travail manuel, a encore employé six mois dans le même intervalle tant à l'examen de la constitution d'une nation malheureuse, qu'à proposer ses idées sur les corrections à faire à cette constitution, et cela sur les instances réitérées jusqu'à l'opiniâtreté d'un des premiers patriotes de cette nation, qui lui faisoit un devoir d'humanité des soins qu'il lui imposoit.

Enfin, malgré la résolution qu'il avoit prise en arrivant à Paris de ne plus s'occuper de ses malheurs, ni de reprendre la plume à ce sujet, les indignités continuelles qu'il a souffertes, les harcèlements sans relâche que la crainte qu'il n'écrivît lui a fait essuyer, l'impudence avec laquelle on lui attribuoit incessamment de nouveaux livres, et la stupide ou maligne crédulité du public à cet égard, ayant lassé sa patience, et lui faisant sentir qu'il ne gagneroit rien pour son repos à se taire, il a fait encore un effort; et, s'occupant derechef, malgré lui, de sa destinée et de ses persécuteurs, il a écrit en forme de dialogue une espèce de jugement d'eux et de lui assez semblable à celui qui pourra résulter de nos entretiens. Il m'a souvent protesté que cet écrit étoit de tous ceux qu'il a faits en sa vie celui qu'il avoit entrepris avec le plus de répugnance et exécuté avec le plus d'ennui. Il l'eût cent fois abandonné si les outrages augmentant sans cesse et poussés enfin aux derniers excès ne l'avoient forcé, malgré lui, de le poursuivre. Mais loin qu'il ait jamais pu s'en occuper long-temps de suite, il n'en eût pas même enduré l'angoisse, si son travail journalier ne fût venu l'interrompre et la lui faire oublier : de sorte qu'il y a rarement donné plus d'un quart d'heure par jour, et cette manière d'écrire coupée et interrompue est une des causes du peu de suite et des répétitions continuelles qui règnent dans cet écrit.

Après m'être assuré que cette copie de musique n'étoit point un jeu, il me restoit à savoir si en effet elle étoit nécessaire à sa subsistance, et pourquoi, ayant d'autres talents qu'il pouvoit employer plus utilement pour lui-même et pour le public, il s'étoit attaché de préférence à celui-là. Pour abréger ces recherches sans manquer à mes engagements envers vous, je lui marquai naturellement ma curiosité, et, sans lui dire tout ce que vous m'aviez appris de son opulence, je me contentai de lui répéter ce que j'avois ouï dire mille fois, que du seul produit de ses livres, et sans avoir rançonné ses libraires, il devoit être assez riche pour vivre à son aise de son revenu.

Vous avez raison, me dit-il, *si vous ne voulez dire en cela que ce qui pouvoit être; mais si vous prétendez en conclure que la chose est réellement ainsi, et que je suis riche en effet, vous avez tort, tout au moins; car un sophisme bien cruel pourroit se cacher sous cette erreur.*

Alors il entra dans le détail articulé de ce qu'il avoit reçu de ses libraires pour chacun de ses livres, de toutes les ressources qu'il avoit pu avoir d'ailleurs, des dépenses auxquelles il avoit été forcé, pendant huit ans qu'on s'est amusé à le faire voyager à grands frais, lui et sa compagne, aujourd'hui sa femme; et, de tout cela bien calculé et bien prouvé, il résulta qu'avec quelque argent comptant, provenant tant de son accord avec l'Opéra que de la vente de ses livres de botanique, et du reste d'un fonds de mille écus qu'il avoit à

Lyon, et qu'il retira pour s'établir à Paris, toute sa fortune présente consiste en huit cents francs de rente viagère incertaine, et dont il n'a aucun titre, et trois cents francs de rente aussi viagère, mais assurée, du moins autant que la personne qui doit la payer sera solvable. « Voilà très-fidè-
« lement, me dit-il, à quoi se borne toute mon
« opulence. Si quelqu'un dit me savoir aucun
« autre fonds ou revenu, de quelque espèce que ce
« puisse être, je dis qu'il ment, et je me montre; et
« si quelqu'un dit en avoir à moi, qu'il m'en donne
« le quart, et je lui fais quittance du tout.

« Vous pourriez, continua-t-il, dire comme tant
« d'autres, que, pour un philosophe austère, onze
« cents francs de rente devroient, au moins tandis
« que je les ai, suffire à ma subsistance, sans avoir
« besoin d'y joindre un travail auquel je suis peu
« propre, et que je fais avec plus d'ostentation
« que de nécessité. A cela je réponds, première-
« ment, que je ne suis ni philosophe, ni austère,
« et que cette vie dure, dont il plaît à vos messieurs
« de me faire un devoir, n'a jamais été ni de mon
« goût, ni dans mes principes, tant que, par des
« moyens justes et honnêtes, j'ai pu éviter de m'y
« réduire. En me faisant copiste de musique, je
« n'ai point prétendu prendre un état austère et
« de mortification, mais choisir au contraire une
« occupation de mon goût, qui ne fatiguât pas
« mon esprit paresseux, et qui pût me fournir les

« commodités de la vie, que mon mince revenu
« ne pouvoit me procurer sans ce supplément. En
« renonçant, et de grand cœur, à tout ce qui est de
« luxe et de vanité, je n'ai point renoncé aux plai-
« sirs réels; et c'est même pour les goûter dans
« toute leur pureté que j'en ai détaché tout ce qui
« ne tient qu'à l'opinion. Les dissolutions ni les
« excès n'ont jamais été de mon goût; mais, sans
« avoir jamais été riche, j'ai toujours vécu com-
« modément; et il m'est de toute impossibilité de
« vivre commodément dans mon petit ménage
« avec onze cents francs de rente, quand même
« ils seroient assurés, bien moins encore avec trois
« cents, auxquels d'un jour à l'autre je puis être
« réduit. Mais écartons cette prévoyance. Pour-
« quoi voulez-vous que, sur mes vieux jours, je
« fasse sans nécessité le dur apprentissage d'une vie
« plus que frugale, à laquelle mon corps n'est
« point accoutumé ; tandis qu'un travail qui n'est
« pour moi qu'un plaisir me procure la continua-
« tion de ces mêmes commodités, dont l'habitude
« m'a fait un besoin, et qui, de toute autre manière,
« seroient moins à ma portée ou me coûteroient
« beaucoup plus cher? Vos messieurs, qui n'ont
« pas pris pour eux cette austérité qu'ils me pres-
« crivent, font bien d'intriguer ou emprunter,
« plutôt que de s'assujettir à un travail manuel qui
« leur paroît ignoble, usurier, insupportable, et
« ne procure pas tout d'un coup des rafles de cin-

« quante mille francs. Mais moi qui ne pense pas
« comme eux sur la véritable dignité; moi qui
« trouve une jouissance très-douce dans le passage
« alternatif du travail à la récréation, par une
« occupation de mon goût, que je mesure à ma
« volonté, j'ajoute ce qui manque à ma petite for-
« tune, pour me procurer une subsistance aisée,
« et je jouis des douceurs d'une vie égale et simple
« autant qu'il dépend de moi. Un désœuvrement
« absolu m'assujettiroit à l'ennui, me forceroit
« peut-être à chercher des amusements toujours
« coûteux, souvent pénibles, rarement innocents;
« au lieu qu'après le travail le simple repos a son
« charme, et suffit, avec la promenade, pour l'a-
« musement dont j'ai besoin. Enfin, c'est peut-être
« un soin que je me dois dans une situation aussi
« triste, d'y jeter du moins tous les agréments qui
« restent à ma portée, pour tâcher d'en adoucir
« l'amertume, de peur que le sentiment de mes
« peines, aigri par une vie austère, ne fermentât
« dans mon ame, et n'y produisît des dispositions
« haineuses et vindicatives, propres à me rendre
« méchant et plus malheureux. Je me suis tou-
« jours bien trouvé d'armer mon cœur contre la
« haine pour toutes les jouissances que j'ai pu me
« procurer. Le succès de cette méthode me la
« rendra toujours chère; et plus ma destinée est
« déplorable, plus je m'efforce à la parsemer de
« douceurs, pour me maintenir toujours bon.

« Mais, disent-ils, parmi tant d'occupations dont
« il a le choix, pourquoi choisir par préférence
« celle à laquelle il paroît le moins propre, et qui
« doit lui rendre le moins? Pourquoi copier de
« la musique au lieu de faire des livres? Il y ga-
« gneroit davantage et ne se dégraderoit pas. Je
« répondrois volontiers à cette question en la ren-
« versant. Pourquoi faire des livres au lieu de co-
« pier de la musique, puisque ce travail me plaît
« et me convient plus que tout autre, et que son
« produit est un gain juste, honnête et qui me
« suffit? Penser est un travail pour moi très-pé-
« nible, qui me fatigue, me tourmente et me
« déplaît; travailler de la main et laisser ma tête
« en repos me récrée et m'amuse. Si j'aime quel-
« quefois à penser, c'est librement et sans gêne,
« en laissant aller à leur gré mes idées, sans les
« assujettir à rien. Mais penser à ceci ou à cela par
« devoir, par métier, mettre à mes productions
« de la correction, de la méthode, est pour moi
« le travail d'un galérien; et penser pour vivre
« me paroît la plus pénible ainsi que la plus ridi-
« cule de toutes les occupations. Que d'autres
« usent de leurs talents comme il leur plaît, je ne
« les en blâme pas; mais pour moi je n'ai jamais
« voulu prostituer les miens tels quels, en les
« mettant à prix, sûr que cette vénalité même les
« auroit anéantis. Je vends le travail de mes mains,
« mais les productions de mon ame ne sont point

« à vendre; c'est leur désintéressement qui peut
« seul leur donner de la force et de l'élévation.
« Celles que je férois pour de l'argent n'en vau-
« droient guère, et m'en rendroient encore moins.

« Pourquoi vouloir que je fasse encore des livres,
« quand j'ai dit tout ce que j'avois à dire, et qu'il
« ne me resteroit que la ressource, trop chétive
« à mes yeux, de retourner et répéter les mêmes
« idées? A quoi bon redire une seconde fois et
« mal ce que j'ai dit une fois de mon mieux? Ceux
« qui ont la démangeaison de parler toujours
« trouvent toujours quelque chose à dire; cela est
« aisé pour qui ne veut qu'agencer des mots,
« mais je n'ai jamais été tenté de prendre la plume
« que pour dire des choses grandes, neuves et
« nécessaires, et non pas pour rabâcher. J'ai fait
« des livres, il est vrai, mais jamais je ne fus un
« livrier. Pourquoi faire semblant de vouloir que
« je fasse encore des livres, quand en effet on craint
« tant que je n'en fasse, et qu'on met tant de vigi-
« lance à m'en ôter tous les moyens? On me ferme
« l'abord de toutes les maisons, hors celles des fau-
« teurs de la ligue. On me cache avec le plus grand
« soin la demeure et l'adresse de tout le monde.
« Les suisses et les portiers ont tous pour moi des
« ordres secrets, autres que ceux de leurs maîtres;
« on ne me laisse plus de communication avec les
« humains, même pour parler : me permettroit-on
« d'écrire? On me laisseroit peut-être exprimer ma

« pensée afin de la savoir, mais très-certainement
« on m'empêcheroit bien de la dire au public.

« Dans la position où je suis, si j'avois à faire
« des livres, je n'en devrois et n'en voudrois faire
« que pour la défense de mon honneur, pour con-
« fondre et démasquer les imposteurs qui le dif-
« fament : il ne m'est plus permis, sans me manquer
« à moi-même, de traiter aucun autre sujet. Quand
« j'aurois les lumières nécessaires pour percer cet
« abyme de ténèbres où l'on m'a plongé, et pour
« éclairer toutes ces trames souterraines, y a-t-il
« du bon sens à supposer qu'on me laisseroit faire,
« et que les gens qui disposent de moi souffriroient
« que j'instruisisse le public de leurs manœuvres
« et de mon sort? A qui m'adresserois-je pour me
« faire imprimer, qui ne fût un de leurs émissaires,
« ou qui ne le devînt aussitôt? M'ont-ils laissé
« quelqu'un à qui je pusse me confier? Ne sait-on
« pas tous les jours, à toutes les heures, à qui j'ai
« parlé, ce que j'ai dit? et doutez-vous que, de-
« puis nos entrevues, vous-même ne soyez aussi
« surveillé que moi? Quelqu'un peut-il ne pas voir
« qu'investi de toutes parts, gardé à vue comme
« je le suis, il m'est impossible de faire entendre
« nulle part la voix de la justice et de la vérité? Si
« l'on paroissoit m'en laisser le moyen, ce seroit
« un piége. Quand j'aurois dit *blanc*, on me feroit
« dire *noir*, sans même que j'en susse rien [1] ; et

[1] Comme on fera certainement du contenu de cet écrit, si son

« puisqu'on falsifie tout ouvertement mes anciens
« écrits qui sont dans les mains de tout le monde,
« manqueroit-on de falsifier ceux qui n'auroient
« point encore paru, et dont rien ne pourroit
« constater la falsification, puisque mes protesta-
« tions sont comptées pour rien ? Eh ! monsieur,
« pouvez-vous ne pas voir que le grand, le seul
« crime qu'ils redoutent de moi, crime affreux
« dont l'effroi les tient dans des transes conti-
« nuelles, est ma justification ?

« Faire des livres pour subsister eût été me
« mettre dans la dépendance du public. Il eût été
« dès-lors question non d'instruire et de corriger,
« mais de plaire et de réussir. Cela ne pouvoit plus
« se faire en suivant la route que j'avois prise ; les
« temps étoient trop changés, et le public avoit
« trop changé pour moi. Quand je publiai mes
« premiers écrits, encore livré à lui-même, il
« n'avoit point en total adopté de secte, et pouvoit
« écouter la voix de la vérité et de la raison. Mais
« aujourd'hui subjugué tout entier, il ne raisonne
« plus, il n'est plus rien par lui-même, et ne suit
« plus que les impressions que lui donnent ses
« guides. L'unique doctrine qu'il peut goûter dé-
« sormais est celle qui met ses passions à leur aise,
« et couvre d'un vernis de sagesse le dérèglement
« de ses mœurs. Il ne reste plus qu'une route pour

existence est connue du public, et qu'il tombe entre les mains de
ces messieurs ; ce qui paroît naturellement inévitable.

« quiconque aspire à lui plaire : c'est de suivre à la
« piste les brillants auteurs de ce siècle, et de
« prêcher comme eux, dans une morale hypo-
« crite, l'amour des vertus et la haine du vice,
« mais après avoir commencé par prononcer
« comme eux que tout cela sont des mots vides
« de sens, faits pour amuser le peuple ; qu'il n'y a
« ni vice ni vertu dans le cœur de l'homme, puis-
« qu'il n'y a ni liberté dans sa volonté ni moralité
« dans ses actions ; que tout, jusqu'à cette volonté
« même, est l'ouvrage d'une aveugle nécessité ;
« qu'enfin la conscience et les remords ne sont que
« préjugés et chimères, puisqu'on ne peut ni s'ap-
« plaudir d'une bonne action qu'on a été forcé de
« faire, ni se reprocher un crime dont on n'a pas eu
« le pouvoir de s'abstenir [1]. Et quelle chaleur,
« quelle véhémence, quel ton de persuasion et de
« vérité pourrois-je mettre, quand je le voudrois,
« dans ces cruelles doctrines qui, flattant les heu-
« reux et les riches, accablent les infortunés et
« les pauvres, en ôtant aux uns tout frein, toute
« crainte, toute retenue ; aux autres toute espérance,
« toute consolation ? et comment enfin les accorde-

---

[1] Voilà ce qu'ils ont ouvertement enseigné et publié jusqu'ici, sans qu'on ait songé à les décréter pour cette doctrine. Cette peine étoit réservée, au *système impie de la religion naturelle*. A présent c'est à Jean-Jacques qu'ils font dire tout cela ; eux se taisent, ou crient à l'impie, et le public avec eux. *Risum teneatis, amici !*

« rois-je avec mes propres écrits, pleins de la ré-
« futation de tous ces sophismes? Non, j'ai dit ce
« que je savois, ce que je croyois du moins être
« vrai, bon, consolant, utile. J'en ai dit assez
« pour qui voudra m'écouter en sincérité de cœur,
« et beaucoup trop pour le siècle où j'ai eu le mal-
« heur de vivre. Ce que je dirois de plus ne feroit
« aucun effet, et je le dirois mal, n'étant animé
« ni par l'espoir du succès, comme les auteurs à la
« mode, ni comme autrefois par cette hauteur de
« courage qui met au-dessus, et qu'inspire le seul
« amour de la vérité, sans mélange d'aucun intérêt
« personnel. »

Voyant l'indignation dont il s'enflammoit à ces idées, je me gardai de lui parler de tous ces fatras de livres et de brochures qu'on lui fait barbouiller et publier tous les jours avec autant de secret que de bon sens. Par quelle inconcevable bêtise pourroit-il espérer, surveillé comme il est, de pouvoir garder un seul moment l'anonyme ; et lui à qui l'on reproche tant de se défier à tort de tout le monde, comment auroit-il une confiance aussi stupide en ceux qu'il chargeroit de la publication de ses manuscrits ? et s'il avoit en quelqu'un cette inepte confiance, est-il croyable qu'il ne s'en serviroit, dans la position où il est, que pour publier d'arides traductions et de frivoles brochures [1] ? Enfin peut-on penser que, se voyant ainsi jour-

---

[1] Aujourd'hui ce sont des livres en forme; mais il y a dans

nellement découvert, il ne laissât pas d'aller toujours son train avec le même mystère, avec le même secret si bien gardé, soit en continuant de se confier aux mêmes traîtres, soit en choisissant de nouveaux confidents tout aussi fidèles?

J'entends insister. Pourquoi, sans reprendre ce métier d'auteur qui lui déplaît tant, ne pas choisir au moins pour ressource quelque talent plus honorable ou plus lucratif? Au lieu de copier de la musique, s'il étoit vrai qu'il la sût, que n'en faisoit-il ou que ne l'enseignoit-il? S'il ne la savoit pas, il avoit ou passoit pour avoir d'autres connoissances dont il pouvoit donner leçon : l'italien, la géographie, l'arithmétique ; que sais-je, moi? tout, puisqu'on a tant de facilités à Paris pour enseigner ce qu'on ne sait pas soi-même. Les plus médiocres talents valoient mieux à cultiver pour s'aider à vivre que le moindre de tous, qu'il possédoit mal et dont il tiroit si peu de profit, même en taxant si haut son ouvrage. Il ne se fût point mis, comme il a fait, dans la dépendance de quiconque vient, armé d'un chiffon de musique, lui débiter son amphigouri, ni des valets insolents qui viennent, dans leur arrogant maintien, lui déceler les sentiments cachés des maîtres. Il n'eût point perdu si souvent le salaire de son travail, ne se fût point fait mépriser du peuple, et traiter de juif par

l'œuvre qui me regarde un progrès qu'il n'étoit pas aisé de prévoir.

le philosophe Diderot, pour ce travail même. Tous ces profits mesquins sont méprisés des grandes ames. L'illustre Diderot, qui ne souille point ses mains d'un travail mercenaire, et dédaigne les petits gains usuriers, est aux yeux de l'Europe entière un sage aussi vertueux que désintéressé ; et le copiste Jean-Jacques, prenant dix sous par page de son travail pour s'aider à vivre, est un juif que son avidité fait universellement mépriser. Mais en dépit de son âpreté, la fortune paroît avoir ici tout remis dans l'ordre, et je ne vois point que les usures du juif Jean-Jacques l'aient rendu fort riche, ni que le désintéressement du philosophe Diderot l'ait appauvri. Eh ! comment ne peut-on pas sentir que si Jean-Jacques eût pris cette occupation de copier de la musique uniquement pour donner le change au public, ou par affectation, il n'eût pas manqué, pour ôter cette arme à ses ennemis et se faire un mérite de son métier, de le faire au prix des autres, ou même au-dessous ?

LE FRANÇOIS.

L'avidité ne raisonne pas toujours bien.

ROUSSEAU.

L'animosité raisonne souvent plus mal encore. Cela se sent à merveille quand on examine les allures de vos messieurs, et leurs singuliers raisonnements qui les déceleroient bien vite aux yeux de quiconque y voudroit regarder et ne partageroit pas leur passion.

SECOND DIALOGUE.

Toutes ces objections m'étoient présentes quand j'ai commencé d'observer notre homme; mais en le voyant familièrement, j'ai senti bientôt et je sens mieux chaque jour que les vrais motifs qui le déterminent dans toute sa conduite se trouvent rarement dans son plus grand intérêt, et jamais dans les opinions de la multitude. Il les faut chercher plus près de lui si l'on ne veut s'abuser sans cesse.

D'abord, comment ne sent-on pas que pour tirer parti de tous ces petits talents dont on parle, il en faudroit un qui lui manque, savoir celui de les faire valoir? Il faudroit intriguer, courir à son âge de maison en maison, faire sa cour aux grands, aux riches, aux femmes, aux artistes, à tous ceux dont on le laisseroit approcher; car on mettroit le même choix aux gens dont on lui permettroit l'accès qu'on met à ceux à qui l'on permet le sien, et parmi lesquels je ne serois pas sans vous.

Il a fait assez d'expériences de la façon dont le traiteroient les musiciens, s'il se mettoit à leur merci pour l'exécution de ses ouvrages, comme il y seroit forcé pour en pouvoir tirer parti. J'ajoute que quand même, à force de manége, il pourroit réussir, il devroit toujours trouver trop chers des succès achetés à ce prix. Pour moi, du moins, pensant autrement que le public sur le véritable honneur, j'en trouve beaucoup plus à copier chez soi de la musique à tant la page, qu'à courir de porte en porte pour y souffrir les rebuffades des valets, les caprices des maîtres, et faire partout le métier de cajoleur et de complaisant. Voilà ce que tout esprit judicieux devroit sentir lui-même ; mais l'étude particulière de l'homme ajoute un nouveau poids à tout cela.

Jean-Jacques est indolent, paresseux, comme tous les contemplatifs : mais cette paresse n'est que dans sa tête. Il ne pense qu'avec effort, il se fatigue à penser, il s'effraie de tout ce qui l'y force, à quelque foible degré que ce soit, et s'il faut qu'il réponde à un bonjour dit avec quelque tournure, il en sera tourmenté. Cependant il est vif, laborieux à sa manière. Il ne peut souffrir une oisiveté absolue : il faut que ses mains, que ses pieds, que ses doigts agissent, que son corps soit en exercice, et que sa tête reste en repos. Voilà d'où vient sa passion pour la promenade ; il y est en mouvement sans être obligé de penser. Dans la rêverie on n'est point actif. Les images se tracent dans le cerveau, s'y combinent comme dans le sommeil, sans le concours de la volonté ; on laisse à tout cela suivre sa marche, et l'on jouit sans agir. Mais quand on veut arrêter, fixer les objets, les ordonner, les arranger, c'est autre chose ; on y met du sien. Sitôt que le raisonnement et la réflexion s'en mêlent, la méditation n'est plus un repos, elle est une action très-pénible ; et voilà la peine qui fait l'effroi de Jean-Jacques, et dont la seule idée l'accable et le rend paresseux. Je ne l'ai jamais trouvé tel, que dans toute œuvre où il faut que l'esprit agisse, quelque peu que ce puisse être. Il n'est avare ni de son temps ni de sa peine ; il ne peut rester oisif sans souffrir ; il passeroit volontiers sa vie à bêcher dans un jardin pour y rêver à son aise ; mais ce seroit pour lui le plus cruel supplice de la passer dans un fauteuil, en fatiguant sa cervelle à chercher des riens pour amuser des femmes.

De plus, il déteste la gêne autant qu'il aime l'occupation. Le travail ne lui coûte rien, pourvu qu'il le fasse à son heure, et non pas à celle d'autrui. Il porte sans gêne le joug de la nécessité des choses, mais non celui de la volonté des hommes. Il aimera mieux faire une tâche double en prenant son temps qu'une simple au moment prescrit.

A-t-il une affaire, une visite, un voyage à faire ? il ira sur-le-champ, si rien ne le presse ; s'il faut aller à l'instant, il regimbera. Le moment où, renonçant à tout projet de fortune pour vivre au jour la journée, il se défit de sa montre, fut un des plus doux de sa vie. Graces au ciel, s'écria-t-il dans un transport de joie, je n'aurai plus besoin de savoir l'heure qu'il est !

S'il se plie avec peine aux fantaisies des autres, ce n'est pas qu'il en ait beaucoup de son chef. Jamais homme ne fut moins imitateur, et cependant moins capricieux. Ce n'est pas sa raison qui l'empêche de l'être, c'est sa paresse ; car les caprices sont des secousses de la volonté dont il craindroit la fatigue. Rebelle à toute autre volonté, il ne sait pas même obéir à la sienne, ou plutôt il trouve si fatigant même de vouloir, qu'il aime mieux, dans le courant de la vie, suivre une impression purement machinale qui l'entraîne sans qu'il ait la peine de la diriger. Jamais homme ne porta plus pleinement, et dès sa jeunesse, le joug propre des ames foibles et des vieillards, savoir celui de l'habitude. C'est par elle qu'il aime à faire encore aujourd'hui ce qu'il fit hier, sans un autre motif, si ce n'est qu'il le fit hier. La route étant déja frayée, il a moins de peine à la suivre, qu'à l'effort d'une nouvelle direction. Il est incroyable à quel point cette paresse de vouloir le subjugue. Cela se voit jusque dans ses promenades. Il répétera toujours la même jusqu'à ce que quelque motif le force absolument d'en changer : ses pieds le reportent d'eux-mêmes où ils l'ont déjà porté. Il aime à marcher toujours devant lui, parce que cela se fait sans avoir besoin d'y penser. Il iroit de cette façon toujours rêvant jusqu'à la Chine, sans s'en apercevoir ou sans s'ennuyer. Voilà pourquoi les longues promenades lui plaisent; mais il n'aime pas les jardins où à chaque bout d'allée une petite direction est nécessaire pour tourner et revenir sur ses pas; et en compagnie il se met, sans y penser, à la suite des autres pour n'avoir pas besoin de penser à son chemin; aussi n'en a-t-il jamais retenu aucun qu'il ne l'eût fait seul.

Tous les hommes sont naturellement paresseux, leur intérêt même ne les anime pas, et les plus pressants besoins ne les font agir que par secousses ; mais à mesure que l'amour-propre s'éveille, il les excite, les pousse, les tient sans cesse en haleine, parce qu'il est la seule passion qui leur parle toujours : c'est ainsi qu'on les voit tous dans le monde. L'homme en qui l'amour-propre ne domine pas, et qui ne va point chercher son bonheur loin de lui, est le seul qui connoisse l'incurie et les doux loisirs ; et Jean-Jacques est cet homme-là, autant que je puis m'y connoître. Rien n'est plus uniforme que sa manière de vivre : il se lève, se couche, mange, travaille, sort et rentre aux mêmes heures, sans le vouloir et sans le savoir. Tous les jours sont jetés au même moule, c'est le même jour toujours répété ; sa routine lui tient lieu de toute autre règle ; il la suit très-exactement, sans y manquer et sans y songer. Cette molle inertie n'influe pas seulement sur ses actions indifférentes, mais sur toute sa conduite, sur les affections même de son cœur ; et lorsqu'il cherchoit si passionnément des liaisons qui lui convinssent, il n'en forma réellement jamais d'autres que celles que le hasard lui présenta. L'indolence et le besoin d'aimer ont donné sur lui un ascendant aveugle à tout ce qui l'approchoit. Une rencontre fortuite, l'occasion, le besoin du moment, l'habitude trop rapidement prise, ont déterminé tous ses attachements, et par eux toute sa destinée. En vain son cœur lui demandoit un choix, son humeur trop facile ne lui en laissa point faire. Il est peut-être le seul homme au monde des liaisons duquel on ne peut rien conclure, parce que son propre goût n'en forma jamais aucune, et qu'il se trouva toujours subjugué avant d'avoir eu le temps de choisir. Du reste, l'habitude ne finit point en lui par l'ennui. Il vivroit éternellement du même mets, répéteroit sans cesse le même air, reliroit toujours le même livre, ne verroit toujours que la même personne. Enfin je ne l'ai jamais vu se dégoûter d'aucune chose qui une fois lui eût fait plaisir.

C'est par ces observations et d'autres qui s'y rapportent, c'est par l'étude attentive du naturel et des goûts de l'individu, qu'on apprend à expliquer les singularités de sa conduite, et non par des fureurs d'amour-propre, qui rongent les cœurs de ceux qui le jugent sans avoir jamais approché du sien. C'est par paresse, par nonchalance, par aversion de la dépendance et de la gêne, que Jean-Jacques copie de la musique. Il fait sa tâche quand et comment il lui plaît; il ne doit compte de sa journée, de son temps, de son travail, de son loisir, à personne. Il n'a besoin de rien arranger, de rien prévoir, de prendre aucun souci de rien; il n'a nulle dépense d'esprit à faire, il est lui et à lui tous les jours, tout le jour; et le soir, quand il se délasse et se promène, son ame ne sort du calme que pour se livrer à des émotions délicieuses, sans qu'il ait à payer de sa personne, et à soutenir le faix de sa célébrité par de brillantes ou savantes conversations, qui feroient le tourment de sa vie sans flatter sa vanité.

Il travaille lentement, pesamment, fait beaucoup de fautes, efface ou recommence sans cesse ; cela l'a forcé de taxer haut son ouvrage, quoiqu'il en sente mieux que personne l'imperfection. Il n'épargne cependant ni frais ni soins pour lui faire valoir son prix, et il y met des attentions qui ne sont pas sans effet, et qu'on attendroit en vain des autres copistes. Ce prix même, quelque fort qu'il soit, seroit peut-être au-dessous du leur, si l'on en déduisoit ce qu'on s'amuse à lui faire perdre, soit en ne retirant ou en ne payant point l'ouvrage qu'on lui fait faire, soit en le détournant de son travail en mille manières dont les autres copistes sont exempts. S'il abuse en cela de sa célébrité, il le sent et s'en afflige ; mais c'est un bien petit avantage contre tant de maux qu'elle lui attire, et il ne sauroit faire autrement sans s'exposer à des inconvénients qu'il n'a pas le courage de supporter ; au lieu qu'avec ce modique supplément, acheté par son travail, sa situation présente est, du côté de l'aisance, telle précisément qu'il la faut à son humeur. Libre des chaînes de la fortune, il jouit avec modération de tous les biens réels qu'elle donne ; il a retranché ceux de l'opinion, qui ne sont qu'apparents, et qui sont les plus coûteux. Plus pauvre, il sentiroit des privations, des souffrances; plus riche, il auroit l'embarras des richesses, des soucis, des affaires; il faudroit renoncer à l'incurie, pour lui la plus douce des voluptés : en possédant davantage, il jouiroit beaucoup moins.

Il est vrai qu'avancé déjà dans la vieillesse il ne peut espérer de vaquer long-temps encore à son travail; sa main déjà tremblotante lui refuse un service aisé; sa note se déforme, son activité diminue; il fait moins d'ouvrage et moins bien dans plus de temps : un moment viendra [1], s'il vieillit beaucoup, qui, lui ôtant des ressources qu'il s'est ménagées, le forcera de faire un tardif et dur apprentissage d'une frugalité bien austère. Il ne doute pas même que vos messieurs n'aient déjà pour ce temps qui s'approche, et qu'ils sauront peut-être accélérer, un nouveau plan de bénéfice, c'est-à-dire de nouveaux moyens de lui faire manger le pain d'amertume et boire la coupe d'humiliation. Il sent et prévoit très-bien tout cela; mais, si près du terme de la vie, il n'y voit plus un fort

---

[1] Un autre inconvénient très-grave me forcera d'abandonner enfin ce travail, que d'ailleurs la mauvaise volonté du public me rend plus onéreux qu'utile; c'est l'abord fréquent de quidams étrangers ou inconnus qui s'introduisent chez moi sous ce prétexte, et qui savent ensuite s'y cramponner malgré moi, sans que je puisse pénétrer leur dessein.

grand inconvénient. D'ailleurs, comme cet inconvénient est inévitable, c'est folie de s'en tourmenter, et ce seroit s'y précipiter d'avance que de chercher à le prévenir. Il pourvoit au présent en ce qui dépend de lui, et laisse le soin de l'avenir à la Providence.

J'ai donc vu Jean-Jacques livré tout entier aux occupations que je viens de vous décrire, se promenant toujours seul, pensant peu, rêvant beaucoup, travaillant presque machinalement, sans cesse occupé des mêmes choses sans s'en rebuter jamais; enfin plus gai, plus content, se portant mieux, en menant cette vie presque automate, qu'il ne fit tout le temps qu'il consacra si cruellement pour lui, et si peu utilement pour les autres, au triste métier d'auteur.

Mais n'apprécions pas cette conduite au-dessus de sa valeur. Dès que cette vie simple et laborieuse n'est pas jouée, elle seroit sublime dans un célèbre écrivain qui pourroit s'y réduire. Dans Jean-Jacques elle n'est que naturelle, parce qu'elle n'est l'ouvrage d'aucun effort, ni celui de la raison, mais une simple impulsion du tempérament déterminé par la nécessité. Le seul mérite de celui qui s'y livre est d'avoir cédé sans résistance au penchant de la nature, et de ne s'être pas laissé détourner par une mauvaise honte, ni par une sotte vanité. Plus j'examine cet homme dans le détail de l'emploi de ses journées, dans l'uniformité de cette vie machinale, dans le goût qu'il paroît y prendre, dans le contentement qu'il y trouve, dans l'avantage qu'il en tire pour son humeur et pour sa santé, plus je vois que cette manière de vivre étoit celle pour laquelle il étoit né. Les hommes le figurant toujours à leur mode, en ont fait tantôt un profond génie, tantôt un petit charlatan ; d'abord un prodige de vertu, puis un monstre de scélératesse ; toujours l'être du monde le plus étrange et le plus bizarre. La nature n'en a fait qu'un bon artisan, sensible, il est vrai, jusqu'au transport, idolâtre du beau, passionné pour la justice, dans de courts moments d'effervescence capable de vigueur et d'élévation, mais dont l'état habituel fut et sera toujours l'inertie d'esprit et l'activité machinale, et, pour tout dire en un mot, qui n'est rare que parce qu'il est simple. Une des choses dont il se félicite est de se retrouver dans sa vieillesse à peu près au même rang où il est né, sans avoir jamais beaucoup ni monté ni descendu dans le cours de sa vie. Le sort l'a remis où l'avoit placé la nature ; il s'applaudit chaque jour de ce concours.

Ces solutions si simples, et pour moi si claires, de mes premiers doutes, m'ont fait sentir de plus en plus que j'avois pris la seule bonne route pour aller à la source des singularités de cet homme tant jugé et si peu connu. Le grand tort de ceux qui le jugent n'est pas de n'avoir point deviné les vrais motifs de sa conduite ; des gens si fins ne s'en douteront jamais[1] ; mais c'est de n'avoir pas voulu les apprendre, d'avoir concouru de tout leur cœur aux moyens pris pour empêcher lui de les dire, et eux de les savoir. Les gens même les plus équitables sont portés à chercher des causes bizarres à une conduite extraordinaire ; et au contraire, c'est à force d'être naturelle que celle de Jean-Jacques est peu commune, mais c'est ce qu'on ne peut sentir qu'après avoir fait une étude attentive de son tempérament, de son humeur, de ses goûts, de toute sa constitution. Les hommes n'y font pas tant de façon pour se juger entre eux. Ils s'attribuent réciproquement les motifs qui pourroient faire agir le jugeant, comme fait le jugé, s'il étoit à sa place, et souvent ils rencontrent juste, parce qu'ils sont tous conduits par l'opinion, par les préjugés, par l'amour-propre, par toutes les passions factices qui en sont le cortége, et surtout par ce

[1] Les gens si fins, totalement transformés par l'amour-propre, n'ont plus la moindre idée des vrais mouvements de la nature, et ne connoîtront jamais rien aux âmes honnêtes, parce qu'ils ne voient partout que le mal, excepté dans ceux qu'ils ont intérêt de flatter. Aussi les observations des gens fins, ne s'accordant avec la vérité que par hasard, ne font point autorité chez les sages.

Je ne connois pas deux François qui pussent parvenir à me connoître quand même ils le désireroient de tout leur cœur : la nature primitive de l'homme est trop loin de toutes leurs idées. Je ne dis pas néanmoins qu'il n'y en a point, je dis seulement que je n'en connois pas deux.

vif intérêt, prévoyant et pourvoyant, qui les jette toujours loin du présent, et qui n'est rien pour l'homme de la nature.

Mais ils sont si loin de remonter aux pures impulsions de cette nature et de les connoître, que, s'ils parvenoient à comprendre enfin que ce n'est point par ostentation que Jean-Jacques se conduit si différemment qu'ils ne font, le plus grand nombre en concluroit aussitôt que c'est donc par bassesse d'ame, quelques-uns peut-être que c'est par une héroïque vertu, et tous se tromperoient également. Il y a de la bassesse à choisir volontairement un emploi digne de mépris, ou à recevoir par aumône ce qu'on peut gagner par son travail; mais il n'y en a point à vivre d'un travail honnête plutôt que d'aumônes, ou plutôt que d'intriguer pour parvenir. Il y a de la vertu à vaincre ses penchants pour faire son devoir, mais il n'y en a point à les suivre pour se livrer à des occupations de son goût, quoique ignobles aux yeux des hommes.

La cause des faux jugements portés sur Jean-Jacques est qu'on suppose toujours qu'il lui a fallu de grands efforts pour être autrement que les autres hommes; au lieu que, constitué comme il est, il lui en eût fallu de très-grands pour être comme eux. Une de mes observations les plus certaines, et dont le public se doute le moins, est, qu'impatient, emporté, sujet aux plus vives colères, il ne connoît pas néanmoins la haine, et que jamais désir de vengeance n'entra dans son cœur. Si quelqu'un pouvoit admettre un fait si contraire aux idées qu'on a de l'homme, on lui donneroit aussitôt pour cause un effort sublime, la pénible victoire sur l'amour-propre, la grande mais difficile vertu du pardon des ennemis; et c'est simplement un effet naturel du tempérament que je vous ai décrit. Toujours occupé de lui-même ou pour lui-même, et trop avide de son propre bien pour avoir le temps de songer au mal d'un autre, il ne s'avise point de ces jalouses comparaisons d'amour-propre d'où naissent les passions haineuses dont j'ai parlé. J'ose même dire qu'il n'y a point de constitution plus éloignée que la sienne de la méchanceté; car son vice dominant est de s'occuper de lui plus que des autres, et celui des méchants, au contraire, est de s'occuper plus des autres que d'eux, et c'est précisément pour cela qu'à prendre le mot d'*égoïsme* dans son vrai sens ils sont tous égoïstes, et qu'il ne l'est point parce qu'il ne se met ni à côté, ni au-dessus, ni au-dessous de personne, et que le déplacement de personne n'est nécessaire à son bonheur. Toutes ses méditations sont douces, parce qu'il aime à jouir. Dans les situations pénibles, il n'y pense que quand elles l'y forcent; tous les moments qu'il peut leur dérober sont donnés à ses rêveries; il sait se soustraire aux idées déplaisantes, et se transporter ailleurs qu'où il est mal. Occupé si peu de ses peines, comment le seroit-il beaucoup de ceux qui les lui font souffrir? Il s'en venge en n'y pensant point, non par esprit de vengeance, mais pour se délivrer d'un tourment. Paresseux et voluptueux, comment seroit-il haineux et vindicatif? Voudroit-il changer en supplices ses consolations, ses jouissances, et les seuls plaisirs qu'on lui laisse ici-bas? Les hommes bilieux et méchants ne cherchent la retraite que quand ils sont tristes; et la retraite les attriste encore plus. Le levain de la vengeance fermente dans la solitude, par le plaisir qu'on prend à s'y livrer; mais ce triste et cruel plaisir dévore et consume celui qui s'y livre; il le rend inquiet, actif, intrigant : la solitude qu'il cherchoit fait bientôt le supplice de son cœur haineux et tourmenté; il n'y goûte point cette aimable incurie, cette douce nonchalance qui fait le charme des vrais solitaires; sa passion, animée par ses chagrines réflexions, cherche à se satisfaire; et, bientôt quittant sa sombre retraite, il court attiser dans le monde le feu dont il veut consumer son ennemi. S'il sort des écrits de la main d'un tel solitaire, ils ne ressembleront sûrement ni à l'*Émile*, ni à l'*Héloïse;* ils porteront, quelque art qu'emploie l'auteur à se déguiser, la teinte de la bile amère qui les dicta. Pour Jean-Jacques, les fruits de sa solitude attestent les sentiments dont il s'y nourrit; il eut de l'humeur tant qu'il vécut dans le monde, il n'en eut plus aussitôt qu'il vécut seul.

Cette répugnance à se nourrir d'idées noires et déplaisantes se fait sentir dans ses écrits comme dans sa conversation, et surtout dans ceux de longue haleine, où l'auteur avoit plus le temps d'être lui, et où son cœur s'est mis, pour ainsi dire, plus à son aise. Dans ses premiers ouvrages, entraîné par son sujet, indigné par le spectacle des mœurs publiques, excité par les gens qui vivoient avec lui, et qui dès-lors peut-être avoient déjà leurs vues, il s'est permis quelquefois de peindre les méchants et les vices en traits vifs et poignants, mais toujours prompts et rapides; et l'on voit qu'il ne se complaisoit que dans les images riantes dont il aima de tout temps à s'occuper. Il se félicite à la fin de l'*Héloïse* d'en avoir soutenu l'intérêt durant six volumes, sans le concours d'aucun personnage méchant, ni d'aucune mauvaise action. C'est là, ce me semble, le témoignage le moins équivoque des véritables goûts d'un auteur.

LE FRANÇOIS.

Eh! comme vous vous abusez! Les bons peignent les méchants sans crainte; ils n'ont pas peur d'être reconnus dans leurs portraits; mais un méchant n'ose peindre son semblable; il redoute l'application.

ROUSSEAU.

Monsieur, cette interprétation si naturelle est-elle de votre façon?

LE FRANÇOIS.

Non, elle est de nos messieurs. Oh? moi, je n'aurois jamais eu l'esprit de la trouver.

ROUSSEAU.

Du moins l'admettez-vous sérieusement pour bonne?

ROUSSEAU.

Mais je vous avoue que je n'aime point à vivre avec les méchants, et je ne crois point qu'il s'ensuive de là que je sois un méchant moi-même.

ROUSSEAU.

Il s'ensuit tout le contraire ; et non seulement les méchants aiment à vivre entre eux, mais leurs écrits comme leurs discours sont remplis de peintures effroyables de toutes sortes de méchancetés. Quelquefois les bons s'attachent de même à les peindre, mais seulement pour les rendre odieuses, au lieu que les méchants ne se servent des mêmes peintures que pour rendre odieux moins les vices que les personnages qu'ils ont en vue. Ces différences se font bien sentir à la lecture, et les censures vives mais générales des uns s'y distinguent facilement des satires personnelles des autres. Rien n'est plus naturel à un auteur que de s'occuper par préférence des matières qui sont le plus de son goût. Celui de Jean-Jacques, en l'attachant à la solitude, atteste, par les productions dont il s'y est occupé, quelle espèce de charme a pu l'y attirer et l'y retenir. Dans sa jeunesse, et durant ses courtes prospérités, n'ayant encore à se plaindre de personne, il n'aima pas moins la retraite qu'il l'aime dans sa misère. Il se partageoit alors avec délice entre les amis qu'il croyoit avoir et la douceur du recueillement. Maintenant, si cruellement désabusé, il se livre à son goût dominant sans partage. Ce goût ne le tourmente ni ne le ronge ; il ne le rend ni triste ni sombre ; jamais il ne fut plus satisfait de lui-même, moins soucieux des affaires d'autrui, moins occupé de ses persécuteurs, plus content ni plus heureux, autant qu'on peut l'être de son propre fait, vivant dans l'adversité. S'il étoit tel qu'on nous le représente, la prospérité de ses ennemis, l'opprobre dont ils l'accablent, l'impuissance de s'en venger, l'auroient déjà fait périr de rage. Il n'eût trouvé, dans la solitude qu'il cherche, que le désespoir et la mort. Il y trouve le repos d'esprit, la douceur d'ame, la santé, la vie. Tous les mystérieux arguments de vos messieurs n'ébranleront jamais la certitude qu'opère celui-là dans mon esprit.

Mais y a-t-il quelque vertu dans cette douceur ? aucune. Il n'y a que la pente d'un naturel aimant et tendre, qui, nourri de visions délicieuses, ne peut s'en détacher pour s'occuper d'idées funestes et de sentiments déchirants. Pourquoi s'affliger quand on peut jouir ? pourquoi noyer son cœur de fiel et de bile, quand on peut l'abreuver de bienveillance et d'amour ? Ce choix si raisonnable n'est pourtant fait ni par la raison, ni par la volonté; il est l'ouvrage d'un pur instinct. Il n'a pas le mérite de la vertu, sans doute, mais il n'en a pas non plus l'instabilité. Celui qui durant soixante ans s'est livré aux seules impressions de la nature est bien sûr de n'y résister jamais.

Si ces impulsions ne le mènent pas toujours dans la bonne route, rarement elles le mènent dans la mauvaise. Le peu de vertus qu'il a n'ont jamais fait de grands biens aux autres, mais ses vices bien plus nombreux ne font de mal qu'à lui seul. Sa morale est moins une morale d'action que d'abstinence : sa paresse la lui a donnée, et sa raison l'y a souvent confirmée : ne jamais faire de mal lui paroît une maxime plus utile, plus sublime, et beaucoup plus difficile que celle même de faire du bien : car souvent le bien qu'on fait sous un rapport devient un mal sous mille autres; mais, dans l'ordre de la nature, il n'y a de vrai mal que le mal positif. Souvent il n'y a d'autre moyen de s'abstenir de nuire que de s'abstenir tout-à-fait d'agir; et, selon lui, le meilleur régime, tant moral que physique, est un régime purement négatif. Mais ce n'est pas celui qui convient à une philosophie ostentatrice, qui ne veut que des œuvres d'éclat, et n'apprend rien tant à ses sectateurs qu'à beaucoup se montrer. Cette maxime de ne point faire de mal tient de bien près à une autre qu'il doit encore à sa paresse, mais qui se change en vertu pour quiconque s'en fait un devoir. C'est de ne se mettre jamais dans une situation qui lui fasse trouver son avantage dans le préjudice d'autrui. Nul homme ne redoute une situation pareille. Ils sont tous trop forts, trop vertueux pour craindre jamais que leur intérêt ne les tente contre leur devoir; et dans leur fière confiance, ils provoquent sans crainte les tentations auxquelles ils se sentent si supérieurs. Félicitons-les de leurs forces, mais ne blâmons pas le foible Jean-Jacques de n'oser se fier à la sienne, et d'aimer mieux fuir les tentations que d'avoir à les vaincre, trop peu sûr du succès d'un pareil combat.

Cette seule indolence l'eût perdu dans la société, quand il n'y eût pas apporté d'autres vices. Les petits devoirs à remplir la lui ont rendue insupportable; et ces petits devoirs négligés lui ont fait cent fois plus de tort que des actions injustes ne lui en auroient pu faire. La morale du monde a été mise comme celle des dévots en menues pratiques, en petites formules, en étiquettes de procédés qui dispensent du reste. Quiconque s'attache avec scrupule à tous ces petits détails peut au surplus être noir, faux, fourbe, traître et méchant, peu importe ; pourvu qu'il soit exact aux règles des procédés, il est toujours assez honnête homme. L'amour-propre de ceux qu'on néglige en pareil cas leur peint cette omission comme un cruel outrage, ou comme une monstrueuse ingratitude ; et tel qui donneroit pour un autre sa bourse et son sang, n'en sera jamais pardonné pour avoir omis dans quelque rencontre une attention de civilité. Jean-Jacques, en dédaignant tout ce qui est de pure formule, et que font également bons et mauvais, amis et indifférents, pour ne s'attacher qu'aux solides devoirs, qui n'ont rien de l'usage ordinaire, et font peu de sensation, a fourni les prétextes que vos messieurs ont si habilement employés. Il eût pu remplir sans bruit de grands devoirs dont jamais personne n'auroit rien dit : mais la négligence des petits soins inutiles a causé sa perte. Ces petits soins sont aussi quelquefois des devoirs qu'il n'est pas permis d'enfreindre, et je ne prétends pas en cela l'excuser. Je dis seulement que ce mal même, qui n'en est pas un dans sa source, et qui n'est tombé que sur lui, vient encore de cette indolence de caractère qui le domine, et ne lui fait pas moins négliger ses intérêts que ses devoirs.

Jean-Jacques paroît n'avoir jamais convoité fort ardemment les biens de la fortune, non par une modération dont on puisse lui faire honneur, mais parce que ces biens, loin de procurer ceux dont il est avide, en ôtent la jouissance et le goût. Les pertes réelles, ni les espérances frustrées, ne l'ont jamais fort affecté. Il a trop désiré le bonheur pour désirer beaucoup la richesse ; et, s'il eut quelques moments d'ambition, ses désirs comme ses efforts ont été vifs et courts. Au premier obstacle qu'il n'a pu vaincre du premier choc, il s'est rebuté; et, retombant aussitôt dans sa langueur, il a oublié ce qu'il ne pouvoit attendre. Il fut toujours si peu agissant, si peu propre au manège nécessaire pour réussir en toute entreprise, que les choses les plus faciles pour d'autres devenant toujours difficiles pour lui, sa paresse les lui rendoit impossibles pour lui épargner les efforts indispensables pour les obtenir. Un autre oreiller de paresse, dans toute affaire un peu longue quoique aisée, étoit pour lui l'incertitude que le temps jette sur les succès qui, dans l'avenir, semblent les plus assurés, mille empêchements imprévus pouvant à chaque instant faire avorter les desseins les mieux concertés. La seule instabilité de la vie réduit pour nous tous les événements futurs à de simples probabilités. La peine qu'il faut prendre est certaine, le prix en est toujours douteux, et les projets éloignés ne peuvent paroître que des leurres de dupes à quiconque a plus d'indolence que d'ambition. Tel est et fut toujours Jean-Jacques: ardent et vif par tempérament, il n'a pu dans sa jeunesse être exempt de toute espèce de convoitise; et c'est beaucoup s'il l'est toujours, même aujourd'hui. Mais quelque désir qu'il ait pu former, et quel qu'en ait pu être l'objet, si du premier effort il n'a pu l'atteindre, il fut toujours incapable d'une longue persévérance à y aspirer.

Maintenant il paroît ne plus rien désirer. Indifférent sur le reste de sa carrière, il en voit avec plaisir approcher le terme, mais sans l'accélérer même par ses souhaits. Je doute que jamais mortel ait mieux et plus sincèrement dit à Dieu, *Que ta volonté soit faite;* et ce n'est pas, sans doute, une résignation fort méritoire à qui ne voit plus rien sur la terre qui puisse flatter son cœur. Mais dans sa jeunesse, où le feu du tempérament et de l'âge dut souvent enflammer ses désirs, il en put former d'assez vifs, mais rarement d'assez durables pour vaincre les obstables, quelquefois très-surmontables, qui l'arrêtoient. En désirant beaucoup, il dut obtenir fort peu, parce que ce ne sont pas les seuls élans du cœur qui font atteindre à l'objet, et qu'il y faut d'autres moyens qu'il n'a jamais su mettre en œuvre. La plus incroyable timidité, la plus excessive indolence, auroient cédé quelquefois peut-être à la force du désir, s'il n'eût trouvé dans cette force même l'art d'éluder les soins qu'elle sembloit exiger, et c'est encore ici des clefs de son caractère celle qui en découvre le mieux les ressorts. A force de s'occuper de l'objet qu'il convoite, à force d'y tendre par ses désirs, sa bienfaisante imagination arrive au terme, en sautant par-dessus les obstacles qui l'arrêtent ou l'effarouchent. Elle fait plus; écartant de l'objet tout ce qu'il a d'étranger à sa convoitise, elle ne le lui présente qu'approprié de tout point à son désir. Par-là ses fictions lui deviennent plus douces que des réalités même ; elles en écartent les défauts avec les difficultés, elles les lui livrent préparées tout exprès pour lui, et font que désirer et jouir ne sont pour lui qu'une même chose. Est-il étonnant qu'un homme ainsi constitué soit sans goût pour la vie active ? Pour lui pourchasser au loin quelques jouissances imparfaites et douteuses, elle lui ôteroit celles qui valent cent fois mieux, et sont toujours en son pouvoir. Il est plus heureux et plus riche par la possession des biens imaginaires qu'il crée qu'il ne le seroit par celle des biens, plus réels si l'on veut, mais moins désirables, qui existent réellement.

Mais cette même imagination, si riche en tableaux riants et remplis de charmes, rejette obstinément les objets de douleur et de peine, ou du moins elle ne les lui peint jamais si vivement que sa volonté ne les puisse effacer. L'incertitude de l'avenir et l'expérience de tant de malheurs peuvent l'effaroucher à l'excès des maux qui le menacent, en occupant son esprit des moyens de les éviter. Mais ces maux sont-ils arrivés, il les sent vivement un moment, et puis les oublie. En mettant tout au pis dans l'avenir, il se soulage et se tranquillise. Quand une fois le malheur est arrivé, il faut le souffrir sans doute, mais on n'est plus forcé d'y penser pour s'en garantir ; c'est un grand tourment de moins dans son ame. En comptant d'avance sur le mal qu'il craint, il en ôte la plus grande amertume; ce mal arrivant le trouve tout prêt à le supporter; et s'il n'arrive pas, c'est un bien qu'il goûte avec d'autant plus de joie qu'il n'y comptoit point du tout. Comme il aime mieux jouir que souffrir, il se refuse aux souvenirs tristes et déplaisants, qui sont inutiles, pour livrer son cœur tout entier à ceux qui le flattent; quand sa destinée s'est trouvée telle qu'il n'y voyoit plus rien d'agréable à se rappeler, il en a perdu toute la mémoire, et rétrogadant vers les temps heureux de son enfance et de sa jeunesse, il les a souvent recommencés dans ses souvenirs. Quelquefois s'élançant dans l'avenir qu'il espère et qu'il sent lui être dû, il tâche de s'en figurer les douceurs en les proportionnant aux maux qu'on lui fait souffrir injustement en ce monde. Plus souvent, laissant concourir ses sens à ses fictions, il se forme des êtres selon son cœur; et vivant avec eux dans une société dont il se sent digne, il plane dans l'empyrée, au milieu des objets charmants et presque angéliques dont il s'est entouré. Concevez-vous que dans une ame tendre ainsi disposée les levains haineux fermentent facilement? Non, non, monsieur; comptez que celui qui put sentir un moment les délices habituelles de Jean-Jacques ne méditera jamais de noirceurs.

La plus sublime des vertus, celle qui demande le plus de grandeur, de courage et de force d'ame, est le pardon des injures et l'amour de ses ennemis. Le foible Jean-Jacques, qui n'atteint pas même aux vertus médiocres, iroit-il jusqu'à celle-là ? Je suis aussi loin de le croire que de l'affirmer. Mais qu'importe, si son naturel aimant et paisible le mène où l'auroit mené à la vertu ? Qu'eût pu faire en lui la haine s'il l'avoit connue ? Je l'ignore ; il l'ignore lui-même. Comment sauroit-il où l'eût conduit un sentiment qui jamais n'approcha de son cœur ? Il n'a point eu là-dessus de combat à rendre, parce qu'il n'a point eu de tentation. Celle d'ôter ses facultés à ses jouissances, pour les livrer aux passions irascibles et déchirantes, n'en est pas même une pour lui. C'est le tourment des cœurs dévorés d'amour-propre, et qui ne connoissent point d'autre amour. Ils n'ont pas cette passion par choix, elle les tyrannise, et n'en laisse point d'autre en leur pouvoir.

Lorsqu'il entreprit ses *Confessions*, cette œuvre unique parmi les hommes, dont il a profané la lecture en la prodiguant aux oreilles les moins faites pour l'entendre, il avoit déjà passé la maturité de l'âge, et ignoroit encore l'adversité. Il a dignement exécuté ce projet jusqu'au temps des malheurs de sa vie ; dès-lors il s'est vu forcé d'y renoncer. Accoutumé à ses douces rêveries, il ne trouva ni courage ni force pour soutenir la méditation de tant d'horreurs ; il n'auroit même pu s'en rappeler l'effroyable tissu, quand il s'y seroit obstiné. Sa mémoire a refusé de se souiller de ces affreux souvenirs ; il ne peut se rappeler l'image que des temps qu'il verroit renaître avec plaisir : ceux où il fut la proie des méchants en seroient pour jamais effacés avec les cruels qui les ont rendus si funestes, si les maux qu'ils continuent à lui faire ne réveilloient quelquefois, malgré lui, l'idée de ceux qu'ils lui ont déjà fait souffrir. En un mot, un naturel aimant et tendre, une langueur d'ame qui le porte aux plus douces voluptés, lui faisant rejeter tout sentiment douloureux, écarte de son souvenir tout objet désagréable. Il n'a pas le mérite de pardonner les offenses, parce qu'il les oublie; il n'aime pas ses ennemis, mais il ne pense point à eux. Cela met tout l'avantage de leur côté, en ce que ne le perdant jamais de vue, sans cesse occupés de lui, pour l'enlacer de plus en plus dans leurs piéges, et ne le trouvant ni assez attentif pour les voir, ni assez actif pour s'en défendre, ils sont toujours sûrs de le prendre au dépourvu, quand et comme il leur plaît, sans crainte de représailles. Tandis qu'il s'occupe avec lui-même, eux s'occupent aussi de lui. Il s'aime, et ils le haïssent, voilà l'occupation des uns et des autres ; il est tout pour lui-même ; il est aussi tout pour eux : car, quant à eux, ils ne sont rien, ni pour lui, ni pour eux-mêmes ; et pourvu que Jean-Jacques soit misérable, ils n'ont pas besoin d'autre bonheur. Ainsi ils ont, eux et lui, chacun de leur côté, deux grandes expériences à faire ; eux, de toutes les peines qu'il est possible aux hommes d'accumuler dans l'ame d'un innocent, et lui, de toutes les ressources que l'innocence peut tirer d'elle seule pour les supporter. Ce qu'il y a d'impayable dans tout cela est d'entendre vos benins messieurs se lamenter, au milieu de leurs horribles trames, du mal que fait la haine à celui qui s'y livre, et plaindre tendrement leur ami Jean-Jacques d'être la proie d'un sentiment aussi tourmentant.

Il faudroit qu'il fût insensible ou stupide pour ne pas voir et sentir son état; mais il s'occupe trop peu de ses peines pour s'en affecter beaucoup. Il se console avec lui-même des injustices des hommes; en rentrant dans son cœur, il y trouve des dédommagements bien doux. Tant qu'il est seul, il est heureux; et quand le spectacle de la haine le navre, ou quand le mépris ou la dérision l'indignent, c'est un mouvement passager qui cesse aussitôt que l'objet qui l'excite a disparu. Ses émotions sont promptes et vives, mais rapides et peu durables, et cela se voit. Son cœur, transparent comme le cristal, ne peut rien cacher de ce qui s'y passe; chaque mouvement qu'il éprouve se transmet à ses yeux et sur son visage. On voit quand et comment il s'agite ou se calme, quand et comment il s'irrite ou s'attendrit; et sitôt que ce qu'il voit ou ce qu'il entend l'affecte, il lui est impossible d'en retenir ou dissimuler un moment l'impression. J'ignore comment il put s'y prendre pour tromper quarante ans tout le monde sur son caractère; mais pour peu qu'on le tire de sa chère inertie, ce qui par malheur n'est que trop aisé, je le défie de cacher à personne ce qui se passe au fond de son cœur, et c'est néanmoins de ce même naturel aussi ardent qu'indiscret qu'on a tiré, par un prestige admirable, le plus habile hypocrite et le plus rusé fourbe qui puisse exister.

Cette remarque étoit importante, et j'y ai porté la plus grande attention. Le premier art de tous les méchants est la prudence, c'est-à-dire la dissimulation. Ayant tant de desseins et de sentiments à cacher, ils savent composer leur extérieur, gouverner leurs regards, leur air, leur maintien, se rendre maîtres des apparences. Ils savent prendre leurs avantages et couvrir d'un vernis de sagesse les noires passions dont ils sont rongés. Les cœurs vifs sont bouillants, emportés; mais tout s'évapore au dehors; les méchants sont froids, posés, le venin se dépose et se cache au fond de leurs cœurs pour n'agir qu'en temps et lieu : jusqu'alors rien ne s'exhale; et pour rendre l'effet plus grand ou plus sûr, ils le retardent à leur volonté. Ces différences ne viennent pas seulement des tempéraments, mais aussi de la nature des passions. Celles des cœurs ardents et sensibles, étant l'ouvrage de la nature, se montrent en dépit de celui qui les a; leur première explosion, purement machinale, est indépendante de sa volonté. Tout ce qu'il peut faire à force de résistance est d'en arrêter le cours avant qu'elle ait produit son effet, mais non pas avant qu'elle se soit manifestée ou dans ses yeux, ou par sa rougeur, ou par sa voix, ou par son maintien, ou par quelque autre signe sensible.

Mais l'amour-propre et les mouvements qui en dérivent, n'étant que des passions secondaires produites par la réflexion, n'agissent pas si sensiblement sur la machine. Voilà pourquoi ceux que ces sortes de passions gouvernent sont plus maîtres des apparences que ceux qui se livrent aux impulsions directes de la nature. En général, si les naturels ardents et vifs sont plus aimants, ils sont aussi plus emportés, moins endurants, plus colères, mais ces emportements bruyants sont sans conséquence; et sitôt que le signe de la colère s'efface sur le visage, elle est éteinte aussi dans le cœur. Au contraire les gens flegmatiques et froids, si doux, si patients, si modérés à l'extérieur, en dedans sont haineux, vindicatifs, implacables; ils savent conserver, déguiser, nourrir leur rancune jusqu'à ce que le moment de l'assouvir se présente. En général, les premiers aiment plus qu'ils ne haïssent; les seconds haïssent beaucoup plus qu'ils n'aiment, si tant est qu'ils sachent aimer. Les ames d'une haute trempe sont néanmoins très-souvent de celle-ci, comme supérieures aux passions. Les vrais sages sont des hommes froids, je n'en doute pas; mais dans la classe des hommes vulgaires, sans le contre-poids de la sensibilité, l'amour-propre emportera toujours la balance, et s'ils ne restent nuls il les rendra méchants.

Vous me direz qu'il y a des hommes vifs et sensibles qui ne laissent pas d'être méchants, haineux et rancuniers. Je n'en crois rien ; mais il faut s'entendre. Il y a deux sortes de vivacité ; celle des sentiments, et celle des idées. Les ames sensibles s'affectent fortement et rapidement. Le sang enflammé par une agitation subite porte à l'œil, à la voix, au visage, ces mouvements impétueux qui marquent la passion. Il est au contraire des esprits vifs qui s'associent avec des cœurs glacés, et qui ne tirent que du cerveau l'agitation qui paroît aussi dans les yeux, dans le geste, et accompagne la parole, mais par des signes tout différents, pantomimes et comédiens plutôt qu'animés et passionnés. Ceux-ci, riches d'idées, les produisent avec une facilité extrême : ils ont la parole à commandement ; leur esprit, toujours présent et pénétrant, leur fournit sans cesse des pensées neuves, des saillies, des réponses heureuses ; quelque force et quelque finesse qu'on mette à ce qu'on peut leur dire, ils étonnent par la promptitude et le sel de leurs reparties, et ne restent jamais court. Dans les choses même de sentiment, ils ont un petit babil si bien agencé, qu'on les croiroit émus jusqu'au fond du cœur, si cette justesse même d'expression n'attestoit que c'est leur esprit seul qui travaille. Les autres, tout occupés de ce qu'ils sentent, soignent trop peu leurs paroles pour les arranger avec tant d'art. La pesante succession du discours leur est insupportable ; ils se dépitent contre la lenteur de sa marche ; il leur semble, dans la rapidité des mouvements qu'ils éprouvent, que ce qu'ils sentent devroit se faire jour et pénétrer d'un cœur à l'autre sans le froid ministère de la parole. Les idées se présentent d'ordinaire aux gens d'esprit en phrases tout arrangées. Il n'en est pas ainsi des sentiments ; il faut chercher, combiner, choisir un langage propre à rendre ceux qu'on éprouve ; et quel est l'homme sensible qui aura la patience de suspendre le cours des affections qui l'agitent pour s'occuper à chaque instant de ce triage ? Une violente émotion peut suggérer quelquefois des expressions énergiques et vigoureuses ; mais ce sont d'heureux hasards que les mêmes situations ne fournissent pas toujours. D'ailleurs, un homme vivement ému est-il en état de prêter une attention minutieuse à tout ce qu'on peut lui dire, à tout ce qui se passe autour de lui, pour y approprier sa réponse ou son propos ? Je ne dis pas que tous seront aussi distraits, aussi étourdis, aussi stupides que Jean-Jacques ; mais je doute que quiconque a reçu du ciel un naturel vraiment ardent, vif, sensible et tendre, soit jamais un homme bien preste à la riposte.

N'allons donc pas prendre, comme on fait dans le monde, pour des cœurs sensibles des cerveaux brûlés dont le seul désir de briller anime les discours, les actions, les écrits, et qui, pour être applaudis des jeunes gens et des femmes, jouent de leur mieux la sensibilité qu'ils n'ont point. Tout entiers à leur unique objet, c'est-à-dire à la célébrité, ils ne s'échauffent sur rien au monde, ne prennent un véritable intérêt à rien; leurs têtes, agitées d'idées rapides, laissent leurs cœurs vides de tout sentiment, excepté celui de l'amour-propre, qui, leur étant habituel, ne leur donne aucun mouvement sensible et remarquable au dehors. Ainsi, tranquilles et de sang-froid sur toutes choses, ils ne songent qu'aux avantages relatifs à leur petit individu, et, ne laissant jamais échapper aucune occasion, s'occupent sans cesse, avec un succès qui n'a rien d'étonnant, à rabaisser leurs rivaux, à écarter leurs concurrents, à briller dans le monde, à primer dans les lettres, et à déprimer tout ce qui n'est pas attaché à leur char. Que de tels hommes soient méchants ou malfaisants, ce n'est pas une merveille; mais qu'ils éprouvent d'autre passion que l'égoïsme qui les domine, qu'ils aient une véritable sensibilité, qu'ils soient capables d'attachement, d'amitié, même d'amour, c'est ce que je nie. Ils ne savent pas seulement s'aimer eux-mêmes; ils ne savent que haïr ce qui n'est pas eux.

SECOND DIALOGUE.

Celui qui sait régner sur son propre cœur, tenir toutes ses passions sous le joug, sur qui l'intérêt personnel et les désirs sensuels n'ont aucune puissance, et qui, soit en public, soit tout seul et sans témoin, ne fait en toute occasion que ce qui est juste et honnête, sans égard aux vœux secrets de son cœur; celui-là seul est homme vertueux. S'il existe, je m'en réjouis pour l'honneur de l'espèce humaine. Je sais que des foules d'hommes vertueux ont jadis existé sur la terre; je sais que Fénélon, Catinat, d'autres moins connus, ont honoré les siècles modernes, et parmi nous j'ai vu George Keith suivre encore leurs sublimes vestiges. A cela près, je n'ai vu dans les apparentes vertus des hommes que forfanterie, hypocrisie et vanité. Mais ce qui se rapproche un peu plus de nous, ce qui est du moins beaucoup plus dans l'ordre de la nature, c'est un mortel bien né qui n'a reçu du ciel que des passions expansives et douces, que des penchants aimants et aimables, qu'un cœur ardent à désirer, mais sensible, affectueux dans ses désirs, qui n'a que faire de gloire ni de trésors, mais de jouissances réelles, de véritables attachements, et qui, comptant pour rien l'apparence des choses et pour peu l'opinion des hommes, cherche son bonheur en dedans sans égard aux usages suivis et aux préjugés reçus. Cet homme ne sera pas vertueux, puisqu'il ne vaincra pas ses penchants; mais, en les suivant, il ne fera rien de contraire à ce que feroit, en surmontant les siens, celui qui n'écoute que la vertu. La bonté, la commisération, la générosité, ces premières inclinations de la nature, qui ne sont que des émanations de l'amour de soi, ne s'érigeront point dans sa tête en d'austères devoirs, mais elles seront des besoins de son cœur qu'il satisfera plus pour son propre bonheur que par un principe d'humanité qu'il ne songera guère à réduire en règles. L'instinct de la nature est moins pur peut-être, mais certainement plus sûr que la loi de la vertu; car on se met souvent en contradiction avec son devoir, jamais avec son penchant, pour malfaire.

L'homme de la nature éclairé par la raison a des appétits plus délicats, mais non moins simples que dans sa première grossièreté. Les fantaisies d'autorité, de célébrité, de prééminence, ne sont rien pour lui; il ne veut être connu que pour être aimé; il ne veut être loué que de ce qui est vraiment louable et qu'il possède en effet. L'esprit, les talents, ne sont pour lui que des ornements du mérite, et ne le constituent pas. Ils sont des développements nécessaires dans le progrès des choses, et qui ont leurs avantages pour les agréments de la vie, mais subordonnés aux facultés plus précieuses qui rendent l'homme vraiment sociable et bon, et qui lui font priser l'ordre, la justice, la droiture et l'innocence au-dessus de tous les autres biens. L'homme de la nature apprend à porter en toute chose le joug de la nécessité et à s'y soumettre, à ne murmurer jamais contre la Providence, qui commença par le combler de dons précieux, qui promet à son cœur des biens plus précieux encore, mais qui, pour réparer les injustices de la fortune et des hommes, choisit son heure et non pas la nôtre, et dont les vues sont trop au-dessus de nous pour qu'elle nous doive compte de ses moyens. L'homme de la nature est assujetti par elle et pour sa propre conservation à des transports irascibles et momentanés, à la colère, à l'emportement, à l'indignation, jamais à des sentiments haineux et durables, nuisibles à celui qui en est la proie et à celui qui en est l'objet, et qui ne mènent qu'au mal et à la destruction sans servir au bien ni à la conservation de personne. Enfin l'homme de la nature, sans épuiser ses débiles forces à se construire ici-bas des tabernacles, des machines énormes de bonheur ou de plaisir, jouit de lui-même et de son existence, sans grand souci de ce qu'en pensent les hommes, et sans grand soin de l'avenir.

Tel j'ai vu l'indolent Jean-Jacques, sans affectation, sans apprêt, livré par goût à ses douces rêveries, pensant profondément quelquefois, mais toujours avec plus de fatigue que de plaisir, et aimant mieux se laisser gouverner par une imagination riante que de gouverner avec effort sa tête par la raison. Je l'ai vu mener par goût une vie égale, simple et routinière sans s'en rebuter jamais. L'uniformité de cette vie et la douceur qu'il y trouve montrent que son ame est en paix. S'il étoit mal avec lui-même, il se lasseroit enfin d'y vivre ; il lui faudroit des diversions que je ne lui vois point chercher ; et si, par un tour d'esprit difficile à concevoir, il s'obstinoit à s'imposer ce genre de supplice, on verroit à la longue l'effet de cette contrainte sur son humeur, sur son teint, sur sa santé. Il jauniroit, il languiroit, il deviendroit triste et sombre, il dépériroit. Au contraire, il se porte mieux qu'il ne fit jamais [1]. Il n'a plus ces souffrances habituelles, cette maigreur, ce teint pâle, cet air mourant qu'il eut constamment dix ans de sa vie, c'est-à-dire pendant tout le temps qu'il se mêla d'écrire, métier aussi funeste à sa constitution que contraire à son goût, et qui l'eût enfin mis au tombeau s'il l'eût continué plus long-temps. Depuis qu'il a repris les doux loisirs de sa jeunesse il en a repris la sérénité ; il occupe son corps et repose sa tête ; il s'en trouve bien à tous égards. En un mot, comme j'ai trouvé dans ses livres l'homme de la nature, j'ai trouvé dans lui l'homme de ses livres, sans avoir eu besoin de chercher expressément s'il est vrai qu'il en fût l'auteur.

Je n'ai eu qu'une seule curiosité que j'ai voulu

---

[1] Tout a son terme ici-bas. Si ma santé décline, et succombe enfin sous tant d'afflictions sans relâche, il restera toujours étonnant qu'elle ait résisté si long-temps.

satisfaire ; c'est au sujet du *Devin du village*. Ce que vous m'aviez dit là-dessus m'avoit tellement frappé, que je n'aurois pas été tranquille si je ne m'en fusse particulièrement éclairci. On ne conçoit guère comment un homme doué de quelque génie et de talents par lesquels il pourroit aspirer à une gloire méritée, pour se parer effrontément d'un talent qu'il n'auroit pas, iroit se fourrer sans nécessité dans toutes les occasions de montrer là-dessus son ineptie. Mais qu'au milieu de Paris et des artistes les moins disposés pour lui à l'indulgence, un tel homme se donne sans façon pour l'auteur d'un ouvrage qu'il est incapable de faire ; qu'un homme aussi timide, aussi peu suffisant, s'érige parmi les maîtres en précepteur d'un art auquel il n'entend rien, et qu'il les accuse de ne pas entendre, c'est assurément une chose des plus incroyables que l'on puisse avancer. D'ailleurs il y a tant de bassesse à se parer ainsi des dépouilles d'autrui ; cette manœuvre suppose tant de pauvreté d'esprit, une vanité si puérile, un jugement si borné, que quiconque peut s'y résoudre ne fera jamais rien de grand, d'élevé, de beau dans aucun genre, et que, malgré toutes mes observations, il seroit toujours resté impossible à mes yeux que Jean-Jacques, se donnant faussement pour l'auteur du *Devin du village*, eût fait aucun des autres écrits qu'il s'attribue, et qui certainement ont trop de force et d'élévation pour avoir pu sortir de la petite tête d'un petit pillard impudent. Tout cela me sembloit tellement incompatible que j'en revenois toujours à ma première conséquence de *tout ou rien*.

Une chose encore animoit le zèle de mes recherches. L'auteur du *Devin du village* n'est pas, quel qu'il soit, un auteur ordinaire, non plus que celui des autres ouvrages qui portent le même nom. Il y a dans cette pièce une douceur, un charme, une simplicité surtout, qui la distinguent sensiblement de toute autre production du même genre. Il n'y a dans les paroles ni situations vives, ni belles sentences, ni pompeuse morale : il n'y a dans la musique ni traits savants, ni morceaux de travail, ni chants tournés, ni harmonie pathétique. Le sujet en est plus comique qu'attendrissant, et cependant la pièce touche, remue, attendrit jusqu'aux larmes : on se sent ému sans savoir pourquoi. D'où ce charme secret qui coule ainsi dans les cœurs tire-t-il sa source? Cette source unique où nul autre n'a puisé n'est pas celle de l'Hippocrène : elle vient d'ailleurs. L'auteur doit être aussi singulier que la pièce est originale. Si, connoissant déjà Jean-Jacques, j'avois vu pour la première fois le *Devin du village* sans qu'on m'en nommât l'auteur, j'aurois dit sans balancer : C'est celui de la *Nouvelle Héloïse*, c'est Jean-Jacques, et ce ne peut être que lui. Colette intéresse et touche, comme Julie, sans magie de situations, sans apprêts d'événements romanesques; même naturel, même douceur, même accent : elles sont sœurs, ou je serois bien trompé. Voilà ce que j'aurois dit ou pensé. Maintenant on m'assure au contraire que Jean-Jacques se donne faussement pour l'auteur de cette pièce, et qu'elle est d'un autre : qu'on me le montre donc cet autre-là, que je voie comment il est fait. Si ce n'est pas Jean-Jacques, il doit du moins lui ressembler beaucoup, puisque leurs productions, si originales, si caractérisées, se ressemblent si fort. Il est vrai que je ne puis avoir vu des productions de Jean-Jacques en musique, puisqu'il n'en sait pas faire; mais je suis sûr que, s'il en savoit faire, elles auroient un caractère très-approchant de celui-là. A m'en rapporter à mon propre jugement, cette musique est de lui; par les preuves que l'on me donne, elle n'en est pas : que dois-je croire? Je résolus de m'éclaircir si bien par moi-même sur cet article qu'il ne me pût rester là-dessus aucun doute, et je m'y suis pris de la façon la plus courte, la plus sûre pour y parvenir.

LE FRANÇOIS.

Rien n'est plus simple. Vous avez fait comme tout le monde; vous lui avez présenté de la musique à lire; et voyant qu'il ne faisoit que barbouiller, vous avez tiré la conséquence, et vous vous en êtes tenu là.

ROUSSEAU.

Ce n'est point là ce que j'ai fait, et ce n'étoit

point de cela non plus qu'il s'agissoit; car il ne s'est pas donné, que je sache, pour un croquesol ni pour un chantre de cathédrale. Mais en donnant de la musique pour être de lui, il s'est donné pour en savoir faire. Voilà ce que j'avois à vérifier. Je lui ai donc proposé de la musique, non à lire, mais à faire. C'étoit aller, ce me semble, aussi directement qu'il étoit possible au vrai point de la question. Je l'ai prié de composer cette musique en ma présence sur des paroles qui lui étoient inconnues et que je lui ai fournies sur-le-champ.

LE FRANÇOIS.

Vous avez bien de la bonté; car enfin vous assurer qu'il ne savoit pas lire la musique, n'étoit-ce pas vous assurer de reste qu'il n'en savoit pas composer?

ROUSSEAU.

Je n'en sais rien; je ne vois nulle impossibilité qu'un homme trop plein de ses propres idées ne sache ni saisir ni rendre celles des autres, et puisque ce n'est pas faute d'esprit qu'il sait si mal parler, ce peut aussi n'être pas par ignorance qu'il lit si mal la musique. Mais ce que je sais bien, c'est que, si de l'acte au possible la conséquence est valable, lui voir sous mes yeux composer de la musique étoit m'assurer qu'il en savoit composer.

LE FRANÇOIS.

D'honneur, voici qui est curieux! Eh bien!

monsieur, de quelle défaite vous paya-t-il ? Il fit le fier, sans doute, et rejeta la proposition avec hauteur.

ROUSSEAU.

Non, il voyoit trop bien mon motif pour pouvoir s'en offenser, et me parut même plus reconnoissant qu'humilié de ma proposition. Mais il me pria de comparer les situations et les âges. « Considérez, me dit-il, quelle différence vingt-
« cinq ans d'intervalle; de longs serrements de
« cœur, les ennuis, le découragement, la vieillesse,
« doivent mettre dans les productions du même
« homme. Ajoutez à cela la contrainte que vous
« m'imposez, et qui me plaît parce que j'en vois la
« raison, mais qui n'en met pas moins des entraves
« aux idées d'un homme qui n'a jamais su les assu-
« jettir, ni rien produire qu'à son heure, à son
« aise, et à sa volonté. »

LE FRANÇOIS.

Somme toute, avec de belles paroles il refusa l'épreuve proposée ?

ROUSSEAU.

Au contraire, après ce petit préambule il s'y soumit de tout son cœur, et s'en tira mieux qu'il n'avoit espéré lui-même. Il me fit, avec un peu de lenteur, mais moi toujours présent, de la musique aussi fraîche, aussi chantante, aussi bien traitée que celle du *Devin*, et dont le style, assez semblable à celui de cette pièce, mais moins nou-

veau qu'il n'étoit alors, est tout aussi naturel, tout aussi expressif, et tout aussi agréable. Il fut surpris lui-même de son succès. « Le désir, me dit-il,
« que je vous ai vu de me voir réussir m'a fait
« réussir davantage. La défiance m'étourdit, m'ap-
« pesantit et me resserre le cerveau comme le
« cœur; la confiance m'anime, m'épanouit, et me
« fait planer sur des ailes. Le ciel m'avoit fait pour
« l'amitié; elle eût donné un nouveau ressort à mes
« facultés, et j'aurois doublé de prix par elle. »

Voilà, monsieur, ce que j'ai voulu vérifier par moi-même. Si cette expérience ne suffit pas pour prouver qu'il a fait le *Devin du village*, elle suffit au moins pour détruire celle des preuves qu'il ne l'a pas fait à laquelle vous vous en êtes tenu. Vous savez pourquoi toutes les autres ne font point autorité pour moi: mais voici une autre observation qui achève de détruire mes doutes, et me confirme ou me ramène dans mon ancienne persuasion.

Après cette épreuve, j'ai examiné toute la musique qu'il a composée depuis son retour à Paris, et qui ne laisse pas de faire un recueil considérable, et j'y ai trouvé une uniformité de style et de faire qui tomberoit quelquefois dans la monotonie si elle n'étoit autorisée ou excusée par le grand rapport des paroles dont il a fait choix le plus souvent. Jean-Jacques, avec un cœur trop porté à la tendresse, eut toujours un goût vif pour la vie champêtre. Toute sa musique, quoique variée selon les sujets, porte une empreinte de ce goût. On croit entendre l'accent pastoral des pipeaux, et cet accent se fait partout sentir le même que dans le *Devin du village*. Un connoisseur ne peut pas plus s'y tromper qu'on ne se trompe au faire des peintres. Toute cette musique a d'ailleurs une simplicité, j'oserois dire une vérité, que n'a parmi nous nulle autre musique moderne. Non seulement elle n'a besoin ni de trilles, ni de petites notes, ni d'agréments ou de fleurtis [1] d'aucune espèce, mais elle ne peut même rien supporter de tout cela. Toute son expression est dans les seules nuances du fort et du doux, vrai caractère d'une bonne mélodie; cette mélodie y est toujours une et bien marquée, les accompagnements l'animent sans l'offusquer. On n'a pas besoin de crier sans cesse aux accompagnateurs : *Doux, plus doux*. Tout cela ne convient encore qu'au seul *Devin du village*. S'il n'a pas fait cette pièce, il faut donc qu'il en ait l'auteur toujours à ses ordres pour lui composer de nouvelle musique toutes les fois qu'il lui plaît d'en produire sous son nom, car il n'y a que lui seul qui en fasse comme celle-là. Je ne dis pas qu'en épluchant bien toute cette musique on n'y trouvera ni ressemblances ni réminiscences, ni traits pris ou imités d'autres auteurs; cela n'est vrai

---

[1] * Il donne dans son Dictionnaire l'explication de ce mot qui a deux significations en musique, en ajoutant qu'*il a vieilli en tout sens*.

d'aucune musique que je connoisse. Mais, soit que ces imitations soient des rencontres fortuites ou de vrais pillages, je dis que la manière dont l'auteur les emploie les lui approprie; je dis que l'abondance des idées dont il est plein, et qu'il associe à celles-là, ne peut laisser supposer que ce soit par stérilité de son propre fonds qu'il se les attribue; c'est paresse ou précipitation, mais ce n'est pas pauvreté : il lui est trop aisé de produire pour avoir jamais besoin de piller [1].

[1] Il y a trois seuls morceaux dans le *Devin du village* qui ne sont pas uniquement de moi, comme, dès le commencement, je l'ai dit sans cesse à tout le monde; tous trois dans le divertissement : 1° les paroles de la chanson, qui sont en partie, ou du moins l'idée et le refrain, de M. Collé; 2° les paroles de l'ariette, qui sont de M. Cahusac, lequel m'engagea à faire, après coup, cette ariette, pour complaire à mademoiselle Fel, qui se plaignoit qu'il n'y avoit rien de brillant pour sa voix dans son rôle; 3° et l'entrée des bergères, que, sur les vives instances de M. d'Holbach, j'arrangeai sur une pièce de clavecin d'un recueil qu'il me présenta. Je ne dirai pas quelle étoit l'intention de M. d'Holbach; mais il me pressa si fort d'employer quelque chose de ce recueil, que je ne pus, dans cette bagatelle, résister obstinément à son désir. Pour la romance, qu'on m'a fait tirer, tantôt de Suisse, tantôt de Languedoc, tantôt de nos psaumes, et tantôt de je ne sais où, je ne l'ai tirée que de ma tête, ainsi que toute la pièce. Je la composai revenu depuis peu d'Italie; passionné pour la musique que j'y avois entendue, et dont on n'avoit encore aucune connoissance à Paris. Quand cette connoissance commença de s'y répandre, on auroit bientôt découvert mes pillages, si j'avois fait comme font les compositeurs françois, parce qu'ils sont pauvres d'idées, qu'ils ne connoissent pas même le vrai chant, et que leurs accompagnemens ne sont que du barbouillage. On a eu l'impudence de mettre en grande pompe, dans le recueil de mes écrits, la romance de

Je lui ai conseillé de rassembler toute cette musique et de chercher à s'en défaire pour s'aider à vivre quand il ne pourra plus continuer son travail, mais de tâcher sur toute chose que ce recueil ne tombe qu'en des mains fidèles et sûres qui ne le laissent ni détruire ni diviser : car quand la passion cessera de dicter les jugements qui le regardent, ce recueil fournira, ce me semble, une forte preuve que toute la musique qui le compose est d'un seul et même auteur [1].

Tout ce qui est sorti de la plume de Jean-Jacques durant son effervescence porte une empreinte impossible à méconnoître, et plus impossible à imi-

M. Vernes, pour faire croire au public que je me l'attribuois. Toute ma réponse a été de faire à cette romance deux autres airs meilleurs que celui-là. Mon argument est simple : celui qui a fait les deux meilleurs airs n'avoit pas besoin de s'attribuer faussement le moindre.

[1] J'ai mis fidèlement dans ce recueil toute la musique de toute espèce que j'ai composée depuis mon retour à Paris, et dont j'aurois beaucoup retranché si je n'y avois laissé que ce qui me paroît bon ; mais j'ai voulu ne rien omettre de ce que j'ai réellement fait, afin qu'on pût discerner tout ce qu'on m'attribue, aussi faussement qu'impudemment, même, en ce genre, dans le public, dans les journaux, et jusque dans le recueil de mes propres écrits. Pourvu que les paroles soient grossières et malhonnêtes, pourvu que les airs soient maussades et plats, on m'accordera volontiers le talent de composer de cette musique-là. On affectera même de m'attribuer des airs d'un bon chant fait par d'autres pour faire croire que je me les attribue moi-même, et que je m'approprie les ouvrages d'autrui. M'ôter mes productions et m'attribuer les leurs a été, depuis vingt ans, la manœuvre la plus constante de ces messieurs, et la plus sûre pour me décrier.

ter. Sa musique, sa prose, ses vers, tout, dans ces dix ans, est d'un coloris, d'une teinte, qu'un autre ne trouvera jamais. Oui, je le répète, si j'ignorois quel est l'auteur du *Devin du village,* je le sentirois à cette conformité. Mon doute levé sur cette pièce achève de lever ceux qui pouvoient me rester sur son auteur. La force des preuves qu'on a qu'elle n'est pas de lui ne sert plus qu'à détruire dans mon esprit celles des crimes dont on l'accuse; et tout cela ne me laisse plus qu'une surprise, c'est comment tant de mensonges peuvent être si bien prouvés.

Jean-Jacques étoit né pour la musique, non pour y payer de sa personne dans l'exécution, mais pour en hâter les progrès et y faire des découvertes. Ses idées dans l'art et sur l'art sont fécondes et intarissables. Il a trouvé des méthodes plus claires, plus commodes, plus simples, qui facilitent, les unes la composition, les autres l'exécution, et auxquelles il ne manque, pour être admises, que d'être proposées par un autre que lui. Il a fait dans l'harmonie une découverte qu'il ne daigne pas même annoncer, sûr d'avance qu'elle seroit rebutée, ou ne lui attireroit, comme le *Devin du village,* que l'imputation de s'emparer du bien d'autrui. Il fera dix airs sur les mêmes paroles sans que cette abondance lui coûte ou l'épuise. Je l'ai vu lire aussi fort bien la musique, mieux que plusieurs de ceux qui la professent. Il aura même en cet art l'*impromptu* de l'exécution qui lui manque en toute autre chose, quand rien ne l'intimidera, quand rien ne troublera cette présence d'esprit qu'il a si rarement, qu'il perd si aisément, et qu'il ne peut plus rappeler dès qu'il l'a perdue. Il y a trente ans qu'on l'a vu dans Paris chanter tout à livre ouvert. Pourquoi ne le peut-il plus aujourd'hui ? C'est qu'alors personne ne doutoit du talent qu'aujourd'hui tout le monde lui refuse, et qu'un seul spectateur malveillant suffit pour troubler sa tête et ses yeux. Qu'un homme auquel il aura confiance lui présente de la musique qu'il ne connoisse point, je parie, à moins qu'elle ne soit baroque ou qu'elle ne dise rien, qu'il la déchiffre encore à la première vue et la chante passablement. Mais si, lisant dans le cœur de cet homme, il le voit malintentionné, il n'en dira pas une note ; et voilà parmi les spectateurs la conclusion tirée sans autre examen. Jean-Jacques est sur la musique et sur les choses qu'il sait le mieux comme il étoit jadis aux échecs. Jouoit-il avec un plus fort que lui qu'il croyoit plus foible, il le battoit le plus souvent ; avec un plus foible qu'il croyoit plus fort, il étoit battu : la suffisance des autres l'intimide et le démonte infailliblement. En ceci l'opinion l'a toujours subjugué, ou plutôt, en toute chose comme il le dit lui-même, c'est au degré de sa confiance que se montre celui de ses facultés. Le plus grand mal est ici que, sentant en lui sa capacité, pour désabuser ceux qui en doutent, il se livre sans crainte aux occasions de la montrer, comptant toujours pour cette fois rester maître de lui-même, et, toujours intimidé, quoi qu'il fasse, il ne montre que son ineptie. L'expérience là-dessus a beau l'instruire, elle ne l'a jamais corrigé.

Les dispositions d'ordinaire annoncent l'inclination, et réciproquement. Cela est encore vrai chez Jean-Jacques. Je n'ai vu nul homme aussi passionné que lui pour la musique, mais seulement pour celle qui parle à son cœur; c'est pourquoi il aime mieux en faire qu'en entendre, surtout à Paris, parce qu'il n'y en a point d'aussi bien appropriée à lui que la sienne. Il la chante avec une voix foible et cassée, mais encore animée et douce; il l'accompagne, non sans peine, avec des doigts tremblants, moins par l'effet des ans que d'une invincible timidité. Il se livre à cet amusement depuis quelques années avec plus d'ardeur que jamais, et il est aisé de voir qu'il s'en fait une aimable diversion à ses peines. Quand des sentiments douloureux affligent son cœur, il cherche sur son clavier les consolations que les hommes lui refusent. Sa douleur perd ainsi sa sécheresse, et lui fournit à la fois des chants et des larmes. Dans les rues, il se distrait des regards insultants des passants en cherchant des airs dans sa tête; plusieurs romances de sa façon d'un chant triste et languissant, mais tendre et doux, n'ont point eu d'autre origine. Tout ce qui porte le même caractère lui plaît et le charme. Il est passionné pour le chant du rossignol; il aime les gémissements de la tourterelle, et les a parfaitement imités dans l'accompagnement d'un de ses airs : les regrets qui tiennent à l'attachement l'intéressent. Sa passion la plus vive et la plus vaine étoit d'être aimé; il croyoit se sentir fait pour l'être; il satisfait du moins cette fantaisie avec les animaux. Toujours il prodigua son temps et ses soins à les attirer, à les caresser; il étoit l'ami, presque l'esclave de son chien, de sa chatte, et de ses serins : il avoit des pigeons qui le suivoient partout, qui lui voloient sur les bras, sur la tête, jusqu'à l'importunité : il apprivoisoit les oiseaux, les poissons, avec une patience incroyable, et il est parvenu à Monquin à faire nicher des hirondelles dans sa chambre avec tant de confiance qu'elles s'y laissoient même enfermer sans s'effaroucher. En un mot, ses amusements, ses plaisirs, sont innocents et doux comme ses travaux, comme ses penchants; il n'y a pas dans son ame un goût qui soit hors de la nature, ni coûteux ou criminel à satisfaire; et, pour être heureux autant qu'il est possible ici bas, la fortune lui eût été inutile, encore plus la célébrité; il ne lui falloit que la santé, le nécessaire, le repos et l'amitié.

Je vous ai décrit les principaux traits de l'homme

que j'ai vu, et je me suis borné dans mes descriptions non seulement à ce qui peut de même être vu de tout autre, s'il porte à cet examen un œil attentif et non prévenu, mais à ce qui, n'étant ni bien ni mal en soi, ne peut être affecté long-temps par hypocrisie. Quant à ce qui, quoique vrai, n'est pas vraisemblable, tout ce qui n'est connu que du ciel et de moi, mais eût pu mériter de l'être des hommes, ou ce qui, même connu d'autrui, ne peut être dit de soi-même avec bienséance, n'espérez pas que je vous en parle, non plus que ceux dont il est connu : si tout son prix est dans les suffrages des hommes, c'est à jamais autant de perdu. Je ne vous parlerai pas non plus de ses vices, non qu'il n'en ait de très-grands, mais parce qu'ils n'ont jamais fait de mal qu'à lui, et qu'il n'en doit aucun compte aux autres : le mal qui ne nuit point à autrui peut se taire quand on tait le bien qui le rachète. Il n'a pas été si discret dans ses *Confessions*, et peut-être n'en a-t-il pas mieux fait. A cela près, tous les détails que je pourrois ajouter aux précédents n'en sont que des conséquences qu'en raisonnant bien chacun peut aisément suppléer. Ils suffisent pour connoître à fond le naturel de l'homme et son caractère. Je ne saurois aller plus loin sans manquer aux engagements par lesquels vous m'avez lié. Tant qu'ils dureront, tout ce que je puis exiger et attendre de Jean-Jacques est qu'il me donne, comme il a fait, une explication naturelle et raisonnée de sa conduite en toute occasion ; car il seroit injuste et absurde d'exiger qu'il répondît aux charges qu'il ignore, et qu'on ne permet pas de lui déclarer ; et tout ce que je puis ajouter du mien à cela est de m'assurer que cette explication qu'il me donne s'accorde avec tout ce que j'ai vu de lui par moi-même, en y donnant toute mon attention. Voilà ce que j'ai fait : ainsi je m'arrête. Ou faites-moi sentir en quoi je m'abuse, ou montrez-moi comment mon Jean-Jacques peut s'accorder avec celui de ces messieurs, ou convenez enfin que deux êtres si différents ne furent jamais le même homme.

LE FRANÇOIS.

Je vous ai écouté avec une attention dont vous devez être content. Au lieu de vous croiser par mes idées je vous ai suivi dans les vôtres, et si quelquefois je vous ai machinalement interrompu, c'étoit lorsqu'étant moi-même de votre avis je voulois avoir votre réponse à des objections souvent rebattues que je craignois d'oublier. Maintenant je vous demande en retour un peu de l'attention que je vous ai donnée. J'éviterai d'être diffus ; évitez, si vous pouvez, d'être impatient.

Je commence par vous accorder pleinement votre conséquence, et je conviens franchement que votre Jean-Jacques et celui de nos messieurs ne sauroient être le même homme. L'un, j'en conviens encore, semble avoir été fait à plaisir pour le mettre en opposition avec l'autre. Je vois même entre eux des incompatibilités qui ne frapperoient nul autre que moi. L'empire de l'habitude et le goût du travail manuel sont, par exemple, à mes yeux des choses inalliables avec les notoires et fougueuses passions des méchants; et je réponds que jamais un déterminé scélérat ne fera de jolis herbiers en miniature, et n'écrira dans six ans huit mille pages de musique [1]. Ainsi, dès la première esquisse, nos messieurs et vous ne pouvez vous accorder. Il y a certainement erreur ou mensonge d'une des deux parts : le mensonge n'est pas de la vôtre, j'en suis très-sûr, mais l'erreur y peut-être. Qui m'assurera qu'elle n'y est pas en effet? Vous accusez nos messieurs d'être prévenus quand ils le décrient, n'est-ce point vous qui l'êtes quand vous l'honorez! Votre penchant pour lui rend ce doute très-raisonnable. Il faudroit, pour démêler sûrement la vérité, des observations impartiales; et, quelques précautions que vous ayez prises, les vôtres ne le sont pas plus que les leurs. Tout le monde, quoi que vous en puissiez dire, n'est pas entré dans le complot. Je connois d'honnêtes gens qui ne haïssent point Jean-Jacques, c'est-à-dire qui ne profes-

---

[1] Ayant fait une partie de ce calcul d'avance, et seulement par comparaison, j'ai mis tout trop au rabais ; et c'est ce que je découvre bien sensiblement à mesure que j'avance dans mon registre, puisqu'au bout de cinq ans et demi seulement j'ai déjà plus de neuf mille pages bien articulées, et sur lesquelles on ne peut contester.

sent point pour lui cette bienveillance traîtresse qui, selon vous, n'est qu'une haine plus meurtrière. Ils estiment ses talents sans aimer ni haïr sa personne, et n'ont pas une grande confiance en toute cette générosité si bruyante qu'on admire dans nos messieurs. Cependant, sur bien des points, ces personnes équitables s'accordent à penser comme le public à son égard. Ce qu'elles ont vu par elles-mêmes, ce qu'elles ont appris les unes des autres donne une idée peu favorable de ses mœurs, de sa droiture, de sa douceur, de son humanité, de son désintéressement, de toutes les vertus qu'il étaloit avec tant de faste. Il faut lui passer des défauts, même des vices, puisqu'il est homme; mais il en est de trop bas pour pouvoir germer dans un cœur honnête. Je ne cherche point un homme parfait, mais je méprise un homme abject, et ne croirai jamais que les heureux penchants que vous trouvez dans Jean-Jacques puissent compatir avec des vices tels que ceux dont il est chargé. Vous voyez que je n'insiste pas sur des faits aussi prouvés qu'il y en ait au monde, mais dont l'omission affectée d'une seule formalité énerve, selon vous, toutes les preuves. Je ne dis rien des créatures qu'il s'amuse à violer, quoique rien ne soit moins nécessaire, des écus qu'il escroque aux passants dans les tavernes, et qu'il nie ensuite d'avoir empruntés, des copies qu'il fait payer deux fois, de celles où il fait de faux comptes, de l'argent qu'il escamote dans les paiements qu'on lui fait, de mille autres imputations pareilles. Je veux que tous ces faits, quoique prouvés, soient sujets à chicane comme les autres ; mais ce qui est généralement vu par tout le monde ne sauroit l'être. Cet homme, en qui vous trouvez une modestie, une timidité de vierge, est si bien connu pour un satyre plein d'impudence, que, dans les maisons mêmes où l'on tâchoit de l'attirer à son arrivée à Paris, on faisoit, dès qu'il paroissoit, retirer la fille de la maison, pour ne pas l'exposer à la brutalité de ses propos et de ses manières. Cet homme, qui vous paroît si doux, si sociable, fuit tout le monde sans distinction, dédaigne toutes les caresses, rebute toutes les avances, et vit seul comme un loup-garou. Il se nourrit de visions, selon vous, et s'extasie avec des chimères. Mais s'il méprise et repousse les humains, si son cœur se ferme à leur société, que leur importe celle que vous lui prêtez avec des êtres imaginaires ? Depuis qu'on s'est avisé de l'éplucher avec plus de soin, on l'a trouvé non seulement différent de ce qu'on le croyoit, mais contraire à tout ce qu'il prétendoit être. Il se disoit honnête, modeste, on l'a trouvé cynique et débauché ; il se vantoit de bonnes mœurs, et il est pourri de vérole ; il se disoit désintéressé, et il est de la plus basse avidité ; il se disoit humain, compatissant, il repousse durement tout ce qui lui demande assistance ; il se disoit pitoyable et doux, il est cruel et sanguinaire ; il se disoit charitable, et il ne donne rien à personne ; il se disoit liant, facile à subjuguer, et il rejette arrogamment toutes les honnêtetés dont on le comble. Plus on le recherche, plus on en est dédaigné. On a beau prendre en l'accostant un air béat, un ton patelin, dolent, lamentable, lui écrire des lettres à faire pleurer, lui signifier net qu'on va se tuer à l'instant si l'on n'est admis, il n'est ému de rien ; il seroit homme à laisser faire ceux qui seroient assez sots pour cela ; et les plaignants, qui affluent à sa porte, s'en retournent tous sans consolation. Dans une situation pareille à la sienne, se voyant observé de si près, ne devroit-il pas s'attacher à rendre contents de lui tous ceux qui l'abordent, à leur faire perdre, à force de douceur et de bonnes manières, les noires impressions qu'ils ont sur son compte, à substituer dans leurs ames la bienveillance à l'estime qu'il a perdue, et à les forcer au moins à le plaindre, ne pouvant plus l'honorer ? Au lieu de cela, il concourt, par son humeur sauvage et par ses rudes manières, à nourrir, comme à plaisir, la mauvaise opinion qu'ils ont de lui. En le trouvant si dur, si repoussant, si peu traitable, ils reconnoissent aisément l'homme féroce qu'on leur a peint ; et ils s'en retournent convaincus par eux-mêmes qu'on n'a point exagéré son caractère, et qu'il est aussi noir que son portrait.

Vous me répéterez sans doute que ce n'est point

là l'homme que vous avez vu : mais c'est l'homme qu'a vu tout le monde, excepté vous seul. Vous ne parlez, dites-vous, que d'après vos propres observations. La plupart de ceux que vous démentez ne parlent non plus que d'après les leurs. Ils ont vu noir où vous voyez blanc ; mais ils sont tous d'accord sur cette couleur noire ; la blanche ne frappe nuls autres yeux que les vôtres ; vous êtes seul contre tous : la vraisemblance est-elle pour vous ? La raison permet-elle de donner plus de force à votre unique suffrage qu'aux suffrages unanimes de tout le public ? Tout est d'accord sur le compte de cet homme que vous vous obstinez seul à croire innocent, malgré tant de preuves auxquelles vous-même ne trouvez rien à répondre. Si ces preuves sont autant d'impostures et de sophismes, que faut-il donc penser du genre humain ? Quoi ! toute une génération s'accorde à calomnier un innocent, à le couvrir de fange, à le suffoquer, pour ainsi dire, dans le bourbier de la diffamation, tandis qu'il ne faut, selon vous, qu'ouvrir les yeux sur lui pour se convaincre de son innocence, et de la noirceur de ses ennemis ! Prenez garde, monsieur Rousseau ; c'est vous-même qui prouvez trop. Si Jean-Jacques étoit tel que vous l'avez vu, seroit-il possible que vous fussiez le premier et le seul à l'avoir vu sous cet aspect ? Ne reste-t-il donc que vous seul d'homme juste et sensé sur la terre ? S'il en reste un autre qui ne pense pas ici comme vous, toutes vos observations sont anéanties, et vous restez seul chargé de l'accusation que vous intentez à tout le monde, d'avoir vu ce que vous désiriez de voir, et non ce qui étoit en effet. Répondez à cette seule objection, mais répondez juste, et je me rends sur tout le reste.

ROUSSEAU.

Pour vous rendre ici franchise pour franchise, je commence par vous déclarer que cette seule objection, à laquelle vous me sommez de répondre, est à mes yeux un abîme de ténèbres où mon entendement se perd. Jean-Jacques lui-même n'y comprend rien non plus que moi. Il s'avoue incapable d'expliquer, d'entendre la conduite publique à son égard. Ce concert, avec lequel toute une génération s'empresse d'adopter un plan si exécrable, la lui rend incompréhensible. Il n'y voit ni des bons, ni des méchants, ni des hommes : il y voit des êtres dont il n'a nulle idée. Il ne les honore, ni ne les méprise, ni ne les conçoit; il ne sait pas ce que c'est. Son ame incapable de haine aime mieux se reposer dans cette entière ignorance que de se livrer, par des interprétations cruelles, à des sentiments toujours pénibles à celui qui les éprouve, quand ils ont pour objet des êtres qu'il ne peut estimer. J'approuve cette disposition; et je l'adopte autant que je puis, pour m'épargner un sentiment de mépris pour mes contemporains. Mais au fond je me surprends souvent à les juger malgré moi : ma raison fait son office en dépit de ma volonté, et je prends le ciel à témoin que ce n'est pas ma faute si ce jugement leur est si désavantageux.

Si donc vous faites dépendre votre assentiment au résultat de mes recherches de la solution de votre objection, il y a grande apparence que, me laissant dans mon opinion, vous resterez dans la vôtre : car j'avoue que cette solution m'est impossible, sans néanmoins que cette impossibilité puisse détruire en moi la persuasion commencée par la marche clandestine et tortueuse de vos messieurs, et confirmée ensuite par la connoissance immédiate de l'homme. Toutes vos preuves contraires tirées de plus loin se brisent contre cet axiome qui m'entraîne irrésistiblement, que la même chose ne sauroit être et n'être pas ; et tout ce que disent avoir vu vos messieurs est, de votre propre aveu, entièrement incompatible avec ce que je suis certain d'avoir vu moi-même.

J'en use dans mon jugement sur cet homme comme dans ma croyance en matière de foi. Je cède à la conviction directe sans m'arrêter aux objections que je ne puis résoudre, tant parce que ces objections sont fondées sur des principes moins clairs, moins solides dans mon esprit, que ceux qui opèrent ma persuasion, que parce qu'en cédant à ces objections, je tomberois dans d'autres encore plus invincibles. Je perdrois donc à ce changement la force de l'évidence, sans éviter l'embarras des difficultés. Vous dites que ma raison choisit le sentiment que mon cœur préfère, et je ne m'en défends pas. C'est ce qui arrive dans toute délibération où le jugement n'a pas assez de lumières pour se décider sans le concours de la volonté. Croyez-vous qu'en prenant avec tant d'ardeur le parti contraire vos messieurs soient déterminés par un motif plus impartial?

Ne cherchant pas à vous surprendre, je vous devois d'abord cette déclaration. A présent, jetons un coup d'œil sur vos difficultés, si ce n'est pour les résoudre, au moins pour y chercher, s'il est possible, quelque sorte d'explication.

La principale, et qui fait la base de toutes les autres, est celle que vous m'avez ci-devant proposée sur le concours unanime de toute la génération présente à un complot d'impostures et d'iniquité, contre lequel il seroit, ou trop injurieux au genre humain de supposer qu'aucun mortel ne réclame s'il en voyoit l'injustice, ou, cette injustice étant aussi évidente qu'elle me paroît, trop orgueilleux à moi, trop humiliant pour le sens commun, de croire qu'elle n'est aperçue par personne autre.

Faisons pour un moment cette supposition triviale, que tous les hommes ont la jaunisse, et que vous seul ne l'avez pas... Je préviens l'interruption que vous me préparez... *Quelle plate comparai-*

son ! Qu'est-ce que c'est que cette jaunisse ?... Comment tous les hommes l'ont-ils gagnée excepté vous seul ? C'est poser la même question en d'autres termes, mais ce n'est pas la résoudre ; ce n'est pas même l'éclaircir. Vouliez-vous dire autre chose en m'interrompant ?

LE FRANÇOIS.

Non, poursuivez.

ROUSSEAU.

Je réponds donc. Je crois l'éclaircir, quoi que vous en puissiez dire, lorsque je fais entendre qu'il est, pour ainsi dire, des épidémies d'esprit qui gagnent les hommes de proche en proche, comme une espèce de contagion ; parce que l'esprit humain, naturellement paresseux, aime à s'épargner de la peine en pensant d'après les autres, surtout en ce qui flatte ses propres penchants. Cette pente à se laisser entraîner ainsi s'étend encore aux inclinations, aux goûts, aux passions des hommes ; l'engouement général, maladie si commune dans votre nation, n'a point d'autre source, et vous ne m'en dédirez pas quand je vous citerai pour exemple à vous-même. Rappelez-vous l'aveu que vous m'avez fait ci-devant, dans la supposition de l'innocence de Jean-Jacques, que vous ne lui pardonneriez point votre injustice envers lui. Ainsi, par la peine que vous donneroit son souvenir, vous aimeriez mieux l'aggraver que la réparer. Ce sentiment, naturel aux cœurs dévorés d'amour-propre, peut-il l'être au vôtre, où règne l'amour de la justice et de la raison? Si vous eussiez réfléchi là-dessus, pour chercher en vous-même la cause d'un sentiment si injuste, et qui vous est si étranger, vous auriez bientôt trouvé que vous haïssez dans Jean-Jacques non seulement le scélérat qu'on vous avoit peint, mais Jean-Jacques lui-même; que cette haine, excitée d'abord par ses vices, en étoit devenue indépendante, s'étoit attachée à sa personne, et qu'innocent ou coupable il étoit devenu, sans que vous vous en aperçussiez vous-même, l'objet de votre aversion. Aujourd'hui, que vous me prêtez une attention plus impartiale, si je vous rappelois vos raisonnements dans nos premiers entretiens, vous sentiriez qu'ils n'étoient point en vous l'ouvrage du jugement, mais celui d'une passion fougueuse qui vous dominoit à votre insu. Voilà, monsieur, cette cause étrangère qui séduisoit votre cœur si juste, et fascinoit votre jugement si sain dans leur état naturel. Vous trouviez une mauvaise face à tout ce qui venoit de cet infortuné, et une bonne à tout ce qui tendoit à le diffamer; les perfidies, les trahisons, les mensonges, perdoient à vos yeux toute leur noirceur, lorsqu'il en étoit l'objet, et, pourvu que vous n'y trempassiez pas vous-même, vous vous étiez accoutumé à les voir sans horreur dans autrui : mais ce qui n'étoit en vous qu'un égarement passager est devenu pour le public un délire habituel, un principe constant de conduite, une jaunisse universelle, fruit d'une bile âcre et répandue, qui n'altère pas seulement le sens de la vue, mais corrompt toutes les humeurs, et tue enfin tout-à-fait l'homme moral qui seroit demeuré bien constitué sans elle. Si Jean-Jacques n'eût point existé, peut-être la plupart d'entre eux n'auroient-ils rien à se reprocher. Otez ce seul objet d'une passion qui les transporte, à tout autre égard ils sont honnêtes gens comme tout le monde.

Cette animosité, plus vive, plus agissante que la simple aversion, me paroît, à l'égard de Jean-Jacques, la disposition générale de toute la génération présente. L'air seul dont il est regardé passant dans les rues montre évidemment cette disposition qui se gêne et se contraint quelquefois dans ceux qui le rencontrent, mais qui perce et se laisse apercevoir malgré eux. A l'empressement grossier et badaud de s'arrêter, de se retourner, de le fixer, de le suivre, au chuchotement ricaneur qui dirige sur lui le concours de leurs impudents regards, on les prendroit moins pour d'honnêtes gens qui ont le malheur de rencontrer un monstre effrayant, que pour des tas de bandits, tout joyeux de tenir leur proie, et qui se font un amusement digne d'eux d'insulter à son malheur. Voyez-le entrant au spectacle, entouré dans l'instant d'une étroite enceinte de bras tendus et de cannes, dans laquelle vous pouvez penser comme il est à son aise ! A quoi sert cette barrière ? S'il veut la forcer, résistera-t-elle ? Non, sans doute. A quoi sert-elle donc ? Uniquement à se donner l'amusement de le voir enfermé dans cette cage, et à lui bien faire sentir que tous ceux qui l'entourent se font un plaisir d'être, à son égard, autant d'argousins et d'archers. Est-ce aussi par bonté qu'on ne manque pas de cracher sur lui toutes les fois qu'il passe à portée, et qu'on le peut sans être aperçu de lui ? Envoyer le vin d'honneur au même homme sur qui l'on crache, c'est rendre l'honneur encore plus cruel que l'outrage. Tous les signes de haine, de mépris, de fureur même, qu'on peut tacitement donner à un homme, sans y joindre une insulte ouverte et directe, lui sont prodigués de toutes parts ; et tout en l'accablant des plus fades compliments, en affectant pour lui les petits soins mielleux qu'on rend aux jolies femmes, s'il avoit besoin d'une assistance réelle, on le verroit périr avec joie, sans lui donner le moindre secours. Je l'ai vu, dans la rue Saint-Honoré, faire presque sous un carrosse une chute très-périlleuse ; on court à lui ; mais sitôt qu'on reconnoît Jean-Jacques tout se disperse, les passants reprennent leur chemin, les marchands rentrent dans leurs boutiques, et il seroit resté seul dans cet état si un pauvre mercier, rustre et mal instruit, ne l'eût fait asseoir sur son petit banc, et si une servante, tout aussi peu philosophe, ne lui eût apporté un verre d'eau. Tel est en réalité l'intérêt si vif et si tendre dont l'heureux Jean-Jacques est l'objet. Une animosité de cette espèce ne suit pas, quand elle est forte et durable, la route la plus courte, mais la plus sûre pour s'assouvir. Or, cette route étant déjà toute tracée dans le plan de vos messieurs, le public, qu'ils ont mis avec art dans leur confidence, n'a plus eu qu'à suivre cette route; et tous, avec le même secret entre eux, ont concouru de concert à l'exécution de ce plan. C'est là ce qui s'est fait; mais comment cela s'est-il pu faire? Voilà votre difficulté qui revient toujours. Que cette animosité, une fois excitée, ait altéré les facultés de ceux qui s'y sont livrés, au point de leur faire voir la bonté, la générosité, la clémence dans toutes les manœuvres de la plus noire perfidie, rien n'est plus facile à concevoir. Chacun sait trop que les passions violentes, commençant toujours par égarer la raison, peuvent rendre l'homme injuste et méchant dans le fait, et, pour ainsi dire, à l'insu de lui-même, sans avoir cessé d'être juste et bon dans l'ame, ou du moins d'aimer la justice et la vertu.

Mais cette haine envenimée, comment est-on venu à bout de l'allumer? comment a-t-on pu rendre odieux à ce point l'homme du monde le moins fait pour la haine, qui n'eut jamais ni intérêt, ni désir de nuire à autrui; qui ne fit, ne voulut, ne rendit jamais de mal à personne ; qui, sans jalousie, sans concurrence, n'aspirant à rien, et marchant toujours seul dans sa route, ne fut un obstacle à nul autre ; et qui, au lieu des avantages attachés à la célébrité, n'a trouvé dans la sienne qu'outrages, insultes, misère, et diffamation ? J'entrevois bien dans tout cela la cause secrète qui a mis en fureur les auteurs du complot. La route que Jean-Jacques avoit prise étoit trop contraire à la leur, pour qu'ils lui pardonnassent de donner un exemple qu'ils ne vouloient pas suivre, et d'occasioner des comparaisons qu'il ne leur convenoit pas de souffrir. Outre ces causes générales, et celles que vous-même avez assignées, cette haine primitive et radicale de vos dames et de vos messieurs en a d'autres particulières et relatives à chaque individu, qu'il n'est ni convenable de dire, ni facile à croire, et dont je m'abstiendrai de parler, mais que la force de leurs effets rend trop sensibles pour qu'on puisse douter de leur réalité ; et l'on peut juger de la violence de cette même haine par l'art qu'on met à la cacher en l'assouvissant. Mais plus cette haine individuelle se décèle, moins on comprend comment on est parvenu à y faire participer tout le monde, et ceux mêmes sur qui nul des motifs qui l'ont fait naître ne pouvoit agir. Malgré l'adresse des chefs du complot, la passion qui les dirigeoit étoit trop visible pour ne pas mettre à cet égard le public en garde contre tout ce qui venoit de leur part. Comment, écartant des soupçons si légitimes, l'ont-ils fait entrer si aisément, si pleinement dans toutes leurs vues, jusqu'à le rendre aussi ardent qu'eux-mêmes à les remplir? Voilà ce qui n'est pas facile à comprendre et à expliquer.

Leurs marches souterraines sont trop ténébreuses pour qu'il soit possible de les y suivre. Je crois seulement apercevoir, d'espace en espace, au-dessus de ces gouffres, quelques soupiraux qu peuvent en indiquer les détours. Vous m'avez décrit vous-même, dans notre premier entretien, plusieurs de ces manœuvres que vous supposiez légitimes, comme ayant pour objet de démasquer un méchant; destinées au contraire à faire paroître tel un homme qui n'est rien moins, elles auront également leur effet. Il sera nécessairement haï, soit qu'il mérite ou non de l'être, parce qu'on aura pris des mesures certaines pour parvenir à le rendre odieux. Jusque-là ceci se comprend encore; mais ici l'effet va plus loin : il ne s'agit pas seulement de haine, il s'agit d'animosité; il s'agit d'un concours très-actif de tous à l'exécution du projet concerté par un petit nombre, qui seul doit y prendre assez d'intérêt pour agir aussi vivement.

L'idée de la méchanceté est effrayante par elle-même. L'impression naturelle qu'on reçoit d'un méchant dont on n'a pas personnellement à se plaindre est de le craindre et de le fuir. Content de n'être pas sa victime, personne ne s'avise de vouloir être son bourreau. Un méchant en place, qui peut et veut faire beaucoup de mal, peut exciter l'animosité par la crainte, et le mal qu'on en redoute peut inspirer des efforts pour le prévenir; mais l'impuissance jointe à la méchanceté ne peut produire que le mépris et l'éloignement; un méchant sans pouvoir peut donner de l'horreur, mais point d'animosité. On frémit à sa vue; loin de le poursuivre, on le fuit; et rien n'est plus éloigné de l'effet que produit sa rencontre qu'un souris insultant et moqueur. Laissant au ministère public le soin du châtiment qu'il mérite, un honnête homme ne s'avilit pas jusqu'à vouloir y concourir. Quand il n'y auroit même dans ce châtiment d'autre peine afflictive que l'ignominie, et d'être exposé à la risée publique, quel est l'homme d'honneur qui voudroit prêter la main à cette œuvre de justice, et attacher le coupable au carcan? Il est si vrai qu'on n'a point généralement d'animosité contre les malfaiteurs, que, si l'on en voit un poursuivi par la justice et près d'être pris, le plus grand nombre, loin de le livrer, le fera sauver s'il peut, son péril faisant oublier qu'il est criminel, pour se souvenir qu'il est homme.

Voilà tout ce qu'opère la haine que les bons ont pour les méchants; c'est une haine de répugnance et d'éloignement, d'horreur même et d'effroi, mais non pas d'animosité. Elle fuit son objet, en détourne les yeux, dédaigne de s'en occuper : mais la haine contre Jean-Jacques est active, ardente, infatigable ; loin de fuir son objet, elle le cherche avec empressement pour en faire à son plaisir. Le tissu de ses malheurs, l'œuvre combinée de sa diffamation, montre une ligue très-étroite et très-agissante, où tout le monde s'empresse d'entrer. Chacun concourt avec la plus vive émulation à le circonvenir, à l'environner de trahisons et de pièges, à empêcher qu'aucun avis utile ne lui parvienne, à lui ôter tout moyen de justification, toute possibilité de repousser les atteintes qu'on lui porte, de défendre son honneur et sa réputation ; à lui cacher tous ses ennemis, tous ses accusateurs, tous leurs complices. On tremble qu'il n'écrive pour sa défense ; on s'inquiète de tout ce qu'il dit, de tout ce qu'il fait, de tout ce qu'il peut faire ; chacun paroît agité de l'effroi de voir paroître de lui quelque apologie. On l'observe, on l'épie avec le plus grand soin pour tâcher d'éviter ce malheur. On veille exactement à tout ce qui l'entoure, à tout ce qui l'approche, à quiconque lui dit un seul mot. Sa santé, sa vie, sont de nouveaux sujets d'inquiétude pour le public : on craint qu'une vieillesse aussi fraîche ne démente l'idée des maux honteux dont on se flattoit de le voir périr ; on craint qu'à la longue les précautions qu'on entasse ne suffisent plus pour l'empêcher de parler

Si la voix de l'innocence alloit enfin se faire entendre à travers les huées, quel malheur affreux ne seroit-ce point pour le corps des gens de lettres, pour celui des médecins, pour les grands, pour les magistrats, pour tout le monde? Oui, si, forçant ses contemporains à le reconnoître honnête homme, il parvenoit à confondre enfin ses accusateurs, sa pleine justification seroit la désolation publique.

Tout cela prouve invinciblement que la haine dont Jean-Jacques est l'objet n'est point la haine du vice et de la méchanceté, mais celle de l'individu. Méchant ou bon, il n'importe; consacré à la haine publique, il ne lui peut plus échapper; et, pour peu qu'on connoisse les routes du cœur humain, l'on voit que son innocence reconnue ne serviroit qu'à le rendre plus odieux encore, et à transformer en rage l'animosité dont il est l'objet. On ne lui pardonne pas maintenant de secouer le pesant joug dont chacun voudroit l'accabler; on lui pardonneroit bien moins les torts qu'on se reprocheroit envers lui; et, puisque vous-même avez un moment éprouvé un sentiment si injuste, ces gens si pétris d'amour-propre supporteroient-ils sans aigreur l'idée de leur propre bassesse, comparée à sa patience et à sa douceur? Eh! soyez certain que si c'étoit en effet un monstre, on le fuiroit davantage, mais on le haïroit beaucoup moins.

Quant à moi, pour expliquer de pareilles dispositions, je ne puis penser autre chose, sinon qu'on s'est servi, pour exciter dans le public cette violente animosité, de motifs semblables à ceux qui l'avoient fait naître dans l'ame des auteurs du complot. Ils avoient vu cet homme, adoptant des principes tout contraires aux leurs, ne vouloir, ne suivre ni parti ni secte; ne dire que ce qui lui sembloit vrai, bon, utile aux hommes, sans consulter en cela son propre avantage, ni celui de personne en particulier. Cette marche, et la supériorité qu'elle lui donnoit sur eux, fut la grande source de leur haine. Ils ne purent lui pardonner de ne pas plier, comme eux, sa morale à son profit, de tenir si peu à son intérêt et au leur, et de montrer tout franchement l'abus des lettres et la forfanterie du métier d'auteur, sans se soucier de l'application qu'on ne manqueroit pas de lui faire à lui-même des maximes qu'il établissoit; ni de la fureur qu'il alloit inspirer à ceux qui se vantent d'être les arbitres de la renommée, les distributeurs de la gloire et de la réputation des actions des hommes, mais qui ne se vantent pas, que je sache, de faire cette distribution avec justice et désintéressement. Abhorrant la satire autant qu'il aimoit la vérité, on le vit toujours distinguer honorablement les particuliers et les combler de sincères éloges, lorsqu'il avançoit des vérités générales dont ils auroient pu s'offenser. Il faisoit sentir que le mal tenoit à la nature des choses, et le bien aux vertus des individus. Il faisoit, et pour ses amis et pour les auteurs qu'il jugeoit estimables, les mêmes exceptions qu'il croyoit mériter; et l'on sent, en lisant ses ouvrages, le plaisir que prenoit son cœur à ces honorables exceptions. Mais ceux qui s'en sentoient moins dignes qu'il ne les avoit crus, et dont la conscience repoussoit en secret ces éloges, s'en irritant à mesure qu'ils les méritoient moins, ne lui pardonnèrent jamais d'avoir si bien démêlé les abus d'un métier qu'ils tâchoient de faire admirer au vulgaire, ni d'avoir, par sa conduite, déprisé tacitement, quoique involontairement, la leur. La haine envenimée que ces réflexions firent naître dans leurs cœurs leur suggéra le moyen d'en exciter une semblable dans les cœurs des autres hommes.

Ils commencèrent par dénaturer tous ces principes, par travestir un républicain sévère en un brouillon séditieux, son amour pour la liberté légale en une licence effrénée, et son respect pour les lois en aversion pour les princes. Ils l'accusèrent de vouloir renverser en tout l'ordre de la société, parce qu'il s'indignoit qu'osant consacrer sous ce nom les plus funestes désordres on insultât aux misères du genre humain en donnant les plus criminels abus pour les lois dont ils sont la ruine. Sa colère contre les brigandages publics, sa haine contre les puissants fripons qui les soutiennent, son intrépide audace à dire des vérités dures à tous les états, furent autant de moyens employés à les irriter tous contre lui. Pour le rendre odieux à ceux qui les remplissent, on l'accusa de les mépriser personnellement. Les reproches durs, mais généraux, qu'il faisoit à tous furent tournés en autant de satires particulières dont on fit avec art les plus malignes applications.

Rien n'inspire tant de courage que le témoignage d'un cœur droit, qui tire de la pureté de ses intentions l'audace de prononcer hautement et sans crainte des jugements dictés par le seul amour de la justice et de la vérité : mais rien n'expose en même temps à tant de dangers et de risques de la part d'ennemis adroits que cette même audace, qui précipite un homme ardent dans tous les piéges qu'ils lui tendent, et, le livrant à une impétuosité sans règle, lui fait faire contre la prudence mille fautes où ne tomba qu'une ame franche et généreuse, mais qu'ils savent transformer en autant de crimes affreux. Les hommes vulgaires, incapables de sentiments élevés et nobles, n'en supposent jamais que d'intéressés dans ceux qui se passionnent ; et, ne pouvant croire que l'amour de la justice et du bien public puisse exciter un pareil zèle, ils leur controuvent toujours des motifs personnels, semblables à ceux qu'ils cachent eux-mêmes sous des noms pompeux, et sans lesquels on ne les verroit jamais s'échauffer sur rien.

La chose qui se pardonne le moins est un mépris mérité. Celui que Jean-Jacques avoit marqué pour tout cet ordre social prétendu, qui couvre en effet les plus cruels désordres, tomboit bien plus sur la constitution des différents états que sur les sujets qui les remplissent, et qui, par cette constitution même, sont nécessités à être ce qu'ils sont. Il avoit toujours fait une distinction très-judicieuse entre les personnes et les conditions, estimant souvent les premières, quoique livrées à l'esprit de leur état, lorsque le naturel reprenoit de temps à autre quelque ascendant sur leur intérêt, comme il arrive assez fréquemment à ceux qui sont bien nés. L'art de vos messieurs fut de présenter les choses sous un tout autre point de vue, et de montrer en lui comme haine des hommes celle que, pour l'amour d'eux, il porte aux maux qu'ils se font. Il paroît qu'ils ne s'en sont pas tenus à ces imputations générales, mais que, lui prêtant des discours, des écrits, des œuvres conformes à leurs vues, il n'ont épargné ni fictions ni mensonges pour irriter contre lui l'amour-propre, et dans tous les états et chez tous les individus.

Jean-Jacques a même une opinion qui, si elle est juste, peut aider à expliquer cette animosité générale. Il est persuadé que, dans les écrits qu'on fait passer sous son nom, l'on a pris un soin particulier de lui faire insulter brutalement tous les états de la société, et de changer en odieuses personnalités les reproches francs et forts qu'il leur fait quelquefois. Ce soupçon lui est venu [1] sur ce que, dans plusieurs lettres anonymes et autres, on lui rappelle des choses, comme étant de ses écrits, qu'il n'a jamais songé à y mettre. Dans l'une, il a, dit-on, mis *fort plaisamment en question si les marins étoient des hommes.* Dans une autre, un officier lui avoue modestement que, selon l'expression de lui Jean-Jacques, lui militaire *radote de bonne foi comme la plupart de ses camarades.* Tous les jours il reçoit ainsi des citations de passages qu'on lui attribue faussement, avec la plus grande confiance, et qui sont toujours outrageants pour quelqu'un. Il apprit il y a peu de temps qu'un homme de lettres de sa plus ancienne connoissance, et pour lequel il avoit conservé de l'estime, ayant trop marqué peut-être un reste d'affection pour lui, on l'en guérit en lui persuadant que Jean-Jacques travailloit à une critique amère de ses écrits.

Tels sont à peu près les ressorts qu'on a pu mettre en jeu pour allumer et fomenter cette animosité si vive et si générale dont il est l'objet, et qui, s'attachant particulièrement à sa diffamation, couvre d'un faux intérêt pour sa personne le soin de l'avilir encore par cet air de faveur et de com-

[1] C'est ce qu'il m'est impossible de vérifier, parce que ces messieurs ne laissent parvenir jusqu'à moi aucun exemplaire des écrits qu'ils fabriquent ou font fabriquer sous mon nom.

misération. Pour moi, je n'imagine que ce moyen d'expliquer les différents degrés de la haine qu'on lui porte, à proportion que ceux qui s'y livrent sont plus dans le cas de s'appliquer les reproches qu'il fait à son siècle et à ses contemporains. Les fripons publics, les intrigants, les ambitieux, dont il dévoile les manœuvres ; les passionnés destructeurs de toute religion, de toute conscience, de toute liberté, de toute morale, atteints plus au vif par ses censures, doivent le haïr et le haïssent en effet encore plus que ne font les honnêtes gens trompés. En l'entendant seulement nommer, les premiers ont peine à se contenir ; et la modération qu'ils tâchent d'affecter se dément bien vite, s'ils n'ont pas besoin de masque pour assouvir leur passion. Si la haine de l'homme n'étoit que celle du vice, la proportion se renverseroit ; la haine des gens de bien seroit plus marquée, les méchants seroient plus indifférents. L'observation contraire est générale, frappante, incontestable, et pourroit fournir bien des conséquences : contentons-nous ici de la confirmation que j'en tire de la justesse de mon explication.

Cette aversion une fois inspirée s'étend, se communique de proche en proche dans les familles, dans les sociétés, et devient en quelque sorte un sentiment inné qui s'affermit dans les enfants par l'éducation, et dans les jeunes gens par l'opinion publique. C'est encore une remarque à faire, qu'excepté la confédération secrète de vos dames et de vos messieurs, ce qui reste de la génération dans laquelle il a vécu n'a pas pour lui une haine aussi envenimée que celle qui se propage dans la génération qui suit. Toute la jeunesse est nourrie dans ce sentiment par un soin particulier de vos messieurs, dont les plus adroits se sont chargés de ce département. C'est d'eux que tous les apprentis philosophes prennent l'attache ; c'est de leurs mains que sont placés les gouverneurs des enfants, les secrétaires des pères, les confidents des mères; rien dans l'intérieur des familles ne se fait que par leur direction, sans qu'ils paroissent se mêler de rien ; ils ont trouvé l'art de faire circuler leur doctrine et leur animosité dans les séminaires, dans les colléges, et toute la génération naissante leur est dévouée dès le berceau. Grands imitateurs de la marche des jésuites, ils furent leurs plus ardents ennemis, sans doute par jalousie de métier; et maintenant, gouvernant les esprits avec le même empire, avec la même dextérité que les autres gouvernoient les consciences; plus fins qu'eux en ce qu'ils savent mieux se cacher en agissant, et substituant peu à peu l'intolérance philosophique à l'autre, ils deviennent, sans qu'on s'en aperçoive, aussi dangereux que leurs prédécesseurs. C'est par eux que cette génération nouvelle, qui doit certainement à Jean-Jacques d'être moins tourmentée dans son enfance, plus saine et mieux constituée dans tous les âges, loin de lui en savoir gré, est nourrie dans les plus odieux préjugés et dans les plus cruels sentiments à son égard. Le venin d'animosité qu'elle a sucé presque avec le lait lui fait chercher à l'avilir et le déprimer avec plus de zèle encore que ceux mêmes qui l'ont élevée dans ces dispositions haineuses. Voyez dans les rues et aux promenades l'infortuné Jean-Jacques entouré de gens qui, moins par curiosité que par dérision, puisque la plupart l'ont déjà vu cent fois, se détournent, s'arrêtent pour le fixer d'un œil qui n'a rien assurément de l'urbanité françoise : vous trouverez toujours que les plus insultants, les plus moqueurs, les plus acharnés, sont des jeunes gens qui, d'un air ironiquement poli, s'amusent à lui donner tous les signes d'outrage et de haine qui peuvent l'affliger sans les compromettre.

Tout cela eût été moins facile à faire dans tout autre siècle : mais celui-ci est particulièrement un siècle haineux et malveillant par caractère [1]. Cet esprit cruel et méchant se fait sentir dans toutes les sociétés, dans toutes les affaires publiques ; il suffit seul pour mettre à la mode et faire

---

[1] Fréron vient de mourir [*]. On me demandoit qui feroit son épitaphe. « Le premier qui crachera sur sa tombe, » répondit à l'instant M. M***. Quand on ne m'auroit pas nommé l'auteur de ce mot, j'aurois deviné qu'il partoit d'une bouche philosophe, et qu'il étoit de ce siècle-ci.

[*] Le 10 mars 1776.

briller dans le monde ceux qui se distinguent par-là. L'orgueilleux despotisme de la philosophie moderne a porté l'égoïsme de l'amour-propre à son dernier terme. Le goût qu'a pris toute la jeunesse pour une doctrine si commode la lui a fait adopter avec fureur et prêcher avec la plus vive intolérance. Ils se sont accoutumés à porter dans la société ce même ton de maître sur lequel ils prononcent les oracles de leur secte, et à traiter avec un mépris apparent, qui n'est qu'une haine plus insolente, tout ce qui ose hésiter à se soumettre à leurs décisions. Ce goût de domination n'a pu manquer d'animer toutes les passions irascibles qui tiennent à l'amour-propre. Le même fiel qui coule avec l'encre dans les écrits des maîtres abreuve les cœurs des disciples. Devenus esclaves pour être tyrans, ils ont fini par prescrire, en leur propre nom, les lois que ceux-là leur avoient dictées, et à voir dans toute résistance la plus coupable rébellion. Une génération de despotes ne peut être ni fort douce ni fort paisible, et une doctrine si hautaine, qui d'ailleurs n'admet ni vice ni vertu dans le cœur de l'homme, n'est pas propre à contenir, par une morale indulgente pour les autres et réprimante pour soi, l'orgueil de ses sectateurs. De là les inclinations haineuses qui distinguent cette génération. Il n'y a plus ni modération dans les ames ni vérité dans les attachements. Chacun hait tout ce qui n'est pas lui plutôt qu'il ne s'aime lui-même. On s'occupe trop d'autrui pour savoir s'occuper de soi ; on ne sait plus que haïr, et l'on ne tient point à son propre parti par attachement, encore moins par estime, mais uniquement par haine du parti contraire. Voilà les dispositions générales dans lesquelles vos messieurs ont trouvé ou mis leurs contemporains, et qu'ils n'ont eu qu'à tourner ensuite contre Jean-Jacques[1], qui, tout aussi peu propre à recevoir la loi qu'à la faire, ne pouvoit par cela seul manquer dans ce nouveau système d'être l'objet de la haine des chefs et du dépit des disciples : la foule, empressée à suivre une route qui l'égare, ne voit pas avec plaisir ceux qui, prenant une route contraire, semblent par-là lui reprocher son erreur[2] ?

[1] Dans cette génération, nourrie de philosophie et de fiel, rien n'est si facile aux intrigants que de faire tomber sur qui il leur plaît cet appétit général de haïr. Leurs succès prodigieux en ce point prouvent encore moins leurs talents que la disposition du public, dont les appparents témoignages d'estime et d'attachement pour les uns ne sont en effet que des actes de haine pour d'autres.

[2] J'aurois dû peut-être insister ici sur la ruse favorite de mes persécuteurs, qui est de satisfaire à mes dépens leurs passions haineuses, de faire le mal par leurs satellites, et de faire en sorte qu'il me soit imputé. C'est ainsi qu'ils m'ont successivement attribué le *Système de la Nature*, la *Philosophie de la Nature*, la note du roman de madame d'Ormoy, etc. * C'est ainsi qu'ils tâchoient de faire croire au peuple que c'étoit moi qui ameutois les bandits qu'ils tenoient à leur solde lors de la cherté du pain.

* Il est parlé de cette dame et de son roman dans les *Rêveries*. Voyez la deuxième Promenade.

Qui connoîtroit bien toutes les causes concourantes, tous les différents ressorts mis en œuvre pour exciter dans tous les états cet engouement haineux, seroit moins surpris de le voir de proche en proche devenir une contagion générale. Quand une fois le branle est donné, chacun suivant le torrent en augmente l'impulsion. Comment se défier de son sentiment quand on le voit être celui de tout le monde? Comment douter que l'objet d'une haine aussi universelle soit réellement un homme odieux? Alors plus les choses qu'on lui attribue sont absurdes et incroyables, plus on est prêt à les admettre. Tout fait qui le rend odieux ou ridicule est par cela seul assez prouvé. S'il s'agissoit d'une bonne action qu'il eût faite, nul n'en croiroit à ses propres yeux, ou bientôt une interprétation subite la changeroit du blanc au noir. Les méchants ne croient ni à la vertu, ni même à la bonté ; il faut être déjà bon soi-même pour croire d'autres hommes meilleurs que soi, et il est presque impossible qu'un homme réellement bon demeure ou soit reconnu tel dans une génération méchante.

Les cœurs ainsi disposés, tout le reste devint facile. Dès-lors vos messieurs auroient pu, sans aucun détour, persécuter ouvertement Jean-Jacques avec l'approbation publique; mais ils n'auroient assouvi qu'à demi leur vengeance, et se compromettre vis-à-vis de lui étoit risquer d'être découverts. Le système qu'ils ont adopté remplit mieux toutes leurs vues, et prévient tous les inconvénients. Le chef-d'œuvre de leur art a été de transformer en ménagements pour leur victime les précautions qu'ils ont prises pour leur sûreté. Un vernis d'humanité, couvrant la noirceur du complot, acheva de séduire le public, et chacun s'empressa de concourir à cette bonne œuvre : il est si doux d'assouvir saintement une passion et de joindre au venin de l'animosité le mérite de la vertu ! Chacun, se glorifiant en lui-même de trahir un infortuné, se disoit avec complaisance : « Ah ! que je suis généreux ! c'est pour « son bien que je le diffame, c'est pour le protéger « que je l'avilis; et l'ingrat, loin de sentir mon « bienfait, s'en offense ! mais cela ne m'empê- « chera pas d'aller mon train et de le servir de la « sorte en dépit de lui. » Voilà comment, sous le prétexte de pourvoir à sa sûreté, tous, en s'admirant eux-mêmes, se font contre lui les satellites de vos messieurs, et, comme écrivoit Jean-Jacques à M***, *sont si fiers d'être des traîtres.* Concevez-vous qu'avec une pareille disposition d'esprit on puisse être équitable et voir les choses comme elles sont? On verroit Socrate, Aristide, on verroit un ange, on verroit Dieu même avec des yeux ainsi fascinés, qu'on croiroit toujours voir un monstre infernal.

Mais quelque facile que soit cette pente, il est

toujours bien étonnant, dites-vous, qu'elle soit universelle, que tous la suivent sans exception, que pas un seul n'y résiste et ne proteste, que la même passion entraîne en aveugle une génération tout entière, et que le consentement soit unanime dans un tel renversement du droit de la nature et des gens.

Je conviens que le fait est très-extraordinaire ; mais, en le supposant très-certain, je le trouverois bien plus extraordinaire encore s'il avoit la vertu pour principe, car il faudroit que toute la génération présente se fût élevée par cette unique vertu à une sublimité qu'elle ne montre assurément en nulle autre chose, et que, parmi tant d'ennemis qu'a Jean-Jacques, il ne s'en trouvât pas un seul qui eût la maligne franchise de gâter la merveilleuse œuvre de tous les autres. Dans mon explication, un petit nombre de gens adroits, puissants, intrigants, concertés de longue main, abusant les uns par de fausses apparences, et animant les autres par des passions auxquelles ils n'ont déjà que trop de pente, fait tout concourir contre un innocent qu'on a pris soin de charger de crimes, en lui ôtant tout moyen de s'en laver. Dans l'autre explication, il faut que de toutes les générations la plus haineuse se transforme tout d'un coup tout entière, et sans aucune exception, en autant d'anges célestes en faveur du dernier des scélérats qu'on s'obstine à protéger et à laisser libre, malgré les attentats et les crimes qu'il continue de commettre tout à son aise, sans que personne au monde ose, tant on craint de lui déplaire, songer à l'en empêcher, ni même à les lui reprocher. Laquelle de ces deux suppositions vous paroît la plus raisonnable et la plus admissible?

Au reste, cette objection, tirée du concours unanime de tout le monde à l'exécution d'un complot abominable, a peut-être plus d'apparence que de réalité. Premièrement, l'art des moteurs de toute la trame a été de ne la pas dévoiler également à tous les yeux. Ils en ont gardé le principal secret entre un petit nombre de conjurés; ils n'ont laissé voir au reste des hommes que ce qu'il falloit pour les y faire concourir. Chacun n'a vu l'objet que par le côté qui pouvoit l'émouvoir, et n'a été initié dans le complot qu'autant que l'exigeoit la partie de l'exécution qui lui étoit confiée. Il n'y a peut-être pas dix personnes qui sachent à quoi tient le fond de la trame; et de ces dix, il n'y en a peut-être pas trois qui connoissent assez leur victime pour être sûrs qu'ils noircissent un innocent. Le secret du premier complot est concentré entre deux hommes qui n'iront pas le révéler. Tout le reste des complices, plus ou moins coupables, se fait illusion sur des manœuvres qui, selon eux, tendent moins à persécuter l'innocence qu'à s'assurer d'un méchant. On a pris chacun par son caractère particulier, par sa passion favorite. S'il étoit possible que cette multitude de coopérateurs se rassemblât et s'éclairât par des confidences réciproques, ils seroient frappés eux-mêmes des contradictions absurdes qu'ils trouveroient dans les faits qu'on a prouvés à chacun d'eux, et des motifs non seulement différents, mais souvent contraires, par lesquels on les a fait concourir tous à l'œuvre commune, sans qu'aucun d'eux en vît le vrai but. Jean-Jacques lui-même sait bien distinguer d'avec la canaille à laquelle il a été livré à Motiers, à Trye, à Monquin, des personnes d'un vrai mérite, qui, trompées plutôt que séduites, et, sans être exemptes de blâme, à plaindre dans leur erreur, n'ont pas laissé, malgré l'opinion qu'elles avoient de lui, de le rechercher avec le même empressement que les autres, quoique dans de moins cruelles intentions. Les trois quarts peut-être de ceux qu'on a fait entrer dans le complot n'y restent que parce qu'ils n'en ont pas vu toute la noirceur. Il y a même plus de bassesse que de malice dans les indignités dont le grand nombre l'accable; et l'on voit à leur air, à leur ton, dans leurs manières, qu'ils l'ont bien moins en horreur comme objet de haine, qu'en dérision comme infortuné.

De plus, quoique personne ne combatte ouvertement l'opinion générale, ce qui seroit se compromettre à pure perte, pensez-vous que tout le monde y acquiesce réellement? Combien de particuliers peut-être, voyant tant de manœuvres et de mines souterraines, s'en indignent, refusent d'y concourir, et gémissent en secret sur l'innocence opprimée! Combien d'autres, ne sachant à quoi s'en tenir sur le compte d'un homme enlacé dans tant de piéges, refusent de le juger sans l'avoir entendu; et, jugeant seulement ses adroits persécuteurs, pensent que des gens à qui la ruse, la fausseté, la trahison, coûtent si peu, pourroient bien n'être pas plus scrupuleux sur l'imposture! Suspendus entre la force des preuves qu'on leur allègue, et celles de la malignité des accusateurs, ils ne peuvent accorder tant de zèle pour la vérite, avec tant d'aversion pour la justice, ni tant de générosité pour celui qu'ils accusent, avec tant d'art à gauchir devant lui et se soustraire à ses défenses. On peut s'abstenir de l'iniquité, sans avoir le courage de la combattre. On peut refuser d'être complice d'une trahison, sans oser démasquer les traîtres. Un homme juste, mais foible, se retire alors de la foule, reste dans son coin, et, n'osant s'exposer, plaint tout bas l'opprimé, craint l'oppresseur, et se tait. Qui peut savoir combien d'honnêtes gens sont dans ce cas? Ils ne se font ni voir ni sentir : ils laissent le champ libre à vos messieurs jusqu'à ce que le moment de parler sans danger arrive. Fondé sur l'opinion que j'eus toujours de la droiture naturelle du cœur hmain, je crois que cela doit être. Sur quel fondement raisonnable peut-on soutenir que cela n'est pas? Voilà, monsieur, tout ce que je puis répondre à l'unique objection à laquelle vous vous réduisez, et qu'au reste je ne me charge pas de résoudre à votre gré, ni même au mien, quoiqu'elle ne puisse ébranler la persuasion directe qu'ont produite en moi mes recherches.

Je vous ai vu prêt à m'interrompre, et j'ai compris que c'étoit pour me reprocher le soin superflu de vous établir un fait dont vous convenez si bien vous-même que vous le tournez en objection contre moi, savoir qu'il n'est pas vrai que tout le monde soit entré dans le complot. Mais remarquez qu'en paroissant nous accorder sur ce point nous sommes néanmoins de sentiments tout contraires, en ce que, selon vous, ceux qui ne sont pas du complot pensent sur Jean-Jacques tout comme ceux qui en sont, et que selon moi, ils doivent penser tout autrement. Ainsi votre exception, que je n'admets pas, et la mienne que vous n'admettez pas non plus, tombant sur des personnes différentes, s'excluent mutuellement, ou du moins ne s'accordent pas. Je viens de vous dire sur quoi je fonde la mienne; examinons la vôtre à présent.

D'honnêtes gens, que vous dites ne pas entrer dans le complot et ne pas haïr Jean-Jacques, voient cependant en lui tout ce que disent y voir ses plus mortels ennemis; comme s'il en avoit qui convinssent de l'être et ne se vantassent pas de l'aimer! En me faisant cette objection, vous ne vous êtes pas rappelé celle-ci qui la prévient et la détruit. S'il y a complot, tout par son effet devient facile à prouver à ceux mêmes qui ne sont pas du complot; et, quand ils croient voir par leurs yeux, ils voient, sans s'en douter, par les yeux d'autrui.

Si ces personnes dont vous parlez ne sont pas de mauvaise foi, du moins elles sont certainement prévenues comme tout le public, et doivent par cela seul voir et juger comme lui. Et comment vos messieurs, ayant une fois la facilité de faire tout croire, auraient-ils négligé de porter cet avantage aussi loin qu'il pouvait aller? Ceux qui, dans cette persuasion générale, ont écarté la plus sûre épreuve pour distinguer le vrai du faux, ont beau n'être pas à vos yeux du complot, par cela seul ils en sont aux miens; et moi, qui sens dans ma conscience qu'où ils croient voir la certitude et la vérité, il n'y a qu'erreur, mensonge, imposture, puis-je douter qu'il n'y ait de leur faute dans leur persuasion, et que, s'ils avaient aimé sincèrement la vérité, ils ne l'eussent bientôt démêlée à travers les artifices des fourbes qui les ont abusés? Mais ceux qui ont d'avance irrévocablement jugé l'objet de leur haine, et qui n'en veulent pas démordre, ne voyant en lui que ce qu'ils veulent voir, tordent et détournent tout au gré de leur passion; et, à force de subtilités, donnent aux choses les plus contraires à leurs idées l'interprétation qui les y peut ramener. Les personnes que vous croyez impartiales ont-elles pris les précautions nécessaires pour surmonter ces illusions?

LE FRANÇOIS.

Mais, monsieur Rousseau, y pensez-vous, et qu'exigez-vous là du public? Avez-vous pu croire qu'il examineroit la chose aussi scrupuleusement que vous?

ROUSSEAU.

Il en eût été dispensé sans doute, s'il se fût abstenu d'une décision si cruelle. Mais en prononçant souverainement sur l'honneur et sur la destinée d'un homme, il n'a pu sans crime négliger aucun des moyens essentiels et possibles de s'assurer qu'il prononçoit justement.

Vous méprisez, dites-vous, un homme abject, et ne croirez jamais que les heureux penchants que j'ai cru voir dans Jean-Jacques puissent compatir avec des vices aussi bas que ceux dont il est accusé. Je pense exactement comme vous sur cet article; mais je suis aussi certain que d'aucune vérité qui me soit connue que cette abjection, que vous lui reprochez, est de tous les vices le plus éloigné de son naturel. Bien plus près de l'extrémité contraire, il a trop de hauteur dans l'ame pour pouvoir tendre à l'abjection. Jean-Jacques est foible, sans doute, et peu capable de vaincre ses passions; mais il ne peut avoir que les passions relatives à son caractère, et des tentations basses ne sauroient approcher de son cœur. La source de toutes ses consolations est dans l'estime de lui-même. Il seroit le plus vertueux des hommes si sa force répondoit à sa volonté. Mais avec toute sa foiblesse il ne peut être un homme vil, parce qu'il n'y a pas dans son ame un penchant ignoble auquel il fût honteux de céder. Le seul qui l'eût pu mener au mal est la mauvaise honte, contre laquelle il a lutté toute sa vie avec des efforts aussi grands qu'inutiles, parce qu'elle tient à son humeur timide qui présente un obstacle invincible aux ardents désirs de son cœur, et le force à leur donner le change en mille façons souvent blâmables. Voilà l'unique source de tout le mal qu'il a pu faire, mais dont rien ne peut sortir de semblable aux indignités dont vous l'accusez. Eh! comment ne voyez-vous pas combien vos messieurs eux-mêmes sont éloignés de ce mépris qu'ils veulent vous inspirer pour lui? Comment ne voyez-vous pas que ce mépris qu'ils affectent n'est point réel, qu'il n'est que le voile bien transparent d'une estime qui les déchire, et d'une rage qu'ils cachent très-mal? La preuve en est manifeste. On ne s'inquiète point ainsi des gens qu'on méprise. On en détourne les yeux, on les laisse pour ce qu'ils sont; on fait à leur égard non pas ce que font vos messieurs à l'égard de Jean-Jacques, mais ce que lui-même fait au leur. Il n'est pas étonnant qu'après l'avoir chargé de pierres ils le couvrent aussi de boue : tous ces procédés sont très-concordants de leur part; mais ceux qu'ils lui imputent ne le sont guère de la sienne; et ces indignités auxquelles vous revenez sont-elles mieux prouvées que les crimes sur lesquels vous n'insistez plus? Non, monsieur; après nos discussions précédentes je ne vois plus de milieu possible entre tout admettre et tout rejeter.

Des témoignages que vous supposez impartiaux, les uns portent sur des faits absurdes et faux, mais rendus croyables à force de prévention, tels que le viol, la brutalité, la débauche, la cynique impudence, les basses friponneries; les autres, sur des faits vrais, mais faussement interprétés, tels que sa dureté, son dédain, son humeur colère et repoussante, l'obstination de fermer sa porte aux nouveaux visages, surtout aux quidams cajoleurs et pleureux, et aux arrogants mal appris.

Comme je ne défendrai jamais Jean-Jacques accusé d'assassinat et d'empoisonnement, je n'entends pas non plus le justifier d'être un violateur de filles, un monstre de débauche, un petit filou. Si vous pouvez adopter sérieusement de pareilles opinions sur son compte, je ne puis que le plaindre, et vous plaindre aussi, vous qui caressez des idées dont vous rougiriez comme ami de la justice, en y regardant de plus près, et faisant ce que j'ai fait. Lui débauché, brutal, impudent, cynique auprès du sexe! Eh! j'ai grand'peur que ce ne soit l'excès contraire qui l'a perdu, et que, s'il eût été ce que vous dites, il ne fût aujourd'hui bien moins malheureux. Il est bien aisé de faire, à son arrivée, retirer les filles de la maison; mais qu'est-ce que cela prouve, sinon la maligne disposition des parents envers lui?

A-t-on l'exemple de quelque fait qui ait rendu nécessaire une précaution si bizarre et si affectée? et qu'en dut-il penser à son arrivée à Paris, lui qui venait de vivre à Lyon très-familièrement dans une maison très-estimable, où la mère et trois filles charmantes, toutes trois dans la fleur de l'âge et de la beauté, l'accabloient à l'envi d'amitiés et de caresses? Est-ce en abusant de cette familiarité près de ces jeunes personnes, est-ce par des manières ou des propos libres avec elles qu'il mérita l'indigne et nouvel accueil qui l'attendoit à Paris en les quittant? et même encore aujourd'hui, des mères très-sages craignent-elles de mener leurs filles chez ce terrible satyre, devant lequel ces autres-là n'osent laisser un moment les leurs, chez elles, et en leur présence? En vérité, que des farces aussi grossières puissent abuser un moment des gens sensés, il faut en être témoin pour le croire.

Supposons un moment qu'on eût osé publier tout cela dix ans plus tôt, et lorsque l'estime des honnêtes gens, qu'il eut toujours dès sa jeunesse,

étoit montée au plus haut degré : ces opinions quoique soutenues des mêmes preuves, auroient-elles acquis le même crédit chez ceux qui maintenant s'empressent de les adopter? Non, sans doute; ils les auroient rejetées avec indignation. Ils auroient tous dit : « Quand un homme est par-
« venu jusqu'à cet âge avec l'estime publique;
« quand, sans patrie, sans fortune, sans asile,
« dans une situation gênée, et forcé, pour sub-
« sister, de recourir sans cesse aux expédients, on
« n'en n'a jamais employé que d'honorables, et
« qu'on s'est fait toujours considérer et bien vou-
« loir dans sa détresse; on ne commence pas après
« l'âge mûr, et quand tous les yeux sont ouverts
« sur nous, à se dévoyer de la droite route pour
« s'enfoncer dans les sentiers bourbeux du vice;
« on n'associe point la bassesse des plus vils fri-
« pons avec le courage et l'élévation des ames
« fières, ni l'amour de la gloire aux manœuvres
« des filous; et si quarante ans d'honneur per-
« mettoient à quelqu'un de se démentir si tard à
« ce point, il perdroit bientôt cette vigueur de
« sentiment, ce ressort, cette franchise intrépide
« qu'on n'a point avec des passions basses, et qui
« jamais ne survit à l'honneur. Un fripon peut
« être lâche, un méchant peut être arrogant; mais
« la douceur de l'innocence et la fierté de la vertu
« ne peuvent s'unir que dans une belle ame. »

Voilà ce qu'ils auroient tous dit ou pensé, et ils

auroient certainement refusé de le croire atteint de vices aussi bas, à moins qu'il n'en eût été convaincu sous leurs yeux. Ils auroient du moins voulu l'étudier eux-mêmes avant de le juger si décidément et si cruellement. Ils auroient fait ce que j'ai fait; et, avec l'impartialité que vous leur supposez, ils auroient tiré de leurs recherches la même conclusion que je tire des miennes. Ils n'ont rien fait de tout cela; les preuves les plus ténébreuses, les témoignages les plus suspects, leur ont suffi pour se décider en mal sans autre vérification, et ils ont soigneusement évité tout éclaircissement qui pouvoit leur montrer leur erreur. Donc, quoi que vous en puissiez dire, ils sont du complot; car ce que j'appelle en être n'est pas seulement être dans le secret de vos messieurs, je présume que peu de gens y sont admis; mais c'est adopter leur unique principe, c'est se faire, comme eux, une loi de dire à tout le monde et de cacher au seul accusé le mal qu'on pense ou qu'on feint de penser de lui, et les raisons sur lesquelles on fonde ce jugement, afin de le mettre hors d'état d'y répondre, et de faire entendre les siennes; car, sitôt qu'on s'est laissé persuader qu'il faut le juger, non seulement sans l'entendre, mais sans en être entendu, tout le reste est forcé, et il n'est pas possible qu'on résiste à tant de témoignages si bien arrangés, et mis à l'abri de l'inquiétante épreuve des réponses de l'accusé. Comme tout le succès de la trame dépendoit de cette importante précaution, son auteur aura mis toute la sagacité de son esprit à donner à cette injustice le tour le plus spécieux, et à la couvrir même d'un vernis de bénéficence et de générosité, qui n'eût ébloui nul esprit impartial, mais qu'on s'est empressé d'admirer, à l'égard d'un homme qu'on n'estimoit que par force, et dont les singularités n'étoient vues de bon œil par qui que ce fût.

Tout tient à la première accusation qui l'a fait déchoir, tout d'un coup, du titre d'honnête homme qu'il avait porté jusqu'alors, pour y substituer celui du plus affreux scélérat. Quiconque a l'ame saine et croit vraiment à la probité, ne se départ pas aisément de l'estime fondée qu'il a conçue pour un homme de bien. Je verrois commettre un crime, s'il étoit possible, ou faire une action basse à milord Maréchal[1] que je n'en croirois pas à mes yeux. Quand j'ai cru de Jean-Jacques tout ce que vous m'avez prouvé, c'étoit en le supposant convaincu. Changer à ce point sur le compte d'un homme estimé durant toute sa vie, n'est pas une chose facile. Mais aussi ce premier pas fait, tout le reste

[1] Il est vrai que milord Maréchal est d'une illustre naissance, et Jean-Jacques un homme du peuple; mais il faut penser que Rousseau, qui parloit ici, n'a pas, en général, une opinion bien sublime de la haute vertu des gens de qualité, et que l'histoire de Jean-Jacques ne doit pas naturellement agrandir cette opinion.

va de lui-même. De crime en crime, un homme coupable d'un seul devient, comme vous l'avez dit, capable de tous. Rien n'est moins surprenant que le passage de la méchanceté à l'abjection, et ce n'est pas la peine de mesurer si soigneusement l'intervalle qui peut quelquefois séparer un scélérat d'un fripon. On peut donc avilir tout à son aise l'homme qu'on a commencé par noircir. Quand on croit qu'il n'y a dans lui que du mal, on n'y voit plus que cela; ses actions, bonnes ou indifférentes, changent bientôt d'apparence avec beaucoup de préjugés et un peu d'interprétation, et l'on rétracte alors ses jugements avec autant d'assurance que si ceux qu'on leur substitue étoient mieux fondés. L'amour-propre fait qu'on veut toujours avoir vu soi-même ce qu'on sait, ou qu'on croit savoir d'ailleurs. Rien n'est si manifeste aussitôt qu'on y regarde; on a honte de ne l'avoir pas aperçu plus tôt; mais c'est qu'on étoit si distrait ou si prévenu, qu'on ne portoit pas son attention de ce côté; c'est qu'on est si bon soi-même qu'on ne peut supposer la méchanceté dans autrui.

Quand enfin l'engouement, devenu général, parvient à l'excès, on ne se contente plus de tout croire; chacun, pour prendre part à la fête, cherche à renchérir; et tout le monde s'affectionnant à ce système se pique d'y apporter du sien pour l'orner ou pour l'affermir. Les uns ne sont pas plus empressés d'inventer que les autres de croire.

Toute imputation passe en preuve invincible ; et si l'on apprenoit aujourd'hui qu'il s'est commis un crime dans la lune, il seroit prouvé demain, plus clair que le jour, à tout le monde, que c'est Jean-Jacques qui en est l'auteur.

La réputation qu'on lui a donnée une fois bien établie, il est donc très-naturel qu'il en résulte, même chez les gens de bonne foi, les effets que vous m'avez détaillés. S'il fait une erreur de compte, ce sera toujours à dessein : est-elle à son avantage, c'est une friponnerie ; est-elle à son préjudice, c'est une ruse. Un homme ainsi vu, quelque sujet qu'il soit aux oublis, aux distractions, aux balourdises, ne peut plus rien avoir de tout cela : tout ce qu'il fait par inadvertance est toujours vu comme fait exprès. Au contraire, les oublis, les omissions, les bévues des autres à son égard, ne trouvent plus créance dans l'esprit de personne ; s'il les relève, il ment; s'il les endure, c'est à pure perte. Des femmes étourdies, des jeunes gens évaporés, feront des quiproquo dont il restera chargé ; et ce sera beaucoup si des laquais gagnés ou peu fidèles, trop instruits des sentiments des maîtres à son égard, ne sont pas quelquefois tentés d'en tirer avantage à ses dépens, bien sûrs que l'affaire ne s'éclaicira pas en sa présence, et que, quand cela arriveroit, un peu d'effronterie, aidée des préjugés des maîtres, les tireroit d'affaire aisément.

J'ai supposé, comme vous, ceux qui traitent avec lui tous sincères et de bonne foi; mais si l'on cherchoit à le tromper pour le prendre en faute, quelle facilité sa vivacité, son étourderie, ses distractions, sa mauvaise mémoire, ne donneroient-elles pas pour cela !

D'autres causes encore ont pu concourir à ces faux jugements. Cet homme a donné à vos messieurs, par ses *Confessions*, qu'ils appellent ses Mémoires, une prise sur lui qu'ils n'ont eu garde de négliger. Cette lecture qu'il a prodiguée à tant de gens, mais dont si peu d'hommes étoient capables, et dont bien moins encore étoient dignes, a initié le public dans toutes ses foiblesses, dans toutes ses fautes les plus secrètes. L'espoir que ces *Confessions* ne seroient vues qu'après sa mort lui avoit donné le courage de tout dire, et de se traiter avec une justice souvent même trop rigoureuse. Quant il se vit défiguré parmi les hommes, au point d'y passer pour un monstre, la conscience, qui lui faisoit sentir en lui plus de bien que de mal, lui donna le courage que lui seul peut-être eut, et aura jamais, de se montrer tel qu'il étoit ; il crut qu'en manifestant à plein l'intérieur de son ame, et révélant ses *Confessions*, l'explication si franche, si simple, si naturelle, de tout ce qu'on a pu trouver de bizarre dans sa conduite, portant avec elle son propre témoignage, feroit sentir la vérité de ses déclarations, et la fausseté des idées horribles et fantastiques qu'il voyoit répandre de lui, sans en pouvoir découvrir la source. Bien loin de soupçonner alors vos messieurs, la confiance en eux de cet homme si défiant alla non seulement jusqu'à leur lire cette histoire de son ame, mais jusqu'à leur en laisser le dépôt assez long-temps. L'usage qu'ils ont fait de cette imprudence a été d'en tirer parti pour diffamer celui qui l'avoit commise ; et le plus sacré dépôt de l'amitié est devenu dans leurs mains l'instrument de la trahison. Ils ont travesti ses défauts en vices, ses fautes en crimes, les foiblesses de sa jeunesse en noirceurs de son âge mûr : ils ont dénaturé les effets, quelquefois ridicules, de tout ce que la nature a mis d'aimable et de bon dans son ame; et ce qui n'est que des singularités d'un tempérament ardent, retenu par un naturel timide, est devenu par leurs soins une horrible dépravation de cœur et de goût. Enfin, toutes leurs manières de procéder à son égard, et des allures dont le vent m'est parvenu, me portent à croire que pour décrier ses *Confessions*, après en avoir tiré contre lui tous les avantages possibles, ils ont intrigué, manœuvré, dans tous les lieux où il a vécu, et dont il leur a fourni les renseignements, pour défigurer toute sa vie, pour fabriquer avec art des mensonges, qui en donnent l'air à ses *Confessions*, et pour lui ôter le mérite de la franchise, même dans les aveux qu'il fait contre lui. Eh ! puisqu'ils savent empoisonner ses écrits, qui sont sous les yeux de tout le monde, comment n'empoisonneroient-ils pas sa vie, que le public ne connoît que sur leur rapport?

L'*Héloïse* avoit tourné sur lui les regards des femmes : elles avoient des droits assez naturels sur un homme qui décrivoit ainsi l'amour; mais n'en connoissant guère que le physique, elles crurent qu'il n'y avoit que des sens très-vifs qui pussent inspirer des sentiments si tendres, et cela put leur donner de celui qui les exprimoit plus grande opinion qu'il ne la méritoit peut-être. Supposez cette opinion portée chez quelques-unes jusqu'à la curiosité, et que cette curiosité ne fût pas assez tôt devinée ou satisfaite par celui qui en étoit l'objet, vous concevrez aisément dans sa destinée les conséquences de cette balourdise.

Quant à l'accueil sec et dur qu'il fait aux quidams arrogants ou pleureux qui viennent à lui, j'en ai souvent été le témoin moi-même, et je conviens qu'en pareille situation cette conduite seroit fort imprudente dans un hypocrite démasqué, qui, trop heureux qu'on voulût bien feindre de prendre le change, devroit se prêter, avec une dissimulation pareille, à cette feinte, et aux apparents ménagements qu'on feroit semblant d'avoir pour lui. Mais osez-vous reprocher à un homme d'honneur outragé de ne pas se conduire en coupable, et de n'avoir pas, dans ses infortunes, la lâcheté d'un vil scélérat? De quel œil voulez-vous qu'il envisage les perfides empressements des traîtres qui l'obsèdent, et qui, tout en affectant le plus pur zèle, n'ont en effet d'autre but que de l'enlacer de plus en plus dans les piéges de ceux qui les emploient? Il faudroit, pour les accueillir, qu'il fût en effet tel qu'ils le supposent; il faudroit qu'aussi fourbe qu'eux, et feignant de ne les pas pénétrer, il leur rendît trahison pour trahison. Tout son crime est d'être aussi franc qu'ils sont faux : mais après tout, que leur importe qu'il les reçoive bien ou mal? Les signes les plus manifestes de son impatience ou de son dédain n'ont rien qui les rebute. Il les outrageroit ouvertement, qu'ils ne s'en iroient pas pour cela. Tous de concert, laissant à sa porte les sentiments d'honneur qu'ils peuvent avoir, ne lui montrent qu'insensibilité, duplicité, lâcheté, perfidie, et sont auprès de lui comme il devroit être auprès d'eux, s'il étoit tel qu'ils le représentent; et comment voulez-vous qu'il leur montre une estime qu'ils ont pris si grand soin de ne lui pas laisser? Je conviens que le mépris d'un homme qu'on méprise soi-même est facile à supporter; mais encore n'est-ce pas chez lui qu'il faut aller en chercher les marques. Malgré tout ce patelinage insidieux, pour peu qu'il croie apercevoir, au fond des ames, des sentiments naturellement honnêtes et quelques bonnes dispositions, il se laisse encore subjuguer. Je ris de sa simplicité, et je l'en fais rire lui-même. Il espère toujours qu'en le voyant tel qu'il est, quelques-uns du moins n'auront plus le courage de le haïr, et croit, à force de franchise, toucher enfin ces cœurs de bronze. Vous concevez comment cela lui réussit; il le voit lui-même, et, après tant de tristes expériences, il doit enfin savoir à quoi s'en tenir.

Si vous eussiez fait une fois les réflexions que la raison suggère, et les perquisitions que la justice exige, avant de juger si sévèrement un infortuné, vous auriez senti que dans une situation pareille à la sienne, et victime d'aussi détestables complots, il ne peut plus, il ne doit plus du moins se livrer, pour ce qui l'entoure, à ses penchants naturels, dont vos messieurs se sont servis si long-temps et avec tant de succès pour le prendre dans leurs filets. Il ne peut plus, sans s'y précipiter lui-même, agir en rien dans la simplicité de son cœur. Ainsi ce n'est plus sur ses œuvres présentes qu'il faut le juger, même quand on pourroit en avoir le narré fidèle. Il faut rétrograder vers les temps où rien ne l'empêchoit d'être lui-même, ou bien le pénétrer plus intimement, *intùs et in cute*, pour y lire immédiatement les véritables dispositions de son ame, que tant de malheurs n'ont pu aigrir. En le suivant dans les temps heureux de sa vie, et dans ceux mêmes où, déjà la proie de vos messieurs, il ne s'en doutoit pas encore, vous eussiez trouvé l'homme bienfaisant et doux qu'il étoit et passoit pour être avant qu'on l'eût défiguré. Dans tous les lieux où il a vécu jadis, dans les habitations où on lui a laissé faire assez de séjour pour y laisser des traces de son caractère, les regrets des habitants l'ont toujours suivi dans sa retraite; et seul peut-être de tous les étrangers qui jamais vécurent en Angleterre, il a vu le peuple de Wooton pleurer à son départ. Mais vos dames et vos messieurs ont pris un tel soin d'effacer toutes ces traces, que c'est seulement tandis qu'elles étoient encore fraîches qu'on a pu les distinguer. Montmorency, plus près de nous, offre un exemple frappant de ces différences. Grâce à des personnes que je ne veux pas nommer, et aux oratoriens devenus, je ne sais comment, les plus ardents satellites de la ligue, vous n'y retrouverez plus aucun vestige de l'attachement, et j'ose dire de la vénération qu'on y eut jadis pour Jean-Jacques, et tant qu'il y vécut, et après qu'il en fut parti : mais les traditions du moins en restent encore dans la mémoire des honnêtes gens qui fréquentoient alors ce pays-là.

Dans ces épanchements auxquels il aime encore à se livrer, et souvent avec plus de plaisir que de prudence, il m'a quelquefois confié ses peines, et j'ai vu que la patience avec laquelle il les supporte n'ôtoit rien à l'impression qu'elles font sur son cœur. Celles que le temps adoucit le moins se réduisent à deux principales, qu'il compte pour les seuls vrais maux que lui aient faits ses ennemis. La première est de lui avoir ôté la douceur d'être utile aux hommes, et secourable aux malheureux, soit en lui en ôtant les moyens, soit en ne laissant plus approcher de lui, sous ce passeport, que des fourbes qui ne cherchent à l'intéresser pour eux qu'afin de s'insinuer dans sa confiance, l'épier, et le trahir. La façon dont ils se présentent, le ton qu'ils prennent en lui parlant, les fades louanges qu'ils lui donnent, le patelinage qu'ils y joignent, le fiel qu'ils ne peuvent s'abstenir d'y mêler, tout décèle en eux de petits histrions grimaciers, qui ne savent ou ne daignent pas mieux jouer leur rôle. Les lettres qu'il reçoit ne sont, avec des lieux communs de collège, et des leçons bien magistrales sur ses devoirs envers ceux qui les écrivent, que de sottes déclamations contre les grands et les riches, par lesquelles on croit bien le leurrer; d'amers sarcasmes sur tous les états; d'aigres reproches à la fortune, de priver un grand homme comme l'auteur de la lettre, et, par compagnie, l'autre grand homme à qui elle s'adresse, des honneurs et des biens qui leur étoient dus, pour les prodiguer aux indignes; des preuves tirées de là, qu'il n'existe point de Providence; de pathétiques déclarations de la prompte assistance dont on a besoin, suivies de fières protestations de n'en vouloir néanmoins aucune. Le tout finit d'ordinaire par la confidence de la ferme résolution où l'on est de se tuer, et par l'avis que cette résolution sera mise en exécution *sonica,* si l'on ne reçoit bien vite une réponse satisfaisante à la lettre.

Après avoir été plusieurs fois très-sottement la dupe de ces menaçants suicides, il a fini par se moquer et d'eux et de sa propre bêtise. Mais quand ils n'ont plus trouvé la facilité de s'introduire avec ce pathos, ils ont bientôt repris leur allure naturelle, et substitué, pour forcer sa porte, la férocité des tigres à la flexibilité des serpents. Il faut avoir vu les assauts que sa femme est forcée de soutenir sans cesse, les injures et les outrages qu'elle essuie journellement de tous ces humbles admirateurs, de tous ces vertueux infortunés, à la moindre résistance qu'ils trouvent, pour juger du motif qui les amène, et des gens qui les envoient. Croyez-vous qu'il ait tort d'éconduire toute cette canaille, et de ne vouloir pas s'en laisser subjuguer? Il lui faudroit vingt ans d'application pour lire seulement tous les manuscrits qu'on le vient prier de revoir, de corriger, de refondre; car son temps et sa peine ne coûtent rien à vos messieurs[1]; il lui faudroit dix mains et dix secrétaires pour écrire les requêtes,

---

[1] Je dois pourtant rendre justice à ceux qui m'offrent de payer mes peines, et qui sont en assez grand nombre. Au moment même où j'écris ceci, une dame de province vient de me proposer douze francs, en attendant mieux, pour lui écrire une belle lettre à un prince. C'est dommage que je ne me sois pas avisé de lever boutique sous les charniers des Innocents; j'y aurois pu faire assez bien mes affaires.

placets, lettres, mémoires, complimeuts, vers, bouquets, dont on vient à l'envi le charger, vu la grande éloquence de sa plume, et la grande bonté de son cœur; car c'est toujours là l'ordinaire refrain de ces personnages sincères. Au mot d'humanité, qu'ont appris à bourdonner autour de lui des essaims de guêpes, elles prétendent le cribler de leurs aiguillons bien à leur aise, sans qu'il ose s'y dérober, et tout ce qui lui peut arriver de plus heureux est de s'en délivrer avec de l'argent, dont ils le remercient ensuite par des injures.

Après avoir tant réchauffé de serpents dans son sein, il s'est enfin déterminé, par une réflexion très-simple, à se conduire comme il fait avec tous ces nouveaux venus. A force de bontés et de soins généreux, vos messieurs, parvenus à le rendre exécrable à tout le monde, ne lui ont plus laissé l'estime de personne. Tout homme ayant de la droiture et de l'honneur ne peut plus qu'abhorrer et fuir un être ainsi défiguré; nul homme sensé n'en peut rien espérer de bon. Dans cet état, que peut-il donc penser de ceux qui s'adressent à lui par préférence, le recherchent, le comblent d'éloges, lui demandent ou des services ou son amitié; qui, dans l'opinion qu'ils ont de lui, désirent néanmoins d'être liés ou redevables au dernier des scélérats? Peuvent-ils même ignorer que, loin qu'il ait ni crédit ni pouvoir, ni faveur auprès de personne, l'intérêt qu'il pourroit prendre à eux ne feroit que leur nuire aussi bien qu'à lui; que tout l'effet de sa recommandation seroit ou de les perdre s'ils avoient eu recours à lui de bonne foi, ou d'en faire de nouveaux traîtres destinés à l'enlacer par ses propres bienfaits? En toute supposition possible, avec les jugements portés de lui dans le monde, quiconque ne laisse pas de recourir à lui n'est-il pas lui-même un homme jugé? et quel honnête homme peut prendre intérêt à de pareils misérables? S'ils n'étoient pas des fourbes, ne seroient-ils pas toujours des infâmes? et qui peut implorer des bienfaits d'un homme qu'il méprise n'est-il pas lui-même encore plus méprisable que lui?

Si tous ces empressés ne venoient que pour voir et chercher ce qui est, sans doute il auroit tort de les éconduire; mais pas un seul n'a cet objet, et il faudroit bien peu connoître les hommes et la situation de Jean-Jacques pour espérer de tous ces gens-là ni vérité ni fidélité. Ceux qui sont payés veulent gagner leur argent, et ils savent bien qu'ils n'ont qu'un seul moyen pour cela, qui est de dire non ce qui est, mais ce qui plaît, et qu'ils seroient mal venus à dire du bien de lui. Ceux qui l'épient de leur propre mouvement, mus par leur passion, ne verront jamais que ce qui la flatte; aucun ne vient pour voir ce qu'il voit, mais pour l'interpréter à sa mode. Le blanc et le noir, le pour et le contre, leur servent également.

Donne-t-il l'aumône, Ah! le cafard! La refuse-t-il, Voilà cet homme si charitable! S'il s'enflamme en parlant de la vertu, c'est un tartufe; s'il s'anime en parlant de l'amour, c'est un satyre; s'il lit la gazette[1], il médite une conspiration; s'il cueille une rose, on cherche quel poison la rose contient. Trouvez à un homme ainsi vu quelque propos qui soit innocent, quelque action qui ne soit pas un crime, je vous en défie.

Si l'administration publique elle-même eût été moins prévenue ou de bonne foi, la constante uniformité de sa vie, égale et simple, l'eût bientôt désabusée; elle auroit compris qu'elle ne verroit jamais que les mêmes choses, et que c'étoit bien perdre son argent, son temps et ses peines, que d'espionner un homme qui vivoit ainsi. Mais comme ce n'est pas la vérité qu'on cherche, qu'on ne veut que noircir la victime, et qu'au lieu d'étudier son caractère on ne veut que le diffamer, peu importe qu'il se conduise bien ou mal, et qu'il soit innocent ou coupable. Tout ce qui importe est d'être assez au fait de sa conduite pour avoir des points fixes sur lesquels on puisse appuyer le

---

[1] A la grande satisfaction de mes très-inquiets patrons, je renonce à cette triste lecture, devenue indifférente à un homme qu'on a rendu tout-à-fait étranger sur la terre. Je n'y ai plus ni patrie ni frères. Habitée par des êtres qui ne me sont rien, elle est pour moi comme une autre sphère; et je suis aussi peu curieux désormais d'apprendre ce qui se fait dans le monde que ce qui se passe à Bicêtre ou aux Petites-Maisons.

système d'imposture dont il est l'objet, sans s'exposer à être convaincu de mensonge ; et voilà à quoi l'espionnage est uniquement destiné. Si vous me reprochez ici de rendre à ses accusateurs les imputations dont ils le chargent, j'en conviendrai sans peine, mais avec cette différence qu'en parlant d'eux Rousseau ne s'en cache pas. Je ne pense même et ne dis tout ceci qu'avec la plus grande répugnance. Je voudrois de tout mon cœur pouvoir croire que le gouvernement est à son égard dans l'erreur de bonne foi, mais c'est ce qui m'est impossible. Quand je n'aurois nulle autre preuve du contraire, la méthode qu'on suit avec lui m'en fourniroit une invincible. Ce n'est point aux méchants qu'on fait toutes ces choses-là, ce sont eux qui les font aux autres.

Pesez la conséquence qui suit de là. Si l'administration, si la police elle-même trempe dans le complot pour abuser le public sur le compte de Jean-Jacques, quel homme au monde, quelque sage qu'il puisse être, pourra se garantir de l'erreur à son égard ?

Que de raisons nous font sentir que, dans l'étrange position de cet homme infortuné, personne ne peut plus juger de lui avec certitude, ni sur le rapport d'autrui, ni sur aucune espèce de preuve ! Il ne suffit pas même de voir, il faut vérifier, comparer, approfondir tout par soi-même, ou s'abstenir de juger. Ici, par exemple, il est clair comme le jour qu'à s'en tenir au témoignage des autres le reproche de dureté et d'incommisération, mérité ou non, lui seroit toujours également inévitable : car, supposé un moment qu'il remplit de toutes ses forces les devoirs de l'humanité, de charité, de bienfaisance, dont tout homme est sans cesse entouré, qui est-ce qui lui rendroit dans le public la justice de les avoir remplis? Ce ne seroit pas lui-même, à moins qu'il n'y mît cette ostentation philosophique qui gâte l'œuvre par le motif : ce ne seroit pas ceux envers qui il les auroit remplis, qui deviennent, sitôt qu'ils l'approchent, ministres et créatures de vos messieurs; ce seroit encore moins vos messieurs eux-mêmes, non moins zélés à cacher le bien qu'il pourroit chercher à faire, qu'à publier à grand bruit celui qu'ils disent lui faire en secret. En lui faisant des devoirs à leur mode pour le blâmer de ne les pas remplir, ils tairoient les véritables qu'il auroit remplis de tout son cœur, et lui feroient le même reproche avec le même succès; ce reproche ne prouve donc rien. Je remarque seulement qu'il étoit bienfaisant et bon, quand, livré sans gêne à son naturel, il suivoit en toute liberté ses penchants; et maintenant qu'il se sent entravé de mille piéges, entouré d'espions, de mouches, de surveillants; maintenant qu'il sait ne pas dire un mot qui ne soit recueilli, ne pas faire un mouvement qui ne soit noté, c'est ce temps qu'il choisit pour lever le masque de l'hypocrisie, et se livrer à cette dureté tardive, à tous ces petits larcins de bandits dont l'accuse aujourd'hui le public! Convenez que voilà un hypocrite bien bête, et un trompeur bien maladroit. Quand je n'aurois rien vu par moi-même, cette seule réflexion me rendroit suspecte la réputation qu'on lui donne à présent. Il en est de tout ceci comme des revenus qu'on lui prodigue avec tant de magnificence. Ne faudroit-il pas dans sa position qu'il fût plus qu'imbécile pour tenter, s'ils étoient réels, d'en dérober un moment la connoissance au public?

Ces réflexions sur les friponneries qu'il s'est mis à faire, et sur les bonnes œuvres qu'il ne fait plus, peuvent s'étendre aux livres qu'il fait et publie encore, et dont il se cache si heureusement, que tout le monde, aussitôt qu'ils paroissent, est instruit qu'il en est l'auteur. Quoi! monsieur, ce mortel si ombrageux, si farouche, qui voit à peine approcher de lui un seul homme qu'il ne sache ou ne croie être un traître ; qui sait ou qui croit que le vigilant magistrat chargé des deux départements de la police et de la librairie le tient enlacé dans d'inextricables filets, ne laisse pas d'aller barbouillant éternellement des livres à la douzaine, et de les confier sans crainte au tiers et au quart pour les faire imprimer en grand secret? Ces livres s'impriment, se publient, se débitent hautement sous son nom, même avec une affectation ridicule, comme s'il avoit peur de n'être pas connu ; et mon butor, sans voir, sans soupçonner même cette manœuvre si publique, sans jamais croire être découvert, va toujours prudemment son train, toujours barbouillant, toujours imprimant, toujours se confiant à des confidents si discrets, et toujours ignorant qu'ils se moquent de lui? Que de stupidité pour tant de finesse ! que de confiance pour une homme aussi soupçonneux ! Tout cela vous paroît-il donc si bien arrangé, si naturel, si croyable ? Pour moi, je n'ai vu dans Jean-Jacques aucun de ces deux extrêmes. Il n'est pas aussi fin que vos messieurs, mais il n'est pas non plus aussi bête que le public, et ne se paieroit pas comme lui de pareilles bourdes. Quand un libraire vient en grand appareil s'établir à sa porte, que d'autres lui écrivent des lettres bien amicales, lui proposent de belles éditions, affectent d'avoir avec lui des relations bien étroites, il n'ignore pas que ce voisinage, ces visites, ces lettres, lui viennent de plus loin ; et tandis que tant de gens se tourmentent à lui faire faire des livres dont le dernier cuistre rougiroit d'être l'auteur, il pleure amèrement les dix ans de sa vie employés à en faire d'un peu moins plats.

Voilà, monsieur, les raisons qui l'ont forcé de changer de conduite avec ceux qui l'approchent, et de résister aux penchants de son cœur, pour ne pas s'enlacer lui-même dans les pièges tendus autour de lui. J'ajoute à cela que son naturel timide et son goût éloigné de toute ostentation ne sont pas propres à mettre en évidence son penchant à faire du bien, et peuvent même, dans une situation si triste, l'arrêter quand il auroit l'air de se mettre en scène. Je l'ai vu dans un quartier très-vivant de Paris, s'abstenir malgré lui d'une bonne œuvre qui se présentoit, ne pouvant se résoudre à fixer sur lui les regards malveillants de deux cents personnes ; et, dans un quartier peu éloigné, mais moins fréquenté, je l'ai vu se conduire différemment dans une occasion pareille. Cette mauvaise honte ou cette blâmable fierté me semble bien naturelle à un infortuné ; sûr d'avance que tout ce qu'il pourra faire de bien sera mal interprété. Il vaudroit mieux sans doute braver l'injustice du public ; mais avec une ame haute et un naturel timide, qui peut se résoudre, en faisant une bonne action qu'on accusera d'hypocrisie, de lire dans les yeux des spectateurs l'indigne jugement qu'ils en portent ? Dans une pareille situation, celui qui voudroit faire encore du bien s'en cacheroit comme d'une mauvaise œuvre, et ce ne seroit pas ce secret-là qu'on iroit épiant pour le publier.

Quant à la seconde et à la plus sensible des peines que lui ont faites les barbares qui le tourmentent, il la dévore en secret, elle reste en réserve au fond de son cœur, il ne s'en est ouvert à personne, et je ne la saurois pas moi-même s'il eût pu me la cacher. C'est par elle que, lui ôtant toutes les consolations qui restoient à sa portée, ils lui ont rendu la vie à charge, autant qu'elle peut l'être à un innocent. A juger du vrai but de vos messieurs par toute leur conduite à son égard, ce but paroît être de l'amener par degrés, et toujours sans qu'il y paroisse, jusqu'au plus violent désespoir, et, sous l'air de l'intérêt et de la commisération, de le contraindre, à force de secrètes angoisses, à finir par les délivrer de lui. Jamais, tant qu'il vivra, ils ne seront, malgré toute leur vigilance, sans inquiétude de se voir découverts. Malgré la triple enceinte de ténèbres qu'ils renforcent sans cesse autour de lui, toujours ils trembleront qu'un trait de lumière ne perce par quelque fissure, et n'éclaire leurs travaux souterrains. Ils espèrent, quand il n'y sera plus, jouir plus tranquillement de leur œuvre ; mais ils se sont abstenus jusqu'ici de disposer tout-à-fait de lui, soit qu'ils craignent de ne pouvoir tenir cet attentat aussi caché que les autres, soit qu'ils se fassent encore un scrupule d'opérer par eux-mêmes l'acte auquel ils ne s'en font aucun de le forcer, soit enfin qu'attachés au plaisir de le tourmenter encore ils aiment mieux attendre de sa main la preuve complète de sa misère. Quel que soit leur vrai motif, ils ont pris tous les moyens possibles pour le rendre, à force de déchirements, le ministre de la haine dont il est l'objet. Ils se sont singulièrement appliqués à le navrer de profondes et continuelles blessures, par tous les endroits sensibles de son cœur. Ils savoient combien il étoit ardent et sincère dans tous ses attachements; ils se sont appliqués sans relâche à ne lui pas laisser un seul ami. Ils savoient que, sensible à l'honneur et à l'estime des honnêtes gens, il faisoit un cas très-médiocre de la réputation qu'on n'acquiert que par des talents; ils ont affecté de prôner les siens, en couvrant d'opprobre son caractère. Ils ont vanté son esprit pour déshonorer son cœur. Ils le connoissoient ouvert et franc jusqu'à l'imprudence, détestant le mystère et la fausseté; ils l'ont entouré de trahisons, de mensonges, de ténèbres, de duplicité. Ils savoient combien il chérissoit sa patrie; ils n'ont rien épargné pour la rendre méprisable, et pour l'y faire haïr. Ils connoissoient son dédain pour le métier d'auteur, combien il déploroit le court temps de sa vie qu'il perdit à ce triste métier, et parmi les brigands qui l'exercent; ils lui font incessamment barbouiller des livres, et ils ont grand soin que ces livres, très-dignes des plumes dont ils sortent, déshonorent le nom qu'ils leur font porter. Ils l'ont fait abhorrer du peuple dont il déplore la misère, des bons dont il honora les vertus, des femmes dont il fut idolâtre, de tous ceux dont la haine pouvoit le plus l'affliger. A force d'outrages sanglants, mais tacites, à force d'attroupements, de chuchotements, de ricanements, de regards cruels et farouches, ou insultants et moqueurs, ils sont parvenus à le chasser de toute assemblée, de tout spectacle, des cafés, des promenades publiques; leur projet est de le chasser enfin des rues, de le renfermer chez lui, de l'y tenir investi par leurs satellites, et de lui rendre enfin la vie si douloureuse qu'il ne la puisse plus endurer. En un mot, en lui portant à la fois toutes les atteintes qu'ils savoient lui être les plus sensibles, sans qu'il puisse en parer aucune, et ne lui laissant qu'un seul moyen de s'y dérober, il est clair qu'ils l'ont voulu forcer à le prendre. Mais ils ont tout calculé sans doute, hors la ressource de l'innocence et de la résignation. Malgré l'âge et l'adversité, sa santé s'est raffermie et se maintient; le calme de son ame semble le rajeunir; et, quoiqu'il ne lui reste plus d'espérance parmi les hommes, il ne fut jamais plus loin du désespoir.

J'ai jeté sur vos objections et vos doutes l'éclaircissement qui dépendoit de moi. Cet éclaircissement, je le répète, n'en peut dissiper l'obscurité, même à mes yeux; car la réunion de toutes ces causes est trop au-dessous de l'effet, pour qu'il n'ait pas quelque autre cause encore plus puissante, qu'il m'est impossible d'imaginer. Mais je n'en resterois pas moins dans mon sentiment, non par un entêtement ridicule, mais parce que j'y vois moins d'intermédiaire entre moi et le personnage jugé, et que, de tous les yeux auxquels il faut que je m'en rapporte, ceux dont j'ai le moins à me défier sont les miens. On nous prouve, j'en conviens, des choses que je n'ai pu vérifier, et qui me tiendroient peut-être encore en doute, si l'on ne prouvoit, tout aussi bien, beaucoup d'autres choses que je sais très-certainement être fausses; et quelle autorité peut rester pour être crus en aucune chose à ceux qui savent donner au mensonge tous les signes de la vérité? Au reste, souvenez-vous que je ne prétends point ici que mon jugement fasse autorité pour vous; mais, après les détails dans lesquels je viens d'entrer, vous ne sauriez blâmer qu'il la fasse pour moi; et quelque appareil de preuves qu'on m'étale en se cachant de l'accusé, tant qu'il ne sera pas convaincu en personne, et moi présent, d'être tel que l'ont peint vos messieurs, je me croirai bien fondé à le juger tel que je l'ai vu moi-même.

A présent que j'ai fait ce que vous avez désiré, il est temps de vous expliquer à votre tour, et de m'apprendre, d'après vos lectures, comment vous l'avez vu dans ses écrits.

LE FRANÇOIS.

Il est tard pour aujourd'hui; je pars demain pour la campagne; nous nous verrons à mon retour.

FIN DU SECOND DIALOGUE.

MES CONVERSATIONS

AVEC

JEAN-JACQUES,

PAR LE PRINCE DE LIGNE.

Je ne me souviens pas trop de ce qui se passa entre Rousseau et moi. En voici une partie que je me rappelle. A peine étoit-il venu, après ses malheurs vrais, et quelquefois imaginaires, chercher la liberté dans le pays qu'on appeloit mal à propos du despotisme; à peine avoit-il quitté ceux qu'on appelle si mal à propos de la liberté, que j'allai le relancer dans son grenier, rue Plâtrière. Je ne savois pas encore, en montant l'escalier, comment je m'y prendrois; mais accoutumé à me laisser aller à mon instinct, qui m'a toujours mieux servi que la réflexion, j'entrai, et parus me tromper. Qu'est-ce que c'est? me dit Jean-Jacques. Je lui dis : Monsieur, pardonnez, je cherchois M. Rousseau de Toulouse. Je ne suis, me dit-il que Rousseau de Genève. Ah oui! lui dis-je, ce grand herboriseur; je le vois bien : ah! mon Dieu, que d'herbes et de gros livres! ils valent mieux que tous ceux qu'on écrit. Rousseau sourit presque, et me fit voir peut-être sa chère *pervenche*, que je n'ai pas l'honneur de connoître, et tout ce qu'il y avoit entre chaque feuillet de ses in-folio. Je fis semblant d'admirer ce recueil très-peu intéressant et le plus commun. Il continuoit son travail important, sur lequel il avoit le nez et les lunettes, sans me regarder. Je lui demandai pardon de mon étourderie, et la demeure de M. Rousseau de Toulouse; et, de peur qu'il me l'apprît, je lui dis : Est-il vrai que vous soyez si habile pour copier la musique comme on le dit? Il alla me chercher des petits livres en long, et me dit : Voyez comme cela est propre, et il se mit à me parler de la difficulté de ce travail, et de son talent, précisément comme Sganarelle de celui de faire des fagots. Le respect que m'inspiroit un homme comme celui-là, qui m'avoit fait sentir une sorte de tremblement en ouvrant sa porte, m'empêcha de me livrer davantage à une conversation qui auroit eu l'air d'une mystification, si elle avoit duré plus long-temps. Je n'en voulois que ce qu'il me falloit pour une espèce de passeport, ou billet d'entrée, et je lui dis que je croyois pourtant qu'il n'avoit pris ces deux genres d'opération servile que pour éteindre le feu de sa brûlante imagination. Hélas! me dit-il, les autres occupations que je me donnois pour m'instruire, et instruire les autres, ne me font que trop de mal; et alors, sans vouloir jouer la pièce de *l'Homme singulier*, comédie que je trouvai indigne de nous deux, je lui dis la seule chose sur laquelle je suis de son avis dans tous ses ouvrages, que je croyois comme lui au danger des sciences et surtout des lettres. Il quitta dans l'instant ses *re mi fa sol*, sa *pervenche* et ses lunettes, entra dans des détails supérieurs peut-être à ce qu'il en avoit écrit, définit et en parcourut toutes les nuances avec une justesse que son génie lui présentoit, et que son esprit diminuoit, ou dénaturoit quelquefois, en méditant, et écrivant ensuite : il s'écria plusieurs fois : Les hommes! les hommes! J'avois assez bien pris pour oser déjà le contredire; je lui dis : Ceux qui s'en plaignent sont des hommes aussi, et peuvent se tromper sur le compte des autres hommes. Cela lui fit faire un moment de réflexion. Je lui dis que j'étois bien de son avis encore sur la manière d'accorder et de recevoir des bienfaits, et sur le poids de la reconnoissance vis-à-vis des gens qu'on n'a pas envie d'aimer ou d'estimer. Cela parut lui faire plaisir. Je me rabattis ensuite sur l'autre extrémité à craindre, la peur de l'ingratitude. Il partit comme un trait, me fit les plus beaux manifestes du monde, avec quelques petites maximes sophistiques, que je m'attirai en lui disant : Si cependant M. Hume a été de bonne foi... Il me demanda si je le connoissois. Je lui dis que j'avois eu une conversation très-vive avec lui à son sujet; et que la crainte d'être injuste m'arrêtoit presque toujours dans mes jugements.

Sa vilaine femme, ou servante, nous interrompoit quelquefois par des questions saugrenues qu'elle faisoit sur son linge ou sa soupe. Il lui répondoit avec douceur, et auroit ennobli un morceau de fromage, s'il avoit eu à le prononcer. Je ne m'aperçus pas qu'il se méfiât de moi le moins du monde. A la vérité je l'avois tenu bien en haleine depuis que j'entrai chez lui, pour ne pas lui donner le temps de la réflexion sur ma visite. J'y mis fin, malgré moi, et après un silence de vénération, en regardant encore entre les deux yeux l'auteur de la *Nouvelle Héloïse,* je quittai le galetas, séjour des rats, mais sanctuaire de la vertu et du génie. Il se leva, me reconduisit avec une sorte d'intérêt, et ne me demanda pas mon nom.

Il ne l'auroit jamais su, car il ne pouvoit y avoir que celui de Tacite, de Salluste, ou de Pline, qui eût pu l'intéresser; mais dans la société intime de M. le prince de Conti, dont j'étois avec l'archevêque de Toulouse, le président d'Aligre, et autres prélats et parlementaires, j'appris que ces deux classes de gens corrompus vouloient inquiéter l'homme qui l'étoit le moins. J'écrivis à Jean-Jacques la lettre qu'il donna à lire, ou à copier, assez mal à propos, et qui se trouva enfin, je ne sais comment, imprimée dans toutes les gazettes. On peut la voir dans l'édition des ouvrages de Rousseau, et dans son *Dialogue* avec lui-même, qui est aussi dans ses œuvres; il a la bonté de croire, à sa façon ordinaire, que les offres d'asile que je lui faisois étoient un piége où ses ennemis m'avoient engagé à l'attirer : tant ce point de folie avoit attaqué le cerveau de ce malheureux grand homme ravissant et impatientant ! Sans doute son premier mouvement étoit bon, car le lendemain de ma lettre, où il reconnut l'élan de l'enthousiasme et de la sensibilité, il vint me témoigner la sienne. On m'annonce M. Rousseau : je n'en crois pas mes oreilles; il ouvre ma porte, je n'en croyois pas mes yeux. Louis XIV n'éprouva pas un sentiment pareil de vanité en recevant l'ambassade de Siam. Ce fut alors que je fus bien convaincu du mensonge qu'il fait dans ses *Confessions* : la description de ses malheurs, le portrait de ses prétendus ennemis, la conjuration de toute l'Europe contre lui, m'auroient fait de la peine, s'il n'y avoit pas mis tout le chorus de son éloquence. Je tâchai de le tirer de là pour le jeter à la prairie et au potager. Je lui demandai comment lui, qui aimoit la campagne, étoit allé se loger au milieu de Paris. Il me fit alors ses charmants paradoxes sur l'avantage qu'on a à écrire sur la liberté lorsqu'on est enfermé, et sur le printemps lorsqu'il neige. Je le menai en Suisse, et je lui prouvai, sans en avoir l'air, que je savois Julie et Saint-Preux par cœur : il en parut étonné et flatté. Ce n'étoit point en manière de citation; mais si je lui disois, par exemple : Il me semble voir le Meillerie transformé en rocher de Leucade ; la roche escarpée, l'eau profonde, etc.; de même, en parlant des vendanges et des moissons, je me servois des mêmes termes que lui. Il s'aperçut bien que sa *Nouvelle Héloïse* étoit le seul de ses ouvrages qui me convînt, et que quand même je pourrois être profond, je ne me donnerois pas la peine de l'être. Je n'ai jamais eu tant d'esprit (et ce fut, je crois, la première et la dernière fois de ma vie) que les huit heures que je passai avec Jean-Jacques dans mes deux conversations. Quand il me dit définitivement qu'il vouloit attendre dans Paris tous les décrets de prise de corps dont le clergé et le parlement le menaçoient, je lui dis quelques vérités un peu sévères sur la manière d'entendre la célébrité. Je me souviens que je lui dis : M. Rousseau, plus vous vous cachez, et plus vous êtes en évidence ; plus vous êtes sauvage, et plus vous devenez un homme public que l'Europe déterrera, même dans les entrailles de la terre.

Ses yeux étoient comme deux astres ; le génie passoit ses ramifications dans ses regards, et m'électrisoit. Je me rappelle que je finis par lui dire, les larmes aux yeux, deux ou trois fois : Soyez heureux, monsieur, soyez heureux ! Si vous ne voulez pas habiter le temple que je ferai bâtir à la Vertu dans cette petite terre que j'ai en Empire, et si l'on vous laisse en repos en France, vendez vos ouvrages, et achetez une jolie petite maison de campagne, près de Paris, ou bâtissez-vous-en une dans quelque île de la Seine ; entr'ouvrez votre port à quelques-uns de vos admirateurs, bientôt on ne parlera plus de vous.

Je crois que ce n'étoit pas son compte; car il ne seroit pas même demeuré à Ermenonville, si la mort ne l'y avoit pas surpris. Enfin, pénétré de l'effet qu'il voyoit bien qu'il produisoit sur moi, en enthousiasme et en sensibilité, il me témoigna plus d'intérêt et de reconnoissance qu'il n'y étoit accoutumé à l'égard de qui que ce soit; et il me laissa, en me quittant, le même vide qu'on sent à son réveil après avoir fait un beau rêve.

EXTRAIT

DE L'OUVRAGE DE GRÉTRY

INTITULÉ

MÉMOIRE OU ESSAI SUR LA MUSIQUE.

J'aime aussi à me rappeler que ce fut à une représentation de *la Fausse Magie* que l'on me présenta à J. J. Rousseau. J'entendis quelqu'un qui disoit : Monsieur Rousseau, voilà Grétry, que vous nous demandiez tout-à-l'heure. Je volai auprès de lui, le considérai avec attendrissement. Que je suis aise de vous voir! me dit-il; depuis long-temps je croyois que mon cœur s'étoit fermé aux douces sensations que votre musique me fait encore éprouver. Je veux vous connoître, monsieur, ou pour mieux dire je vous connois déjà par vos ouvrages; mais je veux être votre ami. Ah! monsieur, lui dis-je, ma plus douce récompense est de vous plaire par mes talents. — Êtes-vous marié? — Oui. — Avez-vous épousé ce qu'on appelle une femme d'esprit? — Non. — Je m'en doutois! — Elle ne dit jamais que ce qu'elle sent, et la simple nature est son guide. — Je m'en doutois : oh! j'aime les artistes, ils sont enfants de la nature. Je veux connoître votre femme, et je veux vous voir souvent. Je ne quittai pas Rousseau pendant le spectacle : il me serra deux ou trois fois la main pendant *la Fausse Magie*; nous sortîmes ensemble : j'étois loin de penser que c'étoit la première et la dernière fois que je lui parlois! En passant par la rue Françoise il voulut franchir des pierres que les paveurs avoient laissées dans la rue; je pris son bras, et lui dis : Prenez garde, monsieur Rousseau; il le retira brusquement en disant : Laissez-moi me servir de mes propres forces. Je fus anéanti par ces paroles; les voitures nous séparèrent; il prit son chemin, moi le mien, et jamais depuis je ne lui ai parlé.

Si j'avois moins aimé Rousseau, dès le lendemain je l'aurois visité; mais la timidité, compagne fidèle de mes désirs les plus vifs, m'en empêcha. Toujours la crainte d'être trompé dans mes espérances m'a fait renoncer à ce que je souhaite le plus : si cette manière d'être expose à moins de regrets, elle contrarie sans cesse l'espérance, cette douce illusion des mortels.

J'étois un jour dans la voiture de l'ambassadeur de Suède, avec un homme de lettres; je vis Rousseau, qui cheminoit avec sa grosse canne, sur les trottoirs du Pont-Royal, résistant avec peine aux secousses du vent et de la pluie ; je fis un mouvement involontaire, en m'enfonçant dans la voiture comme pour me cacher : Qu'avez-vous ? me dit mon compagnon. — Voilà Jean-Jacques ! lui dis-je. — Bon, me dit le philosophe, il est plus fier que nous. Il disoit vrai ; mais il avoit la fierté que donne le talent naturel, et non cette morgue insolente que l'on remarque dans ceux qui, par leur travail pénible, ou un hasard heureux, ont su prendre une place que la nature ne leur destinoit pas. Un enfant, le plus petit insecte, la feuille d'un arbre auroit suffi pour amuser et arrêter les idées de Rousseau, parce que toutes ces choses sont vraies ; mais tout ce qui tenait aux conventions morales, ce qui avoit l'empreinte de la main des hommes, lui étoit suspect ; il se chagrinoit du bien qu'on lui vouloit faire, parce que, né libre et sensible, il devoit s'élever en lui un combat entre l'homme naturel et l'homme social, dont le premier sortoit toujours vainqueur. Un tel être sans doute devoit exciter l'envie des hommes riches et puissants ; l'on couroit après la reconnoissance de Rousseau avec la même ardeur que l'on veut moissonner la fleur qui se cache sous le voile de la pudeur ; mais son unique but étoit l'indépendance : si elle eût été l'effet de la vanité, on la lui eût ravie, et nous l'eussions vu esclave ;

mais c'étoit par sentiment qu'il étoit libre : toutes les ruses des hommes ont échoué.

D'ailleurs Rousseau repoussoit peut-être le bien qu'on vouloit lui faire dans la crainte d'être ingrat; et il auroit dû l'être par la faute même de ceux qui cherchoient à l'obliger avec trop de chaleur. Pour ne pas courir les risques de l'ingratitude il faudroit apprendre à obliger noblement, mais froidement, et ne jamais trop se lier avec ceux qu'on oblige. J'ai toujours remarqué que j'avois obtenu la reconnoissance de ceux que je n'avois obligés qu'indirectement, et que tous ceux qui ont été à portée de voir combien j'avois de joie à leur rendre quelques services se sont presque toujours dispensés d'être reconnoissants; sans doute parce qu'ils jugeoient trop clairement que j'étois assez récompensé par la jouissance même du bien que je leur avois fait.

J'entends souvent dire que le cœur de l'homme est un labyrinthe impénétrable. C'est peut-être à la faveur de mon ignorance que je ne suis pas de cet avis. Je n'ai jamais vu que deux hommes; celui qui se conduit d'après ses sensations, et celui qui n'agit que d'après les autres : le premier est toujours vrai, même dans ses erreurs; l'autre n'est que le miroir où se réfléchissent les objets de la scène du monde. Voilà l'homme de la nature, l'homme estimable, et l'homme de la société.

Lorsque Rousseau eut écarté la foule qui cherchoit à l'obliger, et qui, selon lui, cherchoit à lui nuire, parce qu'on vouloit le forcer à renoncer à son indépendance (car un bienfait oblige celui qui le reçoit, quoique le donateur ne l'exige pas); lorsque Rousseau, dis-je, eut lui-même élevé la barrière qui le séparoit du reste des hommes; il dut se trouver encore plus malheureux que lorsqu'il combattoit, car alors il vivoit de ses triomphes; mais livré à lui-même, accablé d'infirmités et de vieillesse, ayant usé les ressorts puissants de son ame altière, il redevint homme ordinaire : il reçut enfin l'asile que lui offrit M. de Girardin, et mourut peut-être de regret de l'avoir accepté. Un tel homme est rare, mais il est dans la nature. On dit qu'il se contredit sans cesse dans ses écrits : je croirai à cette accusation lorsqu'on m'aura prouvé qu'une même cause, surtout au moral, peut se montrer deux fois sans être accompagnée de circonstances et d'effets différents.

On n'a pu ravir à Rousseau ni sa liberté ni ses ouvrages littéraires; la première étoit son apanage : *Vitam impendere vero;* ses ouvrages étoient à lui, parce que nul homme n'a pu être mis à sa place : mais on voulut lui contester son *Devin du village;* s'il eût menti une seule fois en face du public, l'apôtre de la vérité n'étoit en tout qu'un imposteur, et il perdoit son premier droit à l'immortalité. Comment un tel homme eût-il pu former et soutenir un tel mensonge? J'ai examiné le *Devin du village* avec la plus scrupuleuse attention ; par-tout j'ai vu l'artiste peu expérimenté auquel le sentiment révèle les règles de l'art.

Si Rousseau eût choisi un sujet plus compliqué, avec des caractères passionnés et moraux, ce qu'il n'avoit garde de faire, il n'auroit pu le mettre en musique ; car en ce cas toutes les ressources de l'art suffisent à peine pour rendre ce qu'on sent ; mais en homme d'esprit il a voulu assimiler à sa muse novice de jeunes amants qui cherchent à développer le sentiment de l'amour. Souvent gêné par la prosodie, il l'a sacrifiée au chant, comme :

J'ai per-du mon ser-vi—teur ;

l'avant-dernière syllabe du vers est brève, et il est impossible de la faire telle sans nuire au chant :

J'y son—ge sans ces—se ;

l'*e* muet du mot *songe* tombe d'à plomb sur la meilleure note de la phrase musicale ; il auroit pu dire :

J'y son-ge sans ces—se ;

mais il aimoit mieux le premier chant. C'est

sans doute après avoir éprouvé les difficultés infinies que présente la langue françoise, et avoir bien senti qu'il ne les avoit pas toutes vaincues, qu'il a dit : Les François n'auront jamais de musique. Si j'eusse pu devenir l'ami de Rousseau, si nous n'eussions pas trouvé des pierres sur notre chemin; si Rousseau en me voyant au travail, voyant avec quelle promptitude j'essaie tour à tour la mélodie, l'harmonie et la déclamation, pour rendre ce que je sens (je dis avec promptitude, car il ne faut qu'un instant pour perdre l'unité en s'appesantissant sur un détail), peut-être il eût dit alors : Je vois qu'il faut être nourri d'harmonie et de chants musicaux, autant que je le suis des écrits des anciens, pour peindre en grand et avec facilité.

Homme sublime, ne dédaigne pas l'hommage d'un artiste qui, comme toi, occupe ses loisirs en s'essayant, par cet ouvrage, dans une carrière étrangère à ses vrais talents! Tu fus bien malheureux, mais ton ame sensible ne devoit-elle pas pressentir, à l'instant même de tes malheurs, que des larmes éternelles couleroient de tous les yeux pour te plaindre? Que ne m'est-il permis de te dire : O mon illustre confrère! tu reçus jadis un outrage des musiciens que tu honorois, outrage que leurs successeurs désavouent avec indignation; puissent mon respect et mon admiration pour tes vertus et tes talents expier un crime qui n'étoit que celui du temps!

¹ Lorsque Rousseau fit répéter son *Devin du village,* il témoigna son mécontentement aux exécutants : ceux-ci, pour se venger, le pendirent en effigie. Rousseau en fut instruit, et dit à ce sujet : Je ne suis pas surpris qu'on me pende, après m'avoir mis si long-temps à la question.

L'on ne peut imaginer quel esprit de travers régnoit alors parmi les sujets de l'Opéra; il subsistait encore lorsque je donnai *Céphale et Procris.* Fiers d'être applaudis par les partisans de l'ancienne musique, humiliés par la critique continuelle des gens de goût, ne sachant plus s'il falloit révérer ou abandonner leur antique idole, la fierté de l'ignorance et la dissimulation occupoient la place des talents et du zèle.

FIN.

TABLE SOMMAIRE

DES PIÈCES

CONTENUES DANS CE VOLUME.

ROUSSEAU JUGE DE JEAN-JACQUES.

DIALOGUES.

Avant-propos................................... page 1
Du sujet et de la forme de cet Écrit................... 21
Premier Dialogue. — Du système de conduite, envers Jean-Jacques, adopté par l'administration, avec l'approbation du public.. 31
Second Dialogue. — Du naturel de Jean-Jacques et de ses habitudes....................................... 195
Extrait des OEuvres du prince de Ligne................ 423
Extrait des Mémoires de Grétry....................... 430

FIN DE LA TABLE.

www.ingramcontent.com/pod-product-compliance
Lightning Source LLC
Chambersburg PA
CBHW071113230426
43666CB00009B/1944